国家社会科学基金项目《政府分权、公共治理与隐性经济研究》资助
高等学校创新引智计划：收入分配与现代财政学科创新引智基地（B20084）资助

政府分权、公共治理与隐性经济研究

孙群力　陈海林　著

中国财经出版传媒集团
中国财政经济出版社

图书在版编目（CIP）数据

政府分权、公共治理与隐性经济研究／孙群力，陈海林著．--北京：中国财政经济出版社，2021.6

ISBN 978-7-5223-0458-8

Ⅰ.①政… Ⅱ.①孙… ②陈… Ⅲ.①财政分散制－影响－中国经济－研究②行政管理－影响－中国经济－研究 Ⅳ.①F12

中国版本图书馆 CIP 数据核字（2021）第 053307 号

责任编辑：彭　波　　　　责任印制：史大鹏

封面设计：卜建辰　　　　责任校对：徐艳丽

中国财政经济出版社 出版

URL：http：//www.cfeph.cn

E-mail：cfeph@cfeph.cn

社址：北京市海淀区阜成路甲 28 号　邮政编码：100142

营销中心电话：010-88191522

天猫网店：中国财政经济出版社旗舰店

网址：https：//zgczjjcbs.tmall.com

北京财经印刷厂印刷　各地新华书店经销

成品尺寸：170mm×240mm　16 开　17.25 印张　285 000 字

2021 年 6 月第 1 版　2021 年 6 月北京第 1 次印刷

定价：78.00 元

ISBN 978-7-5223-0458-8

（图书出现印装问题，本社负责调换，电话：010-88190548）

本社质量投诉电话：010-88190744

打击盗版举报热线：010-88191661　QQ：2242791300

前　言

隐性经济在世界各国普遍存在，我国的隐性经济规模也不容忽视，相关研究表明，近年来，我国隐性经济规模占GDP的10%～20%，其绝对规模仍然较大。隐性经济对国家和地区的政治、经济以及社会发展具有广泛影响。随着我国经济发展进入新常态，社会发展进入新阶段，隐性经济对地区腐败、税收流失、收入不平等以及经济发展质量的影响尤其值得关注。已有研究大多关注政府管制、税收负担和失业等因素对隐性经济的影响，缺乏对影响隐性经济的体制性因素的分析。本书从政府分权和公共治理两个维度出发，对影响我国地区隐性经济规模的体制性因素进行分析，并试图从抑制地区隐性经济的视角，为完善我国政府间的分权体制和健全公共治理体系提出政策建议。全书运用多种方法对以下问题进行了研究：一是利用多种方法对全国及地区隐性经济规模进行测算，从而准确分析我国隐性经济的规模、原因和影响；二是对我国政府分权对地区隐性经济的影响及作用机制进行分析；三是利用MIMIC模型构建了我国地区公共治理指数、政府清廉指数和地区营商环境指数，对我国各地区公共治理总体水平、政府内部治理水平和市场治理水平进行测度；四是对公共治理总体水平及其各分项指标对隐性经济的影响进行实证检验；五是从公共治理总体水平、政府治理、市场治理和社会治理等多重视角，检验公共治理在政府分权影响隐性经济过程中发挥的中介效应，以检验政府分权的"威慑效应"和"效率效应"。在全面检视上述问题的基础上，从治理隐性经济的视角出发，对完善我国政府分权体制、健全公共治理体系提出政策建议。

本书第一章对政府分权、公共治理与隐性经济这三个核心概念进行界定，并据此确定本书的维度，即，从财政分权和行政分权的视角研究政府分权对隐性经济的影响与机制，从政府治理、市场治理和社会治理三大维度对公共治理进行解析，并检验地区公共治理总体水平及其分项指标对隐性经济的影响。然后，从税收遵从理论、新制度经济学、财政分权理论和公共治理理论等理论出发，构建了本书的理论基础。最后还结合隐性经济的定义及相关理论分析了隐性经济可能的成因与影响，税收负担、税制体系复杂程度、税制结构、政府管制力度、政府分权、腐败水平、失业率水平、农村劳动力规模、正规收入水平和经济开放度都是隐性经济的可能成因，同时，隐性经济也会影响地区能源消耗量、正规经济增长率、劳动参与率以及收入不平等程度。

第二章梳理了本书的制度背景并构建数理模型，分析了政府分权和公共治理对隐性经济的影响。首先，根据中国式政府分权“政治集权、财政分权和行政分权”的特点，从财政分权和行政分权两个维度梳理了我国政府分权体制的历史演变过程，从而更加准确地把握我国政府分权的特点。其次，从政府治理、市场治理和社会治理三大维度对我国公共治理实践进行了梳理，并发现，腐败治理和法治化建设是我国政府治理的核心内容，市场化与营商环境建设是市场治理的核心内容，通过改革财税体制和优化政府职能进而提高公共产品供给效率和水平是社会治理的核心内容。最后，从理论上分析了政府分权、公共治理与隐性经济之间的关系，并构建了数理模型进行验证。从政府分权的“效率效应”和“威慑效应”出发，将公共治理分解为政府治理、市场治理和社会治理三大维度，并分别用腐败水平、市场化水平和公共产品供给水平来进行度量，进而分析政府分权通过影响腐败水平、市场化水平和公共产品供给水平影响隐性经济的机制，此外，还通过构建数理模型对此进行了验证。

第三章利用多种方法对我国全国及各地区历年隐性经济规模进行测算。通过对现有隐性经济规模测算方法进行比较，选择利用货币需求法和DGE模型法对我国1978～2017年的历年隐性经济规模进行了测算，并利用微观收支差异法、MIMIC模型法和DGE模型法三种方法对我国30个省区市1995～2016年的历年隐性经济规模进行测算。尽管各类方法的测算结果不同，但都呈现出相似的变化趋势，且差异不大。其中，从时间发展趋势上来看，我国隐性经济规模总体上呈现出缓慢下降趋势；从空间分布特点来看，东部地区隐性经济规模最低，西部地区隐性经济规模最高。此外，MIMIC测算结果还显示税收负担、税制复杂程度、政府管制力度、失业率、农业部门就业人数、腐败以及经济开放水平都是隐性经济规模扩大的原因，而税制结构（直接税占比）、财政自由度和居民收入水平提高都可以抑制隐性经济规模。此外，隐性经济规模扩大还会显著提高地区能源消耗水平、GDP增长率和收入不平等，同时降低地区劳动参与率。

第四章从财政分权和行政分权两个维度出发，分析了我国政府分权对隐性经济的影响，并对其异质性进行进一步的分析和验证。通过梳理我国财政分权和行政分权的制度变迁历程，从财政收入分权、财政支出分权、财政自由度和税收分权四个维度对财政分权进行度量，并从地区公务员人数和行政审批事项数出发，构建总体行政分权指标和行政审批分权指标。利用1995～2016年的分省面板数据进行实证检验发现，财政支出分权、总体行政分权和行政审批分权都扩大了地区隐性经济规模，财政收入分权、税收分权和财政自由度则显著降低了地区隐性经济规模。此外，本书还从时间和空间（地区）、政府质量与经济发展水平等视角进一步检验了政府分权影响隐性经济的异质性。

第五章将公共治理视为一种制度性因素，研究地区公共治理总体水平及各分项指标对隐性经济的影响。将地区公共治理总体水平视为不可直接度量的潜变量，并利用 MIMIC 模型法分析地区公共治理水平的决定因素、影响效应和评价指数。利用公共治理指数检验其对隐性经济的影响，结果显示，提高地区公共治理水平可以显著降低隐性经济规模，且在不同时段和不同地区都稳健一致。进一步检验公共治理各分项指标与隐性经济之间的关系发现，腐败程度加深会显著提高隐性经济规模，而提高法治水平和政府透明度则显著降低了地区隐性经济规模；利用经济开放度、市场化水平和市场化指数三种指标度量市场治理水平，发现提高地区经济开放水平会显著提高地区隐性经济规模，但提高地区市场化水平可以显著降低地区隐性经济规模；从社会稳定和公共产品供给两个维度度量地区社会治理水平，发现提高地区公共产品供给水平有利于显著降低地区隐性经济规模，但地区犯罪活动并未对隐性经济产生显著的影响。

为了检验政府分权的“威慑效应”和“效率效应”，第六章除了从整体上检验公共治理的中介效应之外，还通过验证腐败治理的中介效应来检验政府分权的“威慑效应”，通过验证市场治理和社会治理的中介效应来检验政府分权的“效率效应”。利用 MIMIC 模型法构建公共治理指数、政府清廉指数和营商环境指数，分别对地区公共治理总体水平、政府治理水平和市场治理水平进行度量，并从地区经济性公共产品和民生性公共产品供给水平两个维度度量地区社会治理水平，中介效应检验结果显示，提高地方财政分权总体水平（财政自由度）和财政收入分权，可以显著提高地区公共治理水平，并由此降低地区隐性经济规模，但提高地区行政分权总体水平，则会显著降低地区公共治理水平，并扩大地区隐性经济规模，财政支出分权、税收分权和行政审批分权则为对地区公共治理水平产生显著的影响。此外，分项指标的中介效应检验结果显示，除个别分权指标外，政府清廉、市场化和公共产品供给效应都是政府分权影响隐性经济的中介效应，在一定程度上验证政府分权的“威慑效应”和“效率效应”。

最后，本书根据上述分析结果，从完善财税体制、抑制隐性经济规模的角度提出了政策建议，具体包括：优化政府间的财权与事权划分；规范地方政府之间的税收竞争；从政府治理、市场治理和社会治理三大维度建立健全我国公共治理体系；提高我国财政透明度，完善税收征管体系；完善社会主义市场经济制度体系，促进生产要素优化配置等。

作者

2021 年 1 月

目　录

导　　论

一、研究背景与意义

（一）研究背景

隐性经济在世界各国普遍存在，我国的隐性经济规模也不容忽视。隐性经济也被称为非正式经济、地下经济、灰色经济以及影子经济等。目前对于隐性经济尚缺乏统一定义，其中，应用最广泛的是指所有逃避政府管制和征税，且未被政府监测到的经济活动及收入（Schneider & Enste，2000）。莫迪那和施耐德（Medina & Schneider，2017）的研究表明，1991～2015 年全球隐性经济规模从 34.82% 下降到 30.66%①，历年平均值为 32.5%，其中，东亚国家平均隐性经济规模最低，为 16.77%，拉丁美洲和撒哈拉以南的非洲最高，达到 35% 以上，部分国家隐性经济规模甚至达到 60% 以上。中国的隐性经济规模也不容忽视，白重恩（2015）利用消费支出模型估算出我国未统计居民收入规模从 2002 年的 19.3% 上升到 2009 年的 22.9%。王小鲁（2016）通过调研发现，我国 2011 年的未统计国民收入占 GDP 比重为 12%，2014 年有所下降，但仍然在 10% 以上。此外，大部分关于中国隐性经济规模的测算结果都表明，我国近年来的隐性经济规模为 10%～20%（李永海和孙群力，2016a，2016b；Medina & Schneider，2017；张曾莲和盖亚洁，2018）。

我国经济社会发展进入新阶段，隐性经济对税收流失、收入不平等以及经济发展质量的影响不容忽视。党的十八大以来，党中央对我国经济社会发展新

① 本书中的隐性经济规模是指隐性经济的相对规模，即隐性经济规模与正规经济规模（即，GDP）比值的百分数。如果没有特别指出，本书中隐性经济的规模即为隐性经济的相对规模。

阶段做出准确判断，即，我国经济发展进入新常态，经济发展速度从高速增长转变为中高速增长，发展方式从追求规模和速度转变为注重质量和效率，发展动力从资本和劳动驱动转为科技创新驱动，① 同时，我国社会主要矛盾转变为人民日益增长的美好生活需要与不充分不平衡的发展之间的矛盾②。隐性经济规模过大的直接后果是带来税收流失，威胁国家财政安全，同时研究表明，隐性经济规模过大也会对地区收入差距、官员腐败、正规经济发展以及社会稳定等带来显著影响（Schneider & Enste，2000）。伴随着经济增长速度放缓以及各项减税降费措施的实施，我国政府的税收压力也逐渐变大，而隐性经济带来的税收流失问题会进一步增加政府的财政压力，实现对隐性经济的有效治理，减少税收流失，对于确保我国财政安全有重要意义。居民收入不平等是社会发展不充分与不平衡的重要体现，缩小收入差距、促进社会公平，让广大民众平等地享受美好生活是新时期中国特色社会主义建设的重要目标，然而，隐性经济不仅会削弱税收对收入分配的调节效应，而且还能通过增加腐败扩大地区收入不平等。此外，在新时期，我国经济发展更加注重发展质量，走可持续发展道路，然而，研究表明，隐性经济不仅通过影响市场公平竞争和扰乱市场正常秩序来影响生产要素的合理配置，而且还会扭曲国家相关调控政策，对提高我国经济发展质量、实现经济可持续发展带来不利影响。

政府间关系一直以来都是我国改革的重点，对我国政府间财政及行政权力划分的调整被视为我国改革开放以来经济社会发展取得巨大成就的重要制度因素，当前，我国正在积极探索构建适应经济发展新常态要求的财权与事权相匹配的公共财政体制，并通过简政放权进一步扩大和优化政府间的行政分权。改革开放以来，我国通过对政府间关系进行多次调整，最终形成了以政治集权下的财政分权和行政分权为特点的“中国式政府分权”，然而，随着我国经济社会发展进入新时期，已有的政府分权体系中的弊端也逐渐显现，党的十八大以来，党和政府围绕“事权与支出责任相匹配”和“政府

---

① 人民网．深入认识我国经济发展新常态［EB/OL］．http：//theory. people. com. cn/n1/2018/0103/c416126 -2974305 3. html. 2016 -01 -08.

② 习近平．决胜全面建成小康社会，夺取新时代中国特色社会主义伟大胜利——在中国共产党第十九次全国代表大会上的报告［EB/OL］．http：//www. gov. cn/zhuanti/2017 -10/27/content_5234876. htm. 2017 -10 -27.

权力清单”两大问题对我国政府分权体系进行进一步优化。中国式的政府分权被认为是创造“中国经济增长奇迹”的体制性保障，尤其是中国式的财政分权对地区的经济增长、公共治理以及公共产品供给产生了广泛的影响。

此外，随着我国进入社会主义现代化建设新时期，实现国家治理体系和国家治理能力现代化成为党和国家在新时期治国理政的重要目标。随着经济社会的发展，政府在国家治理过程中承担的职能也越来越多，不仅包括对政府内部事务治理，还包括对市场和社会诸多公共事务的处理，涉及公共利益的公共事务也将受到社会更多的关注。事实上，地区公共治理水平不仅是国家治理能力和治理水平的重要体现，同时也可以作为一种重要的制度环境对经济社会发展以及人民生活水平产生重要影响。近年来，党和政府大力推行反腐倡廉运动、积极优化营商环境、不断完善社会主义市场经济体制并致力于提高居民生活水平和福利水平，这些公共治理实践活动可以有效提高政府质量、优化市场治理以及提高社会治理水平，这不仅有利于降低正规经济发展的制度成本，同时也有利于提高企业和居民的税收遵从意愿，从而抑制隐性经济的发展。

基于以上背景，本书主要从财政分权和行政分权两个维度来研究分权化的政府体制对隐性经济的影响及其作用机制，并从政府治理、市场治理和社会治理三个维度对公共治理影响隐性经济的效应和作用机制进行检验，从而深入分析影响我国各地区隐性经济水平的体制性原因，并从完善财税体制、优化财税制度以及提高地区公共治理水平的视角为规范和治理我国隐性经济与税收流失提出合理的政策建议。

（二）研究意义

分权化的政府治理体制、公共治理以及隐性经济都是当前国内外普遍关注的问题，进行本书的研究具有很强的理论意义和现实意义。

1. 理论意义。

（1）完善隐性经济的动因与效应相关理论。

隐性经济作为世界各国普遍存在的经济现象，诸多研究对其成因和影响进行了分析，并在此基础上对隐性经济的规模进行测算。然而，由于隐性经济的不可观测性，对隐性经济成因和影响的理论研究一直都是国内外相关领域专家学者的研究重点与难点。近年来，诸多学者利用不同的方法和模型对隐性经济的相关理论进行了研究和验证，然而得到的结果却并不完全一致，而且伴随着经济社会的发展，隐性经济的成因与影响也不断发生新的变化。本书借鉴国外研究成果，结合中国实际，利用货币需求方法、结构方程模型等传统方法对我国隐性经济规模、成因以及结果进行分析。此外，还将构建度量隐性经济的动态一般均衡模型（DGE）来对我国各地区隐性经济规模进行度量，从整个经济系统的影响因素出发，结合隐性经济的主要成因，利用 DGE 模型方法，构建影响地区隐性经济资本冲击、劳动力冲击以及政府的税赋冲击。利用 DGE 模型法不仅可以测算地区隐性经济规模，还能系统地分析我国隐性经济形成原因，这对于完善隐性经济成因理论发展、促进隐性经济度量理论和方法的完善具有重要意义。

（2）进一步深化政府分权理论的相关研究。

政府分权通过赋予地方政府更大自主权和促进地方政府之间的相互竞争可以有效提升地区公共治理水平、经济发展水平与公共产品供给水平。自从蒂布特（Tiebout，1956）首次提出“用脚投票”理论以来，财政分权理论的相关研究获得了极大的关注。本书通过构建地方政府之间财政分权、公共治理与隐性经济影响的理论模型，直接分析政府分权对隐性经济的影响与作用机制；结合中国式政府分权的特点，分析政府分权与公共治理之间的关系，这对于进一步促进对政府分权和公共治理相关理论研究具有重要意义。

（3）进一步促进我国税收治理理论的丰富和完善。

“拉弗曲线”形象地反映了税率与税收规模之间的关系，也成为诸多关于“最优税率”研究的理论基础，而隐性经济不仅与地区的税赋负担、税收结构有着重要关系，同时对于地区税收流失也有重要影响，通过对隐性经济的研究可以更进一步地揭示税率、税收规模以及税收流失之间的内在联系和作用机理，从而为国家税收治理提供理论依据。此外，通过对隐性经济成因的影响，可以进一步揭示影响国家和地区税收流失和税收规模的其他因素，例如，政府管制、失业率与自我雇佣率、公共产品供给水平以及政府质量等，使对国家税收治理的研究不仅限于税收这一范畴，而是将税收治理置于整个国家公共治理的体系之下来进行分析，这对于丰富税收治理理论、拓展税收治理研究视角具有重要意义。

（4）促进公共治理理论的深化和发展。

公共治理理论起源于传统的公共管理理论，但又在治理主体、治理机制以及治理动力等方面有着全新的特点。此外，公共治理理论起源并发展于西方，已有的公共治理理论在地区公共治理水平评价标准方面带有明显的西方色彩，因此，推动公共治理理论发展与中国实际相结合，对于提高公共治理理论的科学性有重要意义。本书将从政府治理、市场治理和社会治理三大维度对中国公共治理实践活动及特点进行总结，并在此基础上分析地区公共治理理论的决定因素、影响效应以及评价方法，为推动公共治理理论的本土化发展有重要意义。

（5）本书对于进一步丰富收入分配理论具有一定意义。

收入分配作为公共财政的重要职能之一，长期以来也吸引了广大学者的关注。例如，杨灿明等（2010）、薛钢（2012）、李祥云（2014）、孙正（2014）等学者分别从财政支出、税收制度、教育发展、经济发展模式等多个方面对收入分配进行了研究。其中，杨灿明和孙群力（2010a）关于隐性经济与收入差距的研究证实了隐性经济规模过大会扩大地区收入差距，这为研究收入分配提供了一个新视角。本书在研究中会从理论上对隐性经济与地区收入差距的关系进行深入分析，并且通过对影响隐性经济的动因进行分析，也可以进一步分析影响收入差距的间接因素，这在一定程度上有利于丰富收入分配理论的相关研究。

2. 现实意义。

（1）有助于准确监测和有效治理全国及各省区市的隐性经济。

如前所述，隐性经济对于地区收入差距、税收流失、财政安全以及宏观经济政策制定等都有重要影响，准确地把握和检测全国和各地区隐性经济规模非常重要。本书会系统梳理目前国内外关于隐性经济估计的方法，用收支差异法、货币需求法、结构方程模型以及 DGE 模型等多种方法来对我国及各省区市的隐性经济水平进行估计，力求准确度量我国各地区隐性经济规模，这可以为我国相关部门监测和估计各地区隐性经济规模以及动态发展状况提供一定的借鉴。同时，本书通过深入分析中国隐性经济产生动因与影响，并结合政府分权和公共治理对隐性经济的体制性成因进行深入探索，从完善财税体制的视角为有效治理我国各地区隐性经济提供合理的政策建议，这对于促进各地区隐性经济的有效治理具有较强的现实意义。

（2）为促进我国税收流失治理和税务征管工作提供建议。

隐性经济的直接后果是带来税收流失，这是因为隐性经济的主要动因是避免政府管制和税收负担，从而逃避政府监管。而税收征管工作的质量以及税务稽查的强度都是影响隐性经济的重要因素，也是防止税收流失的重要手段。通过对隐性经济治理的研究，可以从构建税务信息共享体系、收入信息监管制度、提高税务征管透明度，从而提高居民和企业的税收遵从意愿，这对于提高我国税务征管效率、增强税务稽查威慑效应、减少我国税收流失有重要意义。

（3）为进一步完善我国财税体制提供建议。

自 1994 年我国实行“分税制”改革以来形成的财政分权体制对我国公共治理、经济社会发展都产生了重要影响，分权化的财税治理体制在促进地方经济发展的同时，也被认为对于地方税赋负担、税收结构、公共产品供给以及区域间生产要素流动都产生了重要影响。但当前我国财政收入分权与财政支出分权不协调的矛盾日益突出，政府间的财权与事权划分也有待于进一步优化，本书不仅从财政自由度的视角对地方政府财政分权的总体水平进行度量，还从财政支出分权、财政收入分权以及税收分权等不同维度对财政分权进行度量，并就财政分权对公共治理总体水平、政府治理水平、市场治理水平、社会治理水平以及隐性经济的影响进行了逐一分析，这有利于为我国构建科学合理的财政分权体制提供理论借鉴。

（4）为实现我国国家治理能力和治理体系现代化提供政策建议。

当前，我国进入了社会主义现代化建设新时期，急需快速推进国家治理体系和治理能力现代化，这离不开科学理论的指导。本书将在国家治理的视角下，重新定义符合中国实际国情的公共治理，从政府治理、市场治理和社会治理三个维度来构建公共治理理论的分析框架，并研究地区公共治理总体水平及其各维度对隐性经济的影响与作用机制。此外，本书还将对地区公共治理水平的决定因素和影响效应进行分析，并据此构建测度地区公共治理水平的 MIMIC 模型，构建我国地区公共治理评价指数，这不仅可以为我国科学评价地区公共治理水平提供一种有效的方法，还能有针对性地提出优化地区公共治理水平的政策建议，为加快实现我国国家治理能力和治理体系现代化提供政策建议。

二、文献述评

隐性经济是世界各国普遍存在的经济现象，由于其可以导致税收流失、增加财政风险、扭曲资源要素配置、带来市场竞争不公以及扩大收入差距（Schneider & Buehn，2000；杨灿明和孙群力，2010b），因而受到了广泛的关注。政府分权与财政竞争作为一种重要的制度因素，对于地区经济增长、公共产品供给以及公共治理水平等都带来了重要影响。基于此，结合本书研究内容与研究目的，对政府分权相关研究、公共治理的相关研究、隐性经济的相关研究以及政府分权、公共治理对隐性经济影响的相关研究进行了梳理和总结。

（一）政府分权的度量与影响

20 世纪 70 年代以来，分权化改革成为诸多发达国家、发展中国家以及经济转轨国家优化政治、经济体制，重构国家治理结构的重要选择，已有研究主要集中在政府分权的度量以及影响两个方面。

1. 政府分权的度量。

政府分权的内涵非常广泛，世界银行从政治分权、行政分权、财政分权和经济分权四个维度对政府分权进行了划分。坦布拉西和卡尤尼（Tambulasi & Kayuni，2007）指出政府分权可以从政治、行政以及财政三个维度来进行划分，政治分权是指依照法律规定，创建一个同中央相分离的机构，使民意代表或选举的议员有正式的权力来决定地方的公共管理模式和内容；行政分权是指管理的职能和责任从中央垂直分配到地方各级政府；财政分权则既是行政分权的内容也是政治分权的内容，其突出特征是包含财政责任和权力。对政府分权含义界定的关键在于政府分权的分类与度量，目前国内外研究中主要从财政分权与行政分权两个方面对中央政府与地方政府分权进行研究。

传统财政联邦主义理论（又称第一代财政联邦主义理论）主要从财政分权的视角对政府分权进行界定和度量，这一方法被广泛应用于政府分权的相关研究中（Weingast，2014）。艾哈迈德（Ahmad，2002）构建了一个分权体系下政府责任关系框架，并从权责关系分配的角度指出财政分权应该从四个维度来定义，一是中央和地方各政府层级在支出责任上的分配；二是各级政府之间税收征收权力的分配；三是政府间的奖助补贴体系设计；四是不同政府层级之间的财政预算和监管体系。伊万娜和沙阿（Ivanyna & Shah，2010）认为财政分权主要度量了地方政府的财政自主权，并从地方政府财政支出占政府支出总额比例、从其他地区或层级政府获得的转移支付占地方财政收入的比例、地方政府税收自主权以及转移支付是否含有约束条件等四个维度对财政分权进行了测量。菲奥里尼奥（Fiorino et al.，2015）指出，财政收入分权需要同时考虑政府转移支付收入和税收收入，而且为避免同时使用税收收入和财政支出两个变量可能产生的共线性问题，他们专门构建一个财政支出分权虚拟变量来度量政府财政支出的分权程度。此外，根据研究目的和内容的需要，部分学者仅选取其中一个或几个方面来对财政分权进行度量。亚历克塞耶夫和哈博达佐娃（Alexeev & Habodaszova，2007）在对财政分权与腐败之间关系进行跨国研究时，仅从地方政府财政收入占各级政府财政总收入的比重对全球主要国家的财政分权程度进行了度量。阿里坎（Arikan，2004）则认为劳动力分权与财政支出分权联系密切，因此，不仅要从地方政府财政支出占政府财政总支出比例来对财政分权进行度量，还应该将地方各级政府雇佣人员占各级政府雇佣人口总数的比例作为财政分权的重要指标。

随着第二代财政联邦主义理论的兴起和发展，许多学者开始重视政治体制和行政体制对财政分权效应的影响，政治分权和行政分权也逐渐被纳入政府分权的研究范围中，在实际研究中，并没有严格区分政治分权与行政分权，而是将两者作为一个统一的变量进行研究（Weingast，2013）。范等（Fan et al.，2009）在跨国研究中从是否为联邦制国家、政府层级、底层行政区划平均面积、地方自治权以及基层政府负责人是否由选举产生等指标对全球主要国家的政治和行政分权进行了度量。布恩等（Buehn et al.，2011）在研究中沿用了上述分权度量方法，也从联邦体制、政府垂直层级、基层政府负责人产生方式以及自治权等角度来进行研究，但同时，还指出应该将是否存在专属于中央的部分决策权授予地方政府作为地方政府自治权的一个重要标志。诺伊多弗（Neudorfer，2014）则认为政府分权应突出地方政府自治权，这主要通过地方政府拥有的自有权力和分享权力来度量，其中自有权力是指地方政府所独立拥有的政策制定权、财政支配权以及机构管理权，分享权力则是指地方政府与中央政府所共有的相关权力。莱斯利曼和马克沃德（Lessmann & Markwardt，2009）也同样指出地方政府的自主决策权是政府分权的核心，但是，政府层级和行政区划数量、面积等指标并不能准确地度量地方政府的自治权，因此，即便是行政分权，也应该从地方政府财政收入和支出的角度来进行度量。

国内对政府分权的研究主要集中在财政分权。龚锋和雷欣（2010）指出“中国式财政分权”并非严格意义上的法律分权，而是一种事实分权，并且选取财政收入自治率、财政收入占比、财政收入自觉率、财政支出占比、税收管理分权度与行政管理分权度6个指标对中国式财政分权进行了全景式评估。罗也骁等（2015）指出，财政分权的常用测量方法有收入法、支出法和自主法三类，收入法与支出法能较为精确地反映中央与地方之间的财力关系，从而成为目前最为常用的方法，自主法则可以较好地反映地方政府的实际财力水平与分权条件下的行为偏向。徐永胜和乔宝林（2012）指出财政分权自身及其经济效应主要受收入水平的分权、收入决定权的分权、支出水平的分权与支出支配权的分权等四个方面因素的影响，并构建了一个以加权的地方自治水平来衡量财政分权程度的理论模型。张晏和龚六堂（2005）、孙群力（2017）指出中国不同地区实际的财政分权程度呈现明显差异，单一分权指标无法准确度量中国的“事实分权”，应该从预算内本级政府财政收入指标、预算内本级政府财政支出指标、扣除净转移支付的财政支出指标以及预算内外总收支指标四个方面来对财政分权程度进行全面度量。陈硕和高琳（2012）、黄思明（2019）发现收入指标与财政自主度指标均适用于同一中央政府与地方政府在不同时间段的分权程度，但对于同一中央政府与不同地方政府之间财政分权程度的变化则只有财政自主度指标有效。潘春阳等（2011）、吕冰洋和贺颖（2019）指出中国财政分权体制具有“支出分权，收入集权”的特点，因而从支出的角度利用各省区市人均预算内财政支出与全国人均财政支出的比值来衡量地区财政分权程度。

2. 财政分权的经济增长效应及作用机制。

分权体制作为目前世界上大多数发达国家和经济发展形势较好的发展中国家所普遍采用的一种国家治理体制，其影响也受到了诸多关注，其中，财政分权的经济增长效应及其作用机制是目前国内外相关研究关注的焦点。

在“财政分权的经济增长效应”方面，奥茨（Oates，1995）在其开创性研究中，用地方政府财政收入占一国财政总收入的比重来度量财政分权，并用跨国数据分析发现，财政分权显著促进了地区经济增长。此后，大量实证研究从不同视角和方法对财政分权的经济增长效应进行验证，但并未获得统一的结论。吉麦尔等（Gemmell et al. ，2013）利用OECD跨国数据研究发现，财政分权对经济增长的影响主要取决于财政自由度，且财政支出分权显著阻碍了经济增长，财政收入分权显著促进了经济增长。埃维坦等（Ewetan et al.，2016）对尼日利亚进行研究发现，无论从长期看还是短期看，财政分权都有利于促进经济增长。尤什科夫（Yushkov，2015）对俄罗斯进行分析发现，财政支出分权阻碍了经济增长，但财政转移支付规模与地区经济增长呈现出显著的正相关。不过，也有一些研究发现财政分权对经济增长具有明显的抑制作用，而且这种不利影响在发展中国家表现得更为突出，这可能与发展中国家普遍缺乏良好的政治经济制度以及高素质的地方官员有关（Weingast，2009）。罗德里格斯—波布和埃兹库拉（Rodriguez - Pose & Ezcurra，2010）以 21 个 OECD 国家的跨国数据为基础，考察了财政支出分权（包括总支出和教育等各类支出分权）和财政收入分权的经济增长效应，发现无论是支出分权还是收入分权对经济增长均有显著的抑制作用。而近年来，越来越多的学者认为财政分权与经济增长之间并不是单纯的线性关系。王（Wang，2013）则利用 121 个国家 2001 ~ 2008 年的面板数据，从吸引外商直接投资的角度考察了财政分权对经济增长的影响，发现财政分权与外商直接投资之间存在显著的倒“U”形关系，而且这一结论对于不同的财政分权指标具有较好的稳健性。卡尼蒂等（Carniti et al.，2017）利用 27 个欧洲国家的数据分析发现，财政支出分权对经济增长的影响呈现出“U”形特征，而投资分权与经济增长之间的关系呈现出倒“U”形特征。此外，菲利佩蒂和萨奇（Filippetti & Sacchi，2013）利用 20 个 OECD 国家 1973 ~ 2007 年的数据考察了行政和政治制度安排对财政分权的经济增长效应的影响，发现税收收入分权对经济增长的影响并不明确，在很大程度上取决于一国的行政和政治分权水平——只有当行政和政治分权水平较高时，税收收入分权才有助于经济增长，反之则不利于经济增长。在关于我国财政分权经济增长效应的相关研究中，大部分认为财政分权对经济增长具有显著的正向促进效应，但也有部分研究认为该效应为负或者不显著（谢贞发和张玮，2015）。周业安和章泉（2008a，2008b）、范子英和张军（2009）、李国璋和刘津汝（2010）、贺俊和吴照奕（2013）、李一花等（2014）、孙勇（2017）都通过实证研究发现，我国财政分权显著促进了地区经济增长。骆永民（2008）进一步发现，我国财政分权不仅显著促进了经济增长，而且这一效应还具有空间溢出性。张曙霄和戴永安（2012）则发现财政分权的经济增长效应具有地区异质性，这一效应在经济发展水平很高和很低的城市更加显著。但也有不少研究获得了相反的结论，李涛和黄纯纯（2008）、朱长存和胡家勇（2017）都利用省级面板数据研究发现，财政分权不利于地区经济增长。陈思霞等（2017）利用城市卫星灯光数据研究发现，财政压力越大的地区灯光亮度越高，即，财政分权程度越小，经济发展水平越高。郑新业等（2011）考察了河南省"省直管县"改革的经济增长效应，结果发现，"省直管县"的经济增长效应主要由经济分权产生，而非财政分权。陈安平（2009）则发现，财政分权不仅不会必然促进经济增长，而且是我国城乡收入差距不断扩大的重要原因。而缪小林等（2014）则以云南省县级面板数据研究发现，财政分权与经济增长之间呈显著的倒"U"形关系，且与地区经济环境有密切联系。

与财政联邦主义理论发展相对应，相关实证研究也越来越不满足于单纯地分析财政分权与经济增长的关系，而是旨在打开财政分权影响地区发展的"黑箱"，即财政分权的作用机理。财政竞争机制和政治晋升竞争机制则是国内专家学者在解释中国财政分权所带来的影响时普遍关注的作用机制。一方面，分权体制下，地方政府会积极展开投资性财政支出竞争，并重视提高财政支出效率，吸引投资、劳动力和技术等生产要素，从而有利于促进地区经济增长，而且地区之间财政支出竞争使财政分权对地区经济增长的影响具有空间外溢效应（刘小勇，2015；刘江会和王功宇，2017；庞伟和孙玉栋，2018）；另一方面，财政分权带来的财政支出竞争减轻了地区财政支出的预算约束，使地方政府在财政支出结构上出现"重投资、轻民生"的现象，同时，财政支出竞争产生的"马太效应"扩大了地区之间在吸引生产要素中的差距，这些因素也使财政分权在促进经济增长的过程中扩大了居民收入差距、地区发展差距以及经济波动程度（傅勇，2007；范允奇和王文举，2010；朱军和许志伟，2018）。此外，谢贞发（2016）发现，分税制背景下，我国地方政府之间存在的"税收征管"竞争，提高了地区实际税负水平，税率水平的长期上升可能会抑制经济增长。

由于中国式分权具有"政治集权、财政分权"的特点，学者们在解释中国式分权的影响机制时往往会考虑"官员政治晋升竞争"。周黎安（2004）最早关注这一问题，并提出了著名的"政治晋升锦标赛理论"。他指出，在中国式分权体制下，政府官员会为了追求政治晋升而展开激烈竞争，长期以来以"GDP 增长"为导向考核制度促使地方政府官员为了晋升而积极促进地区经济发展，但同时，也带来了地方保护、重复建设和环境污染等问题。此后，周黎安（2007）进一步对该理论进行了完善，对政治晋升锦标赛模式的形成、内部激励机制、收益和成本进行了系统的分析。徐现祥和王贤彬（2010）通过构建包含财政分权与官员政治激励的理论模型发现，以追求经济增长为目标的绩效考核制度激励下，地方政府财政支出过度偏向基础设施建设，在促进经济增长的同时，也带来了社会性公共产品供给不足的问题。邵传林（2016）从市场化的视角分析指出，我国自 1994 年实施分税制改革后，地方政府成为经济增长的主要推动力量，在政治晋升激励下和绩效考核压力驱动下，地方政府积极推动地区市场化进程，使中国分权成为事实上“市场维护型联邦制”，从而有力地推动了地方经济增长。皮建才等（2014）则从地区公共产品供给的视角分析指出，中国式政府分权体制下，中央政府对地方政府的政治激励是驱动地方政府推动经济增长的重要制度性因素，当中央政府给以有效的政治激励时，地方政府官员会竞相提高发展公共产品供给，减少在职消费，反之，更多财政资金将会用于在职消费上。余绪鹏（2016）指出，中国式政府分权能够创造经济增长奇迹的关键在于成功地使地方政府官员“为晋升而竞争”转变为“为增长而竞争”，既给予地方政府充足的自主权，又确保地方政府聚焦于经济增长。

综上所述，目前国内外关于政府分权的研究主要集中在财政分权方面。财政联邦主义理论的发展为财政分权的进一步研究提供了理论基础，而对财政分权度量指标的研究则为开展大量与财政分权有关的实证研究提供了前提。财政联邦主义理论的发展不仅关注财政分权所带来的经济增长、福利提升，同时也开始关注财政分权可能带来的负面效应，从而为进一步完善财政分权体制提供理论基础。财政分权指标则主要通过收入分权、支出分权以及管理分权等维度来刻画地区财政分权的程度，但同时，伴随着相关理论发展和实证研究需要，也逐渐有部分学者开始关注政治分权和行政分权的度量。此外，学者们通过大量的实证研究旨在揭示财政分权所带来的影响及其作用机制，而财政分权的经济增长效应是国内外学者所普遍关注的焦点，但目前尚未形成统一定论。财政竞争机制是国内外学者在解释财政分权效应时所普遍关注的作用机制，而由于以中央控制地方官员政治晋升为标志的政治集权是中国式分权的重要特征，因而，政治晋升竞争机制也成为诸多学者在研究中国式分权效应时所关注的重要机制。

（二）公共治理的相关研究

1. 公共治理的内涵与定义。

治理是一个复杂的理论体系，它的发展大致可以分为两个阶段，传统治理阶段和新治理阶段，传统的治理常与“统治”交叉使用，是“统治”的同义词。20 世纪 80 年代以来，随着公共事务复杂性和不确定性的增加，新治理的概念诞生。一般把 1989 年世界银行报告首次使用的“治理危机”称为新旧治理的分水岭。1992 年，世界银行发布《治理与发展》的年度报告，系统阐述了治理的看法，联合国还专门成立了治理委员会，治理理论得到迅速发展，引发新一轮的研究热潮。治理理论的思想源远流长，但是关于公共治理的理论研究却始于 20 世纪 90 年代，公共治理是治理理论的一个分支，公共治理的兴起赋予了治理更丰富的内涵。魏涛（2006）认为治理理论在全球迅速发展的原因有两个方面：一是由于西方福利国家出现管理危机。政府机构臃肿、效率低下。治理理论作为一种既重视发挥政府功能又重视社会组织群体势力相互合作、共同管理的方式和理念登上了历史舞台。二是与市场和等级制的调节机制发生危机有关。

公共治理的理论内涵与治理的含义有着密切的联系。在分析公共治理的内涵之前，先梳理一下治理的定义和深刻内涵：詹姆斯·N. 罗西瑙（2001）认为治理不同于政府统治，他将治理定义为：一系列活动领域里的管理机制，它们虽未得到正式授权，却能有效发挥作用。与统治不同，治理指的是一种由共同的目标支持的活动，这些管理活动的主体未必是政府，也无须依靠国家的强制力量来实现。这也说明，与政府统治相比，治理的内涵更加丰富，它既包括政府机制，也包括非正式的、非政府的机制。罗兹（Rhodes，1996）认为治理至少有 6 种不同的用法：①作为最小国家的治理，指国家通过削减公共开支，以最小的成本获取最大的效益。②作为公司的治理，是指导、控制和监督公司运行的组织体制。③作为新公共管理的治理，将市场的激励机制和私人部门的管理手段引入政府的公共服务。④作为善治的治理，指的是强调效率、法治、责任等价值。⑤作为社会控制体系的治理，指的是政府与社会、公共部门与私人部门之间的合作与互动。⑥作为自组织网络的治理，指的是建立在信任与互利基础上的社会协调网络。毛寿龙等（1998）认为治道（治理）是指在市场经济条件下，政府如何界定自己的角色，如何运用市场方法管理公共事务。治道变革指的是西方政府在适应市场经济条件下，进行市场化改革，并把市场制度的基本观念引进公共领域，建设开放而有效的公共领域。俞可平（2002）认为，治理一词的基本含义是指官方的或民间的公共管理组织在一个既定的范围内运用公共权威维持秩序，满足公众的需要。治理的目的是在各种不同的制度关系中运用权力去引导、控制和规范公民的各种活动，以最大限度地增进公共利益。所以治理是一种公共管理活动和公共管理过程，它包括必要的公共权威、管理规则、治理机制和治理方式。

治理理论也是一个跨学科的产物或现象，有学者将“治理”比作各学科之间的桥梁。韩兆柱（2016）认为公共治理是指在公共事务领域中，地位平等、相互依赖的治理主体通过合作的策略活动实现治理目标的过程。包国宪（2009）认为公共治理既是对传统公共管理理念的超越，又是对其研究范式的发展，是政府、市场与公民社会形成组织网络，共同参与公共事务管理，谋求公共利益的最大化，并共同承担责任的合作行为。“公共治理网络化管理，政府已不再是唯一的统治者，政府必须与私人部门共同治理、共同管理、共同生产和共同配置”。这种政府、社会组织、公民所构成的伙伴合作关系，相互信任、相互学习、共同参与、相互依赖，成为公共治理的要件。

综上所述，通过比较分析，我们可以总结出：公共治理的学科定位在公共行政学，活动领域为公共事务领域，公共治理主体之间的关系是地位平等、相互信任、相互依赖的关系，采取合作的策略活动实现善治的目标。其中，政府发挥元治理作用，治理目标为公共利益最大化。

2. 公共治理水平的测度。

国内外相关研究对于地区公共治理水平的测度并没有统一的方法。目前，国际上所流行的评价方法大致可以分为三类：一是绩效指标和过程指标；二是主观指标和客观指标；三是单一指标和综合指标。

（1）绩效指标和过程指标。

依据评价指标的侧重不同，可以将公共治理评价指标划分为绩效指标和过程指标，绩效指标是对公共治理的结果是否达到预期目标进行评价，而过程指标则是从公共治理的方法、手段以及程序是否符合相关标准，如合法性、公平性以及透明度等。对于公共治理的研究，一般包括两个层面的内容：一是政府在多大程度上满足公民在某些公共服务的需求；二是已有制度安排对于政府及官员在行使公共权力、满足公共利益过程中的激励和约束作用。第一个层面体现的是政府的绩效，第二个层面体现了政府的过程。如透明国际组织提出的腐败感知指数，就是度量政府腐败水平的一类绩效指标。而考夫曼（Kaufmann，2003）提出的公民呼声与责任指标则属于过程指标。

（2）主观指标和客观指标。

依据数据来源以及采集方式不同，可以将公共治理水平度量指标分为主观指标和客观指标。一般来说，主观指标的数据主要来源于专家评估和问卷调查的方法，是综合专家评估和调查数据制定的指标体系，在具体指标的赋值中往往是基于一些主观判断而做出的决定。基于客观数据的评价主要是通过设定合理的公共治理评价指标体系，利用各国和地区的统计数据，计算相应的公共治理指数。客观指标往往只是对从单一维度对公共治理水平进行度量，难以全面反映地区公共治理水平。

（3）单一指标和综合指标。

依据评价指标的组成数量可以划分为单一指标和综合指标。单一指标主要是利用一个单独的指标对地区公共治理的某一个重点维度进行评价，如政府腐败水平、政府法治水平以及地区私有产权保护程度等指标经常用于作为度量地区公共治理水平的单一指标。综合指标体系可以包含更多的评价指标，反映出更多的治理信息，因而也被广泛使用。在世界银行提出的世界公共治理综合评价指标体系中，从 18 个不同组织建立的 25 个独立的数据资源中，综合了数百个单独变量来衡量治理的感知指数，从而形成了评价地区公共治理的六大指标群：公民呼声与责任性、政治稳定性与暴力缺失、政府效能、规制质量、法治和腐败控制程度，同时每个指标群下面还有若干指标支持。此外，国内诸多研究也试图通过构建公共治理多维评价的指标体系，俞可平（2002）从法治、公民政治参与、政治透明度等 15 个维度选取指标构建了“中国民主治理的主要评价标准和指标”；包国宪（2009）则从法治、参与、透明度、责任、效能、公平、可持续性等七个维度构建了“中国公共治理绩效评价指标体系”；天则研究所选取公民权利、公共服务、治理方式三个评价维度构建了“中国省市公共治理指数”。

3. 公共治理水平的影响因素。

目前关于公共治理水平影响因素研究的文献还很少，在相关研究中，一种是从评价指标中可以体现出公共治理水平的影响因素，另一种则对影响地区公共治理水平每一个方面的因素进行了分析，如政府质量（腐败）、市场化水平以及公共产品供给水平等。

已有研究通过构建多维评价指标对地区公共治理水平进行评价，这些指标既可以作为体现地区公共治理水平的度量指标，也可以视为影响地区公共治理水平的重要因素。西方治理理论认为善治应该具备的基本要素包括：合法性、透明性、责任性、法治、回应性、有效性、参与、稳定、廉洁和公正。这些要素既被视为政府在公共治理过程中应遵循的原则，也被作为公共治理所追求的目标，同时也是目前国际上主流公共治理评价指数所采用的主要指标。例如，世界银行的全球治理指数（Worldwide Governance Indicators，WGI）从言论自由与政府责任感、政治稳定与暴力、政府效率、法治水平、监管质量与腐败治理等六个方面对地区公共治理水平进行评价。美国的对外援助机构 MCA（Millennium Challenge Account）所提出的被援助国的治理指标体系则通过经济自由度、法律公正性以及对公民发展投资力度三个维度，共 17 个二级指标来衡量被援助国的治理水平。在国内相关研究中，南锐和汪大海（2017）从社会保障力度、社会安全程度、公共服务供给以及社会参与水平等维度选取指标对地区公共治理水平进行评价。“中国社会管理评价体系”课题组（2012）发布了社会治理评价指标体系，包括 6 个二级指标及 35 个三级指标，体现了民主、法治、公平、正义、稳定、参与、透明、自治等社会治理的重要价值和理念。以上研究说明，政府质量、法治水平、社会稳定、公共参与、公共产品供给能力等因素都是影响地区公共治理水平的重要原因。

政府腐败被视为政府治理水平的重要指标，诸多研究对政府腐败水平的影响因素进行了分析。腐败的成因是多方面的，坦兹（Tanzi，1998）将腐败产生的原因归纳为直接原因和间接原因，其中，直接原因包括政府管制与授权、税收、公共支出决策、政府以低于市场价格提供的商品与服务、自由裁量权、为政党融资等；间接原因包括官僚机构的质量、公共部门的工资水平、惩罚机制、制度性管制、规章、法律和程序的透明度、领导的榜样等。特雷斯曼（Treisman，2000）认为宗教传统、殖民继承与法律体系、种族分离、原材料及租金、经济发展、联邦结构、民主、贸易开放度以及公务员工资是腐败的影响因素。兰布斯多夫和邓（Lambsdorff & Deng，2005）总结了腐败的原因，包括政府规模与分权程度、政府机构质量、政府竞争、公务员素质与工资水平、出版自由、政治民主状况以及教育文化等因素。此外，实证研究表明，市场化程度、财政分权、财政透明度、金融发展、非税收入规模、政府审计和内部控制等因素对中国政府腐败水平产生了重要影响。

4. 公共治理的影响效应。

公共治理是对公共事务的一种治理，包含一系列的制度安排和权力配置，公共治理具有明显的经济含义。已有研究主要从公共治理的经济增长效应、收入分配效应、资源配置效应以及产出效率效应等方面进行了梳理。

提高地区公共治理水平对于提高地区政府质量、完善市场制度体系以及提高公共产品和服务的供给水平都有重要影响，而这些因素都有利于促进地区经济增长。倪斌等（2012）通过对公共治理影响机制的研究，发现现代化的公共治理模式促使产权独立、推动新技术的发展和运用，同时法制化制度化的管理，降低了交易成本、提高了交易效率、从而推动了经济增长。梁城城（2019）通过30个省区市社会保障与就业支出效率进行了评估，发现社会保障与就业支出效率对经济增长有显著的促进作用，但是由于官员腐败的存在，抑制了社会保障与就业支出效率，进而抑制了经济的增长。

虽然已有研究并没有直接分析公共治理的收入分配效应，但相关研究从政府腐败以及公共产品供给对收入分配的影响进行了研究。已有研究普遍认为腐败恶化收入分配，加剧收入不平等程度。阿佩尔吉斯等（Apergis et al.，2010）根据 1980～2004 年美国 50 个州的面板数据实证发现，在短期和长期内，腐败对收入不平等都产生显著正向作用。张璇和杨灿明（2015）在研究腐败问题时，利用我国 2006～2008 年 120 个地级市的面板数据，通过区域研究发现腐败明显扩大了东、中、西部地区的城乡居民收入差距，且对东部地区影响程度最大。田彬彬和谷雨（2018）通过对 1998～2012 年中国省级层面的面板数据进行实证分析，发现较高的反腐败力度有利于改善省域内的居民收入差距，反腐败力度的提高都能带来收入、支出差距的缩小。此外，增加公共产品供给有助于缓解城乡收入不平等，如帮助低收入群体获得发展的能力与机会，但经济性基础设施供给如果相对过度会恶化城乡收入分配（李郁芳和王宇，2014）。不同的基础设施对城乡收入不平等的效应不同，研究发现，交通和通信类的基础设施对城乡收入差距影响的边际效用会随着基础设施存量的增加而下降。

腐败行为的存在增加了市场经济活动中的不确定性因素，企业和个人可以通过行贿逃避既有规则的管制，扭曲市场规则和市场机制，破坏市场公平原则，从而降低市场在资源配置中的作用，从长期来看，也会降低地区的全要素生产率。李清娥（2004）指出，由于腐败现象的存在，使政府部门不会在基于效益的标准来做出投资决策，就可能造成巨大的财力、物力、人力投资消耗于错误的决策项目中，从而导致资源配置上的巨大浪费和损失。此外，良好的公共治理水平还有助于金融发展，缓解民营企业融资约束问题，降低民营企业发展的政策性风险，进而激励企业加大资本投入，实现规模经济效应，提高企业生产率。

（三）隐性经济相关研究

隐性经济是指所有规避或逃避政府规章、税收或监管的基于市场或非市场的、合法或非法的经济活动以及由此产生的收入（杨灿明和孙群力，2010b）。目前国内外关于隐性经济的研究主要集中在隐性经济规模测算、隐性经济成因以及隐性经济的影响等方面。

1. 隐性经济的规模测算。

隐性经济的度量有多种方法，诸多学者利用不同模型对不同地区隐性经济规模进行了度量。施耐德和布恩（Schneider & Buhen，2000）指出度量隐性经济规模的方法通常可分为直接方法和间接方法，其中，直接方法是基于收集个人或企业未申报收入等直接信息来进行测算，信息的收集方式主要有税收审计和直接调查两类；间接方法则是根据在官方宏观经济统计资料中留下的痕迹来确定隐性经济规模，这些方法大致可归纳为六大类型：国民收入和支出差异法、官方统计和实际劳动力差异法、货币交易法、货币需求方法、物量投入或电力消耗法、结构方程模型方法或 MIMIC 方法。奥尔西等（Orsi et al.，2012）则通过构建一个 DSGE 模型来对意大利的隐性经济规模进行度量，他们的研究为隐性经济度量开创了一个新的视角。阿尔姆和恩巴耶（Alm & Embaye，2013）利用货币需求方法与动态面板模型相结合估计了 111 个国家 1986～2006 年的数据进行分析后发现，隐性经济占世界各国的 GDP 比重从 10%～80%不等，隐性经济规模与居民收入水平密切相关，在 OECD 国家中隐性经济平均比重为 17%，非 OECD 的高收入国家中这一比重为 24%，中高收入国家中比重为 33%，中低收入国家中比重为 37%，低收入国家则为 38%。戴尔安诺和所罗门（Dell'Anno & Solomon，2008）利用结构方程模型，针对美国 1970～2004 年的季度数据，估计了美国的隐性经济，结果显示其隐性经济占 GDP 的比重在 1970～1983 年为 14%～19%，随后持续稳定下降到 2004 年的 7%。研究发现，在美国，社会保障缴款占 GDP 的比重、失业率、自我就业率是隐性经济的主要决定因素，并且还发现，税收负担对隐性经济没有显著的影响。他们通过对奥肯法则的扩展，估计了经济增长、隐性经济与失业率之间的关系，发现隐性经济与失业率之间的关系是显著正相关的。戴尔安诺等（Dell'Anno et al.，2007）采用 MIMIC 方法研究了法国、西班牙和希腊三个地中海国家 1968～2002 年的隐性经济，发现失业率、税收负担以及自我就业率是这些国家隐性经济的主要原因。其中，法国的隐性经济占 GDP 的比重从 1968 年的 36% 下降到 2002 年的 9%，而希腊的隐性经济占 GDP 的比重则从 1980 年的 8% 上升到 2002 年的 28%，西班牙的隐性经济在 1977 年以前不显著，随后从 9% 上升到 2002 年的 26%。戴尔安诺（Dell'Anno，2007）用结构方程方法研究了葡萄牙 1977～2004 年的隐性经济，发现隐性经济规模从 1978 年的 29.16% 下降到 2004 年的 17.16%。乔杜里等（Chaudhuri et al.，2006）采用结构方程方法研究了印度 1974～1996 年 14 个州的隐性经济规模，结果表明，在此期间，其平均隐性经济规模从 13.11% 上升到 26.13%。奥尔维斯卡等（Orviska et al.，2006）利用斯洛伐克和捷克 2002 年的截面调查数据，研究的结果表明，斯洛伐克和捷克 2002 年的隐性经济规模分别为 23.12% 和 21.18%。

部分国内学者对我国的隐性经济进行了度量。白重恩等（2015a）对隐性经济估计方法进行系统梳理后指出，目前较为广泛接受的做法是基于消费支出数据可信的假设，结合微观调查数据中反映的收入和消费之间的相关关系，来推测隐性经济的规模，稳健的收入与消费关系是据此估计隐性经济规模的最基本的前提，以此为基础的估计方法还有基于特定函数形式的恩格尔单方程估计法、需求系统广义矩估计法与匹配外推法，以及放松函数形式假定的非参数估计法。戚磊（2013）使用货币需求法和结构模型——多指标多因素法（MIMIC）测度了中国行业层面隐性经济规模的大小，实证分析表明，生产税收负担和自我雇佣率导致隐性经济规模增加，而政府管制和收入分配差距则会降低隐性经济规模（增加值部门），同时增加值和中间投入部门存在一定规模的隐性经济，而进出口部门不存在隐性经济。杨灿明和孙群力（2010b）利用 MIMIC 模型评估了 1998～2007 年中国各省区市的隐性经济规模，度量结果表明，我国各省区市平均隐性经济规模在 1998～2007 年介于 10.15%～14.16%，且呈逐年缓慢上升的趋势。徐蔼婷和李金昌（2007）采用 MIMIC 模型方法，并以 2004 年我国首次经济普查的实际数据进行调整，发现未观测经济占 GDP 的比重在1985~2005年介于13%~18%。李建军和薛莹（2015）对我国“影子银行”的规模进行了估计，并以此分析我国银行业中隐性经济的规模、风险以及防治措施。王小鲁（2016）在通过对全国几十个城市和县2000多名不同收入阶层的居民家庭收支调查，推算出全国城镇居民收入中没有统计到的隐性经济约占GDP总量的12%。

2. 隐性经济的影响因素。

隐性经济是一个复杂的经济系统，学者们除了采用多种方法对隐性经济规模进行直接测算外，还通过对隐性经济的影响因素进行分析以揭示隐性经济的形成机理以及治理措施。

逃避政府税收征管是隐性经济的重要成因，因此，从理论上来说，税收负担上升会扩大地区隐性经济规模（Schneider et al.，2010；Gaspareniene & Remeikiene，2014）。怀斯曼（Wiseman，2013）、昆塔诺和马佐奇（Quintano & Mazzocchi，2013）分别利用美国50个州和欧洲33个国家的数据研究发现，提高间接税和公共收费规模会显著扩大地区隐性经济规模。此外，还有部分学者分析了不同税种税收负担对隐性经济的影响。施耐德等（Schneider et al.，2010）利用跨国数据研究发现，无论是直接税税负还是间接税税负，都与隐性经济规模呈现显著正相关。布恩（Buehn，2012）、邓肯和彼得（Duncan & Peter，2016）分别发现，贸易税税负和企业所得税税负都与隐性经济之间存在显著的正相关。进一步研究发现，税制结构设计对隐性经济规模也有重要影响。国内研究中，解梁秋和孙皓（2009）、罗美娟和黄丽君（2015）、李永海和孙群力（2016a，2016b）都通过研究发现，税收负担水平与我国地区隐性经济规模之间存在显著的正相关。但杨灿明和孙群力（2010a）发现我国直接税有利于抑制隐性经济规模，而间接税会扩大地区隐性经济规模。

政府管制力度也是影响地区隐性经济规模的重要因素，在隐性经济规模测算的相关研究中，政府管制一般都会被视为不可或缺的核心原因变量。布耶夫（Bouev，2002）利用劳动力差异法度量了转轨国家隐性经济规模，结果显示，政府管制力度是隐性经济的重要成因，且两者之间存在显著的正相关。施耐德等（Schneider et al.，2010）、哈桑和施耐德（Hassan & Schneider，2016）、麦地那和施耐德（Medina & Schneider，2017）在利用MIMIC模型法测算世界多个国家隐性经济规模时，都利用政府规模作为度量国家或地区政府管制力度的原因变量，且都发现，政府规模与地区隐性经济之间存在显著的正相关。恩斯特（Enste，2010）、库斯（Kus，2011）以及马扎尔（Mazhar，2015）都利用跨国数据进行实证研究发现，政府管制力度和自由裁量权的扩大确实会增加地区隐性经济规模。卢迪亚和阿克里尔（Lgudia & Ackrill，2016）通过调研发现，政府管制力度是尼日利亚企业和劳动力从事隐性经济活动的重要原因。此外，波佩斯库（Popescu，2014）讨论了劳动力市场规制对隐性经济的影响，并认为，这两者之间存在显著的正相关。国内研究中，杨灿明和孙群力（2010a）、苏飞和胡艳（2009）用政府消费规模来度量地区政府管制力度，并且都发现，政府管制力度上升会显著降低隐性经济规模。李永海和孙群力（2016b）利用中国省级面板数据研究发现，政府管制与地区隐性经济规模之间存在显著且稳健的“U”形关系。

劳动力市场变化也将对隐性经济部门劳动力规模产生重要影响，进而影响地区隐性经济规模，已有研究主要集中于失业率和自我就业率对隐性经济规模的影响。巴哈达和施耐德（Bajada & Schneider，2009）指出，当失业率上升时，劳动力在正规经济部门可以获取的劳动机会减少，为了获取劳动收入，维持生活开支，劳动力将不得不转向隐性经济部门获取劳动机会，从而导致隐性经济规模扩大。达维德斯库和多布雷（Davidescu & Dobre，2013）将失业率作为隐性经济的原因变量，并利用货币需求法对罗马尼亚的隐性经济规模进行了测算，实证结果显示，失业率与隐性经济之间存在显著的正相关。此外，自我就业率也是在隐性经济规模测算和原因分析的相关研究中经常出现的因素，对于自我就业的劳动者而言，他们可以接受更少的管制，有更大的空间隐藏经济活动和收入，因而，一般认为，地区自我就业率上升将会扩大地区隐性经济规模（Engström & Holmlund，2009；Elgin & Oyvat，2013；Hassan & Schneider，2014）。在国内研究中，杨灿明和孙群力（2010a）研究发现，失业率上升将显著扩大地区隐性经济规模，而自我就业率对隐性经济规模的影响不显著。但王永兴（2018）利用 MIMIC 模型法研究发现，失业率并没有对我国隐性经济规模产生显著影响。

此外，公共部门机构质量对隐性经济的影响也是近年来的研究热点。在实证研究中，腐败一般被视为政府部门机构质量的度量指标，一部分研究认为，政府腐败会增加正规经济部门的企业和劳动力从事经济活动的非制度成本，会使资本和劳动力向隐性经济部门转移，从而扩大隐性经济规模（Kar & Saha，2013；Alexeev & Habodaszova，2007）。但也有一部分研究发现，腐败与隐性经济规模之间也可能存在替代关系，这是因为，在腐败水平较高的地区，企业和劳动力可以通过行贿来获取政府官员的庇护，从而逃避法律规定的税收负担和政府管制，从而降低地区隐性经济规模（Choi & Thum，2005；Dreher & Schneider，2010；Buehn，2012）。但施耐德（Schneider，2007）利用145个国家的数据对隐性经济和腐败之间的关系进行了研究，发现在高收入国家隐性经济有效地降低了腐败水平，而在低收入水平国家，隐性经济加剧了地区腐败程度。在国内研究中，孙群力（2017）用我国省级面板数据研究腐败与隐性经济之间的关系，并发现，腐败与隐性经济之间存在显著的替代效应，腐败的“润滑剂”作用下，企业和劳动力可以通过行贿来逃避在正规经济部门所应该担负的制度成本，从而显著降低了隐性经济规模。

3. 隐性经济的影响。

学者们在关注隐性经济影响因素的同时，还对隐性经济的影响进行了研究。目前国内外学者的研究主要集中于隐性经济对官方经济增长以及收入不平等的影响两方面。

隐性经济对官方经济发展是已有研究关注的重点。部分学者通过研究发现隐性经济和官方经济之间呈正相关。施耐德和恩施特（Schneider & Enste，2000）从理论上系统地论述了隐性经济对正规经济的影响，研究指出，隐性经济不仅会与正规经济在生产要素争夺方面存在诸多竞争，同时，还会扭曲市场规则，破坏公平竞争的环境，不利于实现生产资源的优化配置，因而，从理论上来说，隐性经济与正规经济之间存在“替代关系”。诸多实证研究也验证了这一理论假说，崔和图姆（Choi & Thum，2005）、贝斯利和佩尔森（Besley & Persson，2010）、特奥贝尔代利（Teobaldelli，2011）都利用跨国数据对两者之间的关系进行分析，并发现隐性经济规模与GDP增长率之间存在显著的负相关，即，隐性经济规模扩大会显著降低地区正规经济的增长率。但也有部分研究认为，隐性经济的产品最终会流入正规市场，资本和劳动力从隐性经济活动中获取的隐性收入最终也需要在正规市场中进行消费，因此，隐性经济部门可以很好地弥补正规经济部门发展的缺陷与不足，从而促进正规经济部门发展（Choi & Thum，2005）。戴尔安诺和所罗门（Dell'Anno & Solomon，2008）利用跨国数据进行实证研究发现，隐性经济在一定程度上可以促进正规经济部门的发展，这是因为隐性经济部门可以有效地吸收正规经济部门的剩余劳动力和资本，最大限度地实现了资源的有效利用。但也有研究表明，隐性经济与正规经济之间并不存在线性关系，戴尔安诺（Dell'Anno，2010）利用拉丁美洲国家的跨国数据进行实证研究发现，隐性经济与正规经济发展之间呈显著的倒"U"形关系。国内的相关研究较少，杨灿明和孙群力（2010）、王永兴（2018）分别利用中国分省面板数据和全国时间序列数据研究发现，隐性经济显著促进了我国正规经济发展，两者之间呈显著的"互补关系"。

隐性经济对收入不平等也吸引了部分学者的关注。一般认为，隐性经济产生的隐性收入不需要承担税收负担，政府难以利用税收手段对其收入进行调节，因而会扩大地区收入不平等程度（Valentini，2009）。艾哈迈德等（Ahmed et al.，2004）利用跨国数据进行实证研究发现，地区隐性经济规模与基尼系数之间存在显著的负相关，即，隐性经济会扩大地区收入不平等。但 Kar 和 Saha（2012）则利用亚洲国家的跨国数据进行研究发现，隐性经济显著降低了地区收入不平等程度，尤其是可以有效降低腐败对地区收入不平等的影响，这是因为，隐性经济不在政府监管范围之内，隐性经济活动以及收入也不会受到政府官员"寻租"行为影响。国内的相关研究较少，杨灿明和孙群力（2010）在利用我国分省面板数据进行实证研究发现，我国隐性经济规模显著扩大了地区不平等程度。

综上所述，隐性经济的发展并不是一个新话题，学者们分别从隐性经济的规模测算、隐性经济成因及其影响等方面对这一问题进行了研究。国民收入和支出差异法、官方统计和实际劳动力差异法、货币交易法、货币需求方法、物量投入或电力消耗法、结构方程模型方法或 MIMIC 方法、DGE 以及 DSGE 都是测算隐性经济规模的有效方法。虽然对于隐性经济的成因尚未形成统一定论，但从上述研究可以看出，税收负担、税制结构、政府管制、政府透明度以及政府质量都是影响隐性经济规模的因素。同时，隐性经济对地区官方经济的发展、收入差距以及腐败等问题都有一定影响。

（四）政府分权、公共治理对隐性经济的影响

虽然政府分权、公共治理与隐性经济这三者都已经受到广泛关注，而且出现了大量的研究成果，但是直接研究政府分权、公共治理对隐性经济影响的成果还非常少。本书从政府分权对隐性经济的影响以及公共治理对隐性经济的影响两个方面对相关文献进行了梳理。

1. 政府分权对隐性经济的影响。

隐性经济侵蚀国家税收基础和社会保障基础，而政府质量（如官僚制度、

监管严格程度、地方政府自由裁量权、腐败水平等）、税收负担和社会保障负担被认为是隐性经济产生的主要原因（Dreher et al.，2009）。政府分权对隐性经济影响的逻辑起点也是财政联邦主义理论，诸多学者通过分析财政分权对政府质量、税收负担水平以及社会福利的影响，进而分析政府分权对隐性经济的影响。

部分国外学者认为财政分权通过促进地方“正式经济”发展，增强公众对政府的信任，提高税收道德，从而直接减少隐性经济规模；通过促进地方政府之间的竞争、有效提高政府机构质量，提高地方政府公共政策与公共产品供给质量，间接减少隐性经济规模。布恩等（Buehn et al.，2013）认为政府分权主要通过两种机制对隐性经济的发展产生影响：一是分权可以提高政府部门的工作效率，即会形成分权的效率效应；二是分权可以缩短政府与经济组织之间的距离，这可以提高及时发现隐性经济的可能性，从而产生分权的威慑效应。特奥贝尔代利（Teobaldelli，2011）发现在实行联邦制的国家中，隐性经济的规模要更小，这是因为联邦制国家中财政分权程度更高，地方政府间的竞争更加激烈，地方政府不得不通过提高公共政策质量和公共服务效率来吸引更多的投资者和劳动者，这有利于正式经济的发展，减少隐性经济的规模。施耐德和恩施特（Schneider & Enste，2000）也在研究中发现财政联邦主义国家通过增强地方政府对财政资源的支配权力，更好地满足公众对公共服务的偏好和需求，从而增加公众对政府的信任，提高税收道德，减少企业和个人的逃税行为，缩小隐性经济规模。亚历克塞耶夫和哈博达佐娃（Alexeev & Habodaszova，2007）则利用跨国数据对财政分权与隐性经济规模关系进行研究发现，财政分权可以有效降低腐败水平，提高政府机构质量；促进地方正式经济的发展，增强地方政府提供公共服务的能力，从而直接或间接地减少隐性经济规模。萨尔特格尔和托格勒（Schaltegger & Torgler，2008）利用瑞士的经验数据进行研究发现，分权体系下，地方政府获得更大的财政自主权和行政自治权，地方政府提供的公共产品和服务将更加符合居民需求偏好，这有利于促进居民对社会规则的遵守，公民的税收道德水平也会提高，隐性经济的发展趋势自然也可以得到有效抑制。拉杜（Radu，2014）发现地方政府拥有更高程度的税收自主权时，可以制订更适合本地发展的税收政策，这既有利于提高税收政策的可行性，也可以提高居民的缴税自主性，从而降低隐性经济规模。布恩等（Buehn et al.，2013）则认为财政分权缩短了政府官员对公众行为的认知距离，可以有效地提高政府对隐性经济的监管力度，从而减少隐性经济行为。戈尔和索诺莉丝（Goel & Saunorise，2014）发现财政分权和行政分权都能有效地减少隐性经济行为，但其影响方式不同，在隐性经济发展规模更大的国家，更高程度的行政分权更有利于抑制隐性经济；在隐性经济规模较小的国家，财政分权更加有效。萨尔特格尔和托格勒（Schaltegger & Torgler，2005）通过对瑞典和俄罗斯的研究发现，建立更多的公众参与税收征收与赦免政策的制定可以有效地促进公众遵守税收规定，从而减少隐性经济。

然而，也有部分国外学者认为财政分权会进一步扩大隐性经济的规模。特雷斯曼（Treisman，2000）指出财政分权体制下，地方政府为了吸引企业投资会为企业逃避中央税收提供保护，大型的跨区域的企业更加容易获取地方政府的财税保护，这在一定程度上滋生了隐性经济的发展，削弱了中央政府的税基，有可能使中央政府无力提供公共产品和服务。考菲尔德（Caulfield，2006）则以中国为例对财政分权与隐性经济规模间关系进行研究，发现财政分权增强了地方政府的利益，为地方政府官员“寻租”以及非法经济活动提供了空间，进一步促进官商勾结，扩大了隐性经济的规模。张（Zhang，2006）通过对中国的财政分权改革进行研究后发现，财政分权加剧了中国区域间的发展差距，在经济发展水平较低的地区，公民和企业要承担更重的税收负担，以支持当地的公共产品供给，较高的税收交易成本将增多不发达地区的隐性经济发展规模。桑顿娜和阿德吉（Thorntona & Adedeji ，2010）通过对 EMES 内国家 1972 ~ 2002 年的数据分析发现，财政分权体系下地方政府主要通过减少资本支出和提高税收收入来巩固地方财政，这无疑将会增加各地方企业的税收负担，不利于减少隐性经济。塔卡拉和维伦（Takala & Viren，2012）指出一味地扩大地方政府的税收自主权并不能有效地减少隐性经济的规模，除非能建立起有效的税收审计和监督机制，完善相关的法律保障。

国内对政府分权与隐性经济之间关系的研究很少。杨开忠等（2003）指出在中国经济转轨发展过程中，中央政府和地方政府的财政分权扩大了地方政府的财政支配权，大大减少了中央政府对地方经济发展的管制，减少了地方政府的规则遵从负担，从而大大促进了国有经济以及非公有制经济等“正式经济”的发展。王伟域（2008）指出财政分权强化了地方政府的利益，有利于促使地方政府从自身利益出发，完善税收制度、增强服务理念，从而降低企业的税收遵从成本，有利于减少隐性经济。于李胜和李成（2010）指出 2002 年我国实施税制分权制度改革以来，地方政府整体税收征管力度下降，导致我国企业逃税行为日益加剧，这也就自然扩大了我国地方的隐性经济规模。

2．公共治理对隐性经济的影响。

虽然目前还没有研究直接对公共治理的隐性经济效应进行研究，但很多学者利用政府责任感（Barnett & Michael，2016）、政府效率（Halleröd，2013）、政府监管质量（Radaelli & Francesco，2012）、政府透明度（Hood & Heald，2012）、社会稳定水平（Georgiou & Kyriazis，2015）和腐败水平（Osipian，2013；Hooghe，2012）等指标衡量各地政府的公共治理水平，并进行了相关实证研究，研究发现，地方政府公共治理水平与地区隐性经济是显著正相关的（Bayar，2016），腐败水平的提高扩大了隐性经济规模（Goel & Saunoris，2014），这一关系在低收入国家更加显著（Dreher & Schneider，2010；Schneider，2006）；低效率的政府管理水平和过多的政府管制提高了隐性经济规模（Enste，2009；Schneider，2014；Bouev，2003）；伊芬托普洛斯（Yfantopoulos，2013）发现提高政府透明度有效降低了希腊隐性经济规模。但维尔塔（Virta，2007）、努加利耶夫等（Nurgaliyev et al.，2014）则认为公共治理对隐性经济的影响不显著。在国内研究中，李永海和孙群力（2016a）税收负担显著地扩大了地区隐性经济规模，政府管制与地区隐性经济规模之间存在显著而稳健的"U"形关系，有效治理地区隐性经济需要提高政府管制质量，减轻管制负担，进一步优化政府间的财权与事权划分。李永海和孙群力（2016b）、张曾莲和盖亚洁（2018）研究发现，提高政府财政透明度可以显著降低隐性经济规模，同时税收负担与隐性经济之间存在显著的倒"U"形关系。

3．财政分权的治理效应对隐性经济的影响。

已有研究认为财政分权主要通过"威慑效应"和"效率效应"影响隐性经济，即，主要通过降低政府腐败水平并提高公共产品和服务的供给效率来抑制隐性经济。政府腐败治理和公共产品供给都是公共治理的重要内容，由此可见，从总体上来看，财政分权主要是通过影响地区公共治理水平进而影响地区隐性经济。

已有研究大多认为，财政分权主要通过发挥"竞争效应"，促使地方政府一方面为增长而竞争，为了吸引更多的资本和劳动生产要素流入，各地方政府努力降低税负负担，提高公共服务供给水平，从而降低隐性经济规模；另一方面，在实施财政分权体制下，地方政府有了更大的自主权，而且地方政府为了在地方竞争中获得有利地位，会开展更多的基础设施建设、优化投资环境等经济活动，使地方政府面临更大的财政支出压力，为了满足支出需求，地方政府会加大对隐性经济部门的治理力度，减少税收流失，从而降低隐性经济规模。杨开忠等（2003）指出在中国经济转轨发展过程中，中央政府和地方政府的财政分权与政治晋升竞争等机制共同促进了地方政府为了推动地方官方经济发展而改善地方公共产品和服务供给水平，不断优化正规经济部门的投资生产环境，从而大大促进了国有经济以及非公有制经济等“正式经济”的发展，也降低了“非正式经济部门”的规模。王伟域（2008）指出中国的财政分权强化了地方政府的利益，有利于促使地方政府为了自身利益而竞争，通过不断完善税收制度、增强服务理念，改善投资环境，努力使地方政府在竞争中获得优势地位，从而降低企业的税收遵从成本，有利于减少隐性经济。布恩等（Buehn et al.，2011）认为政府分权主要通过两种机制对隐性经济的发展产生影响：一是分权增强了各地方政府之间的竞争，从而迫使各地方政府提高财政支出效率，提高公共产品和服务供给的规模和质量，减少生产要素向隐性经济部门流动的动力；二是分权可以缩短政府与经济组织之间的距离，这可以提高及时发现隐性经济的可能性，从而产生分权的“威慑效应”。特奥贝尔代利（Teobaldelli，2011）发现在实行联邦制的国家中，隐性经济的规模要更小，这是因为联邦制国家中财政分权程度更高，地方政府间的竞争更加激烈，地方政府不得不通过提高公共政策质量和公共服务效率来吸引更多的投资者和劳动者，这有利于正式经济的发展，减少隐性经济的规模。施耐德和恩施特（Schneider & Enste，2000）也在研究中发现财政联邦主义国家，地方政府对财政资源拥有更大的支配权力，地方政府从自身利益出发，会通过扩大地方政府支出规模，为企业生产和居民生活提供更多公共产品，以增强本地区的竞争力，这在一定程度上也会增加公众对政府的信任，提高税收道德，减少企业和个人的逃税行为，缩小隐性经济规模。亚历克塞耶夫和哈博达佐娃（Alexeev & Habodaszova，2007）则利用跨国数据对财政分权与隐性经济规模关系进行研究发现，财政分权体制下，地方政府有更强烈的动力争取资本和劳动力等生产要素，从而会促使地方政府提升公共治理水平，可以有效降低腐败水平，提高政府机构质量；促进地方正式经济的发展，增强地方政府提供公共服务的能力，从而直接或间接地减少隐性经济规模。托吉尔等（Torgier et al.，2010）利用瑞士的经验数据进行研究发现，分权体系下，地方政府获得更大的财政自主权和行政自治权，同时各地方政府之间对生产要素的争夺竞争也更加激烈，地方政府会努力满足社会对公共产品的需求偏好，这有利于促进居民对社会规则的遵守，公民的税收道德水平也会提高，隐性经济的发展趋势自然也可以得到有效抑制。拉杜（Radu，2014）发现地方政府拥有更高程度的税收自主权时，能够根据具体情况制订更适合的税收政策，同时也可能带来税负水平的“逐底竞争”，这不仅减轻了当地的税负水平，还提高了当地的税收政策质量，可以提高居民的缴税自主性，从而降低隐性经济规模。

然而，也有部分学者认为财政分权会通过增加地方政府腐败“寻租”，恶化地区公共治理水平，进一步扩大隐性经济的规模。特雷斯曼（Treisman，2000）指出财政分权体制下，地方政府之间存在广泛的竞争，为了吸引企业投资会为企业逃避中央税收提供保护，大型的跨区域的企业更加容易获取地方政府的财税保护，这在一定程度上滋生了隐性经济的发展，削弱了中央政府的税基，有可能使中央政府无力提供公共产品和服务。考菲尔德（Caulfield，2006）则以中国为例对财政分权与隐性经济规模间关系进行研究，发现财政分权增强了地方政府的利益，地方政府为了扩大 GDP 规模而不断竞争，这有可能会加剧官商勾结，扩大了隐性经济的规模。张（Zhang，2006）通过对中国的财政分权改革进行研究后发现，财政分权强化了中国各地方政府的利益，在激烈的地方政府竞争中，资本和劳动力等生产要素集中流向较为发达的东部沿海地区，这加剧了中国区域间的发展差距，在经济发展水平较低的地区，公民和企业要承担更重的税收负担，以支持当地的公共产品供给，较高的税收交易成本将增大不发达地区的隐性经济发展规模。桑顿娜和阿德吉（Thorntona & Adedeji，2012）通过对 EMES 内国家 1972 ~ 2002 年的数据分析发现，财政分权体系下地方政府面临着激烈的外部竞争，为了提高本地区的竞争力，各地方政府不得不通过减少资本支出和提高税收收入来巩固地方财政，这无疑将会增加各地方企业的税收负担，不利于减少隐性经济。于李胜和李成（2010）则从税收分权的视角对两者关系进行了研究，指出我国实施税制分权制度改革以来，地方政府整体税收征管力度下降，导致我国企业逃税行为日益加剧，这也就自然扩大了我国地方的隐性经济规模。

（五）总结与评论

目前已有研究中对于政府分权、公共治理和隐性经济这三者的相关研究已经比较丰富。分权化体制成为大多数国家所采用的国家治理体制，并且对政治、经济和社会发展都产生了重要影响。财政联邦主义理论的发展为政府分权的相关研究提供了理论基础，世界各国的分权化实践为开展相关研究提供了丰富的题材，分权对经济增长、公共治理水平与居民福利水平的影响也获得了广泛关注。而“用脚投票”理论为财政竞争相关研究奠定了理论基础，有力地解释了财政分权“效率效应”的动因、实现方式及可能的影响，对后来的相关研究都产生了重要影响；从概念内涵上来看，地区公共治理即公共部门利用公共权力和公共资源管理公共事务、解决公共问题、提供公共服务、维护公共利益的过程，具体包括政府治理、市场治理和社会治理等诸多方面；公共治理水平既可以通过单一指标进行评价，又可以通过构建多维评价指标体系来进行衡量；公共治理水平也受到政府治理、法治水平、政府结构、市场化水平以及公共参与程度的影响；地区公共治理水平作为一项制度性因素对地区经济增长、收入不平等、资源配置效率以及全要素生产率等都会带来一定的影响。隐性经济是世界各国普遍存在且广泛关注的经济现象，隐性经济规模过大会带来严重的税收流失、收入不平等以及市场机制扭曲等问题。

已有研究表明，政府分权对隐性经济发展存在一定影响，但其影响结果和方式并不确定。税收负担、社会保障负担、居民收入、失业率、自我就业率以及政府管制是影响隐性经济的主要因素（Medina & Schneider，2018），财政分权正是通过直接或间接地作用于这些因素而影响隐性经济发展。此外，财政分权通过促进区域竞争，增强地方政府财政支配能力，提高地方政府质量，提升公共服务水平，进而减轻经济主体负担，降低隐性经济规模；财政分权也可能强化地方政府利益，诱发官商共谋，扩大隐性经济规模。但部分学者对中国式财政分权的研究表明，中国的财政分权并没有有效提高地方公共产品供给水平（于长革，2009；卢洪友等，2012），而且降低了税务部门的税收征管力度（于李胜和李成，2010），因此，中国式财政分权对我国各地区隐性经济发展的影响还有待进一步研究。此外，中国的政府分权内涵非常丰富，不仅包含财政分权，还包括以经济和民生为导向的行政分权，财政分权和行政分权对于中国各地区经济、社会发展以及政府本身的质量与效率都产生了深刻的影响，因而，进一步揭示分权对隐性经济的影响及其作用机理还具备很大的研究空间。

虽然，目前直接研究公共治理对隐性经济的成果较少，但我们通过对政府腐败、法治水平、政府管制质量等相关因素对隐性经济影响的相关研究进行梳理和总结，可以发现，政府治理水平、市场治理水平和社会治理水平都会对地区隐性经济规模产生显著的影响。政府腐败通常被作为度量政府质量的重要指标，体现了政府内部治理水平，已有研究表明，政府腐败和隐性经济之间存在复杂的关系，一方面，政府腐败水平越高，正规经济市场的制度环境就越差，企业和劳动力转向隐性经济部门的动力越足；另一方面，隐性经济规模越大，从事隐性经济活动的企业和劳动力越多，更多企业和劳动力会选择向政府官员“寻租”以逃避政府管制和征税，从而扩大地区腐败规模。此外，地区市场治理水平越高，市场机制越完善，市场制度越优越，越有利于降低正规经济市场的制度成本，降低企业和劳动力转向隐性经济部门的动力。最后，公共产品供给水平是反映社会治理水平的重要指标，已有研究表明，地区公共产品供给水平是隐性经济企业和劳动力税收遵从的重要因素，社会治理水平越高，公共产品供给效率也越高，企业和劳动力遵从政府管制和征税的意愿越强烈，隐性经济规模也就越小。

政府分权对公共治理和隐性经济的影响并不是独立的，这是因为隐性经济与公共治理的影响因素有一定的相似性，公共治理水平和隐性经济规模都与政府质量、法治水平以及政府透明度等因素相关，而且隐性经济与公共治理两者之间也在一定程度上存在着双向因果关系（Goel & Saunoris，2014）。因此，政府分权、公共治理和腐败规模三者之间的关系及其在中国实践中的表现值得进一步深究。

已有文献为开展本书的研究提供了丰富的理论基础，同时也带来了诸多启示。政府分权与财政竞争之间联系密切，财政竞争经常被视为政府分权影响经济发展、政府质量以及公共治理的作用机制；但两者之间也存在明显的差异，中国式政府分权的财政竞争有其特殊的成因与特点，公共治理对隐性经济的影响及作用机理仍然有待于进一步研究。因此，分权化的政府体制，尤其是财政分权与经济管理分权给地区隐性经济发展带来了什么影响？政府分权如何影响地方政府之间的公共治理行为？分权化的政府体制下，国家内部各地方政府之间的公共治理究竟对地区隐性经济水平带来何种影响？这些问题都还有待于进一步研究，这也正是本书的主要研究内容。

三、研究内容、思路与方法

（一）研究内容

本书围绕政府分权、公共治理对地区隐性经济的影响这一主题，探索中央和地方政府之间的分权以及地区公共治理水平对隐性经济的影响及其作用机理和传导机制，进而分析如何完善财政分权体制，提高公共治理水平，从而有效控制隐性经济规模。本书的研究内容主要包括理论分析、实证检验与体制机制优化三个方面。

1. 理论层面。

在理论层面，构建政府分权、公共治理对地区隐性经济影响的理论分析框架。对国内外关于政府分权、公共治理与隐性经济以及三者间关系的相关文献进行梳理和总结，归纳已有研究的基本观点和研究方法，在此基础上凝练本书的研究空间；通过对隐性经济成因、财政联邦主义理论、公共治理理论以及新制度经济学等相关理论进行梳理和总结，为研究政府分权、公共治理对地区隐性经济水平的影响提供理论基础并构建本书的理论分析框架；结合已有文献和理论分析，构建财政分权体制下包含隐性经济部门和正规经济两部门的内生增长模型，并就政府分权对隐性经济的影响及其作用机制进行规范分析；结合公共治理理论，分析我国地区公共治理水平的决定因素和影响效应，并从政府治理、市场治理和社会治理三个维度分析公共治理水平对隐性经济的影响效应和作用机制；最后还从理论上分析政府分权如何通过公共治理效应对隐性经济进行影响，进一步对政府分权影响隐性经济的“威慑效应”和“效率效应”进行验证。

2. 实证层面。

定量评估和测度政府分权、公共治理对地区隐性经济水平的实际影响及作用机制。为完成实证层面的研究，本书的研究由以下几个方面构成。

（1）测算全国及各地区的隐性经济水平。

通过分析评价国内外估计隐性经济规模的主要方法，利用多种方法评价我国隐性经济水平以及各省区市隐性经济水平。利用收支差异法和货币需求法等对我国隐性经济总体水平进行测算；利用 MIMIC 和 DGE 等方法对我国各地区的隐性经济水平进行测算，其中，重点是要引入目前度量隐性经济的国际前沿方法，即 DGE 模型法，结合我国真实经济运行状况，构建包括隐性经济部门的 DGE 模型，并通过参数校准，测算我国省域隐性经济水平，为进一步的实证研究提供数据支撑。

（2）分析政府分权对隐性经济的影响及作用机理。

梳理和总结已有研究对政府分权的度量方法和刻画指标，并结合中国式政府分权的特点，以隐性经济规模作为模型系统的被解释变量，引入财政分权和经济管理分权（行政审批）等反映中国政府分权特征的控制变量，对两者的关系进行直接分析。已有研究表明，政府分权可以通过其“效率效应”和“威慑效应”来影响地区隐性经济水平，由于其“威慑效应”很难刻画，因此，本书将聚焦政府分权的“效率效应”，并对这一作用机制进行检验。

（3）评价公共治理对地区隐性经济水平的影响。

结合对地区公共治理水平决定因素和影响效应的理论分析，构建分析地区公共治理总体水平的 MIMIC 模型，并构建全国各省区市 1995～2016 年的公共治理水平评价指数，对公共治理总体水平影响隐性经济的效应进行实证分析。此外，还将从政府治理、市场治理和社会治理三个维度选择合适的指标，就公共治理各分项指标对隐性经济的影响进行实证分析，从而更加全面地了解公共治理对隐性经济的影响。此外，为了更加准确地度量地区公共治理水平，本书还将利用 MIMIC 模型构建体现政府治理水平的政府清廉指数和体现市场治理水平的营商环境指数，并分析其对隐性经济的影响。

（4）检验公共治理在政府分权影响隐性经济中的中介效应。

从理论上来说，政府分权主要通过发挥“威慑效应”和“效率效应”，降低地方政府腐败水平的同时，提高地区公共产品供给效率，进而降低隐性经济规模。地区公共治理水平综合反映了政府质量、市场化水平和公共治理水平，因此，可以将公共治理水平作为政府分权影响隐性经济的中介变量进行检验。此外，为了更加明确地区分中介效应，本书还将专门构建体现政府治理水平的地方政府清廉指数、体现地区市场治理水平的营商环境指数，从经济性公共产品和非经济性公共产品两个维度度量地区社会治理水平，从而对政府分权影响隐性经济的作用机制进行全面剖析。

3. 体制设计与政策建议。

研究并完善有助于抑制隐性经济发展的政府分权体制及公共治理制度建设。根据前期的理论分析和实证研究，得出政府分权、公共治理对地区隐性经济水平的影响及其作用机制，在此基础上，根据中国的政治、经济体制，相关财税制度，对完善现有的财税体制、优化国家治理体系和治理机制提出政策建议，以便更好地发挥政府分权和公共治理的作用，有效治理地区隐性经济水平。

（二）研究思路

如图0－1所示，根据本书的研究目的与研究内容，在具体研究过程中，本书将遵循“提出问题——理论分析——实证研究——对策分析”的研究思路，来开展相关研究。

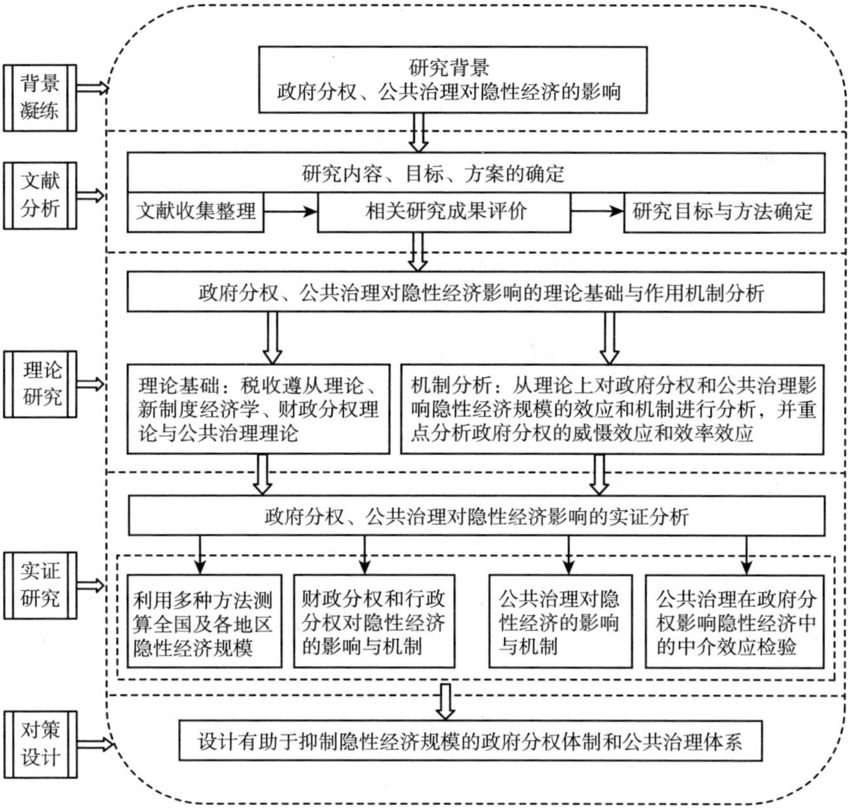

图0－1 研究框架与技术路线

1. 提出问题。

本书立足当前政府和社会普遍关注财政体制改革、国家治理体系现代化建设和隐性收入治理的社会现实，结合学术界的关注热点以及自身研究兴趣，确定本书的研究主题。目前世界对中国发展达成了两大共识：一是，中国的经济发展取得了举世瞩目的成就，创造了人类经济发展史上的奇迹；二是，中国的分权化改革为各地区经济发展带来了极大的动力。党的十八大以来，我国政府一直致力于建设和完善符合现代国家治理要求的财政体制，并不断加快推进国家治理体系和治理能力现代化建设，党的十八届三中全会也明确提出要清理和规范隐性收入，促进收入分配公平。基于此，本书确定了“政府分权、公共治理对地区隐性经济影响”这一研究主题。

2. 理论分析。

梳理总结政府分权、公共治理与隐性经济的相关文献，并结合公共经济学、新制度经济学、公共管理学的相关理论，确立本书的理论基础，并结合中国的政治、经济制度，提出政府分权和公共治理对隐性经济影响的理论分析框架；将隐性经济部门引入“分权与经济增长”的数理模型中，就政府分权对隐性经济的影响及其作用机制进行规范分析。

3. 实证分析。

为验证政府分权、公共治理对隐性经济水平的影响及其作用机制，本书根据理论分析和研究假设，利用省级数据，构建计量模型，就政府分权对隐性经济的影响进行分析，并对政府分权带来的威慑效应与效率效应进行检验；就地区公共治理总体水平、政府治理水平、市场治理水平和社会治理水平对隐性经济的影响进行实证分析，并验证公共治理在政府分权影响隐性经济过程中是否发挥了“中介效应”的作用，从而进一步验证政府分权影响隐性经济的威慑效应和效率效应。

4. 对策分析。

根据前期的理论分析和实证检验，本书关注政府分权、公共治理水平影响隐性经济规模的作用机理和制约因素，对不断优化政府间财政分权和行政分权，加快国家治理体系现代化建设，并控制和治理隐性经济规模提出对策建议。

（三）研究方法

1. 文献研究法。

本书通过系统查阅国内外相关文献，尤其是对政府分权、公共治理和隐性经济三者的内涵、度量方式和影响效应的研究，以更全面、准确地了解掌握所要研究内容的研究现状，为我们进一步研究打好基础。

2. 规范研究法。

本书运用公共经济学、新制度经济学以及公共管理学的相关理论知识，结合我国实际国情和政府分权现状，分析政府分权、公共治理对隐性经济的影响。在具体研究过程中，通过构建数理模型，来就政府分权、公共治理对隐性经济的影响分别进行分析：将隐性经济部门引入“分权与经济增长”模型，分析分权体制下，资本和劳动力在正规经济部门和隐性经济部门的最优配置及其影响因素。

3. 实证研究方法。

由于隐性经济是一个包含众多变量的复杂经济现象，除规范分析外，还需要采用实证方法对其进行深入研究，以掌握隐性经济的具体规模，揭示各影响因素及其内在联系，进一步实证分析政府分权和公共治理的影响效应及其作用机制。本书利用 MIMIC 模型法来度量隐性经济规模、地区公共治理水平、地方政府清廉程度以及地区营商环境水平；用静态面板、动态面板以及空间面板等计量模型，采用 EViews、Stata 等计量软件，来研究政府分权对隐性经济的影响效应；同时，还通过构建 DGE 模型和参数校准法来对我国各地区隐性经济规模进行估计。

四、研究创新与不足

（一）研究创新

1. 研究视角创新。

（1）分析政府分权和公共治理对隐性经济的影响及作用机制，拓宽政府分权与公共治理的研究视角。政府分权以及地区公共治理水平对我国经济社会发展产生了广泛的影响，学者们对政府分权和公共治理的经济增长效应、收入分配效应、公共治理效应等诸多影响进行了研究，并形成了丰富的研究成果，然而，对于政府分权与公共治理对隐性经济影响的研究还非常少。本书在已有研究的基础上，深入分析政府分权和公共治理对隐性经济的影响及其作用机制，进一步拓宽了政府分权与公共治理的研究视角。

（2）将政府分权与公共治理作为影响隐性经济的体制性因素，也拓宽了隐性经济的研究视角。目前国内关于隐性经济的研究主要集中在隐性经济规模测算和政府管制、税收负担等因素对隐性经济的影响，对于政府分权和公共治理体系对隐性经济的影响还是空白。虽然已有部分国外研究对财政分权与隐性经济之间的关系进行了研究，但中国式政府分权和公共治理有其独特之处，本书结合我国政府分权改革实践和公共治理现状，分析政府分权和公共治理对隐性经济的影响，这在一定程度上也拓宽了隐性经济的研究视角。

2. 研究内容创新。

（1）从行政分权和财政分权两个维度对政府分权进行度量，更加准确地刻画我国政府分权的特点。政府分权是一个复杂的制度体系，准确度量政府分权是开展深入研究的基础，现有研究主要从财政分权的视角来度量政府分权程度。自 1994 年实施分税制改革以来，政治集权下的财政分权和行政分权成为中国式政府分权的基本特点，财政分权和行政分权都是我国政府分权的重要内容，因此，本书不仅从财政收入分权、财政支出分权和财政自由度三个方面来度量我国财政分权程度，还利用地方政府公务员人数相对规模以及行政审批分权两个指标来度量我国行政分权程度，尤其是行政审批分权指标的构建，在度量我国政府分权方面略有创新。

（2）本书除了对地区公共治理总体水平进行度量之外，还从政府治理、市场治理和社会治理三个维度来度量地区公共治理水平，可以更加全面、准确地度量地区公共治理水平。已有研究大多使用单一指标法对地区公共治理水平进行度量，如政府腐败、法治水平以及产权保护等，难以全面反映地区公共治理水平，也就不能准确解释地区公共治理水平对隐性经济的影响及其作用机制。本书从多角度构建度量指标对地区公共治理水平进行度量，并分析公共治理总体水平及各分项指标与隐性经济之间的关系则可以弥补以上缺点。

（3）将政府分权、公共治理与隐性经济纳入一个统一的理论分析框架，并利用省级面板数据进行验证。政府分权与公共治理关系密切，中国式政府分权体制是影响我国各地区公共治理总体水平、政府治理水平、市场治理水平以及社会治理水平的重要制度因素，本书结合中国政府分权与公共治理的实践情况，将政府分权、公共治理与隐性经济纳入一个统一的理论分析框架，对政府分权和公共治理对隐性经济的影响及作用机制进行深入分析，并且利用我国省级面板数据进行实证分析，这弥补了目前国内外关于政府分权、公共治理与隐性经济相关研究的空白。

3. 研究方法创新。

（1）对隐性经济测算方法进行总结和优化，并首次利用 DGE 模型对我国各省区市隐性经济规模进行测算。对全国及地区隐性经济规模进行科学的测算是开展本书研究的前提，本书对已有相关研究方法和结果进行了系统的梳理和评价，最后选择货币需求法和DGE模型法测算了我国1978～2017年的隐性经济规模，并用收支差异法、MIMIC模型法和DGE模型法测算了我国1995～2016年的隐性经济规模。其中，利用DGE模型法对我国各省区市隐性经济规模进行测算尚属首次，同时，本书还根据中国实际对其他三种测算方法都进行了一定的调整和优化，以得到更加稳健的测算结果，因此，本书在隐性经济规模测算方法上有一定创新。

（2）利用规范分析法，构建数理模型，对政府分权和公共治理与隐性经济的关系进行数理分析，丰富了研究方法。本书在研究中不仅注重利用传统的理论分析方法和实证分析方法就政府分权和公共治理对隐性经济的影响及其作用机制进行分析，还非常重视通过构建数理模型进行数理分析，例如，利用DGE模型分析隐性经济形成机理并测算隐性经济规模，构建数理模型分析政府分权、公共治理对地区隐性经济规模的影响，这些模型和方法都有助于进一步揭示政府分权、公共治理与隐性经济三者之间的复杂关系。

（3）利用多指标多原因结构方程模型法（MIMIC模型法）测量我国各地区的隐性经济规模、公共治理总体水平、政府清廉程度以及营商环境水平。对公共治理和隐性经济相关问题进行研究面临的最大问题是难以获取准确的测量数据，本书结合相关理论和已有研究，对隐性经济、公共治理总体水平、政府清廉程度以及营商环境水平的决定因素和影响效应进行分析，并利用各省区市宏观数据，利用MIMIC模型法测算了1995～2016年各省区市的隐性经济规模、公共治理水平、政府清廉程度和营商环境水平，这也具有一定的创新性。

（二）不足之处

1. 隐性经济规模难以精确测算。

由于隐性经济的不可观测性，我们不能获取关于隐性经济规模的直接数据，只能借助一定的方法对隐性经济规模进行测算，而每一种测算方法都存在一定的缺点，虽然本书在对目前主要测算方法进行总结和评价的基础上选择出最合适的评价方法，但仍然难以达到与实际基本相符的准确程度。

2. 数据和实证分析还能进一步深化。

本书对政府分权、公共治理与隐性经济的相关数据进行估计和整理，构建我国省级面板数据集，并利用固定效应模型、FGLS 模型、IV－2SLS 模型和空间计量模型来进行实证分析，这虽然可以在一定程度上为我们揭示政府分权和公共治理对隐性经济的影响及作用机制，但由于本书只考虑了中央政府和省级政府之间的分权情况，以及各省级政府之间的公共治理情况，而未能考虑省级政府以下的政府分权、公共治理与隐性经济的情况，这也是本书在数据和实证分析方面的缺憾，今后我们将在这一方面进一步拓展与深化。

第一章

概念界定与理论基础

第一节 核心概念界定

一、政府分权

政府分权是指上级政府将公共管理或者决策权的一部分向下级政府分解或授权的过程，广义的政府分权不仅包含政府内部分权，还包括政府向社会分权和政府向市场分权，本书主要研究政府内部分权对隐性经济的影响。按照分权内容划分，可以将政府分权划分为政治分权、行政分权、财政分权和经济分权，其中，经济分权是指生产要素支配权和经济决策权下放给市场微观主体，经济分权是国家市场化改革的核心，属于国家经济基础范畴，其他三种分权形式属于国家上层建筑范畴（Tambulasi & Kayuni，2007）；政治分权是指赋予公民或选民更大的政治权力，往往通过政治体制变革、政党发展以及增强立法权等方式实现；行政分权主要指将公共职能的决策、筹资和实施等权力由上级政府下放给下级政府；财政分权是指在一个多级政府框架内，上级政府将征税权和财政支出权力让渡给下级政府的过程，或者说赋予较低层级政府更大的财政收支自主权（贾俊雪，2015）。在政府分权体系中，政治分权程度往往由国体决定，保持较为稳定的状态，而财政分权和行政分权是世界各国实行分权化改革的重要突破口。1994 年以来，我国通过实施“分税制”改革，将事权层层下放，财权层层上收，形成了以财政支出分权和财政收入集权的财政分权体系，同时，为了适应建设社会主义市场经济体系和加入世贸组织（WTO）的要求，我国通过调整政府机构与职能、取消和下放行政审批事项实施简政放权，逐步扩大行政分权程度。

科学度量政府分权是对其进行研究的前提，结合我国政府分权的特点，即，政治集权下的财政分权与行政分权，需要选择合理的指标对我国的财政分权与行政分权进行度量。已有研究主要从收入、支出和财政管理分权三个维度来度量地区财政分权水平。目前，财政支出分权主要度量指标有：地区财政支出总额占全国财政支出总额的比例（Oates，1972）、各省人均财政支出与全国人均财政支出的比值（阎川和雷婕，2019）、以及预算内财政支出分权和预算外财政支出分权（储德银等，2017）。与财政支出分权度量指标相似，财政收入分权度量指标主要有：地方人均财政收入与全国人均财政收入的占比（崔志坤和张燕，2018；胡玉洁和彭徽，2019）、预算内财政收入分权和预算外财政收入分权（杨志安和邱国庆，2019）以及中央转移支付占地区财政收入的比重（庞伟和孙玉栋，2018）。财政管理分权的研究较少，孙群力（2017）用地方税务机构工作人员与国税局工作人员的比重作为度量指标。然而，由于地区财政收入分权与财政支出分权往往存在较大差异，单一的收入分权指标与支出分权指标都不能准确度量地区财政分权水平，财政自由度，即，地区财政收入占地区财政支出的比重，往往被用于度量地区财政分权总体水平（Medina & Schneider，2017；李丽珍和刘金林，2019）。行政分权水平的度量指标主要有两个：基层政府数量与辖区总面积或总人口的比值（Buehn et al.，2011）以及地方政府每万人中公务员数量与全国平均每万人中公务员数量的比值。

本书认为，政府分权是指上级政府将公共管理和决策的部分权力下放给下一级政府的过程，本书主要研究中央政府与省级政府之间的分权情况，且根据我国政府分权的特点，集中研究财政分权与行政分权对隐性经济的影响。结合我国政府分权实践，将从财政收入分权、财政支出分权、财政自主度以及税收分权等多个维度来度量财政分权，并用中央和地方公务员数量的比值和行政审批事项数目比值两个指标来度量地区行政分权程度。

二、公共治理

公共治理由政府管理、公共管理以及行政管理等概念和理论演变而来，与传统的公共管理理论一脉相承，但在管理主体、管理方式以及价值标准等方面又有着明显的区别。虽然目前对于公共治理尚缺乏统一的定义，但已有研究大多从治理主体、治理过程以及治理方式等维度对公共治理进行定义。在早期研究中，徐勇（1997）认为治理主要是一种管理的方法和统治方式即统治者或管理者通过公共权力的配置和运作，管理公共事务，以支配、影响和调控社会。他指出，公共权力体系划分应该突破传统的政治——行政二分法，在现代化的中国社会，政府仍然掌握主要的公共权力，但市场和社会中也存在着公共权力。这一观点也被后来的研究所认同，毛寿龙在研究中多次指出治理是“公共事务治理之道”，国家治理体系的现代化变革是“治道变革”。俞可平（2002）对公共管理的理论来源、思想脉络进行了全面的梳理，并强调，治理是指官方的或民间的公共管理组织在一定的制度规范内运用公共权力满足公众需求、维护公共利益以及管理公共事务的过程，善治是公共治理追求的最终目标。曾正滋（2006）将公共行政领域中的治理界定为公共治理，它是指在自组织网络治理的基础上，政府参与其中并起“元治理”作用，政府与自组织形成互动型治理网络，共同谋求公共利益最大化的治理形式。

结合已有研究，本书认为公共治理是指由开放的公共管理与广泛的公众参与两者整合而成的公共领域治理模式，其特点是打破传统的公共权威部门对公共事务的垄断，基于公平、效率和法治等原则，让政府、市场和社会等部门的组织和个体广泛参与对公共事务的管理（竺乾威，2018）。公共治理水平则是指整合政府、市场和社会力量，管理公共事务、解决公共问题、提供公共产品以及维护公共利益的能力和效果。“善治”是现代公共治理追求的目标，西方治理理论认为实现善治的基本原则包括合法性、透明性、责任性、法治、回应性、有效性、参与、稳定、廉洁和公正（何增科，2008；World Bank，2018），而善治的具体目标一般包括促进经济社会发展、减少贫困与失业、维持法律和秩序、确保社会公平与正义、促进人类持续发展以及增进公共福利（Haque，2000）。由此可见，无论是从善治的原则来看，还是从善治的目标来看，对公共治理水平的评价都应该包括政府治理、市场治理和社会治理三大方面。

三、隐性经济

目前对于隐性经济并没有一个统一的定义，在部分研究中，隐性经济也被称为非正式经济（informal economy）、非官方经济（unofficial economy）、地下经济（underground economy）、黑色经济（black economy）、非法经济（irregular economy）、隐藏经济（hidden economy）和未观测经济（unmeasured economy）。《经济与管理大词典》（1996）指出，隐性经济有广义和狭义之分，广义的隐性经济是指所有未包含在官方统计的GDP中的经济活动，狭义的隐性经济是指以逃避征税为目的而向政府监管和统计机构隐藏的经济活动，这些经济活动可能是合法的，也可能是非法的。《中国百科大词典》（2005）则认为，隐性经济是指政府无法控制和管理，其产值和收入不申报，未纳入国民生产总值的经济活动，主要有两种类型：合法单位谋取非法收入活动，黑市交易和非法经营活动。《经济学词典》（2012）则认为隐性经济包含更加广泛的内涵，既包含非市场性的经济活动，如家务活动、义务劳动或劳动交换，也包含不受政府管制、征税和统计的市场经济活动。在学术研究中，学者们往往根据所使用的测算方法不同而对隐性经济做出不同的定义。在利用货币需求法对隐性经济进行测算的研究中，隐性经济被定义为所有使用现金进行交易且不受政府机构监管、逃避政府征税且未被记入官方统计的GDP中的所有经济活动（Cagan，1958；Tanzi，1983；Alm & Embaye，2013）。在利用结构方程模型对隐性经济进行测算的相关研究中，隐性经济的范围则变得更大，即，所有逃避政府监管和征税，且未被政府统计部门统计在内的经济活动及收入均属于隐性经济（Hassan & Schneider，2016；Medina & Schneider，2017）。后一种定义也是目前应用范围最广的定义，国内的大部分研究都沿用这一定义，如杨灿明和孙群力（2010a）、余长林和高宏建（2015）、李永海和孙群力（2016a，2016b）以及张博和韩复龄（2017）。

根据不同的定义方式，可以将隐性经济划分成不同类型。夏兴园和廖涵（1992）从对策研究的角度把隐性经济活动划分为：非法经济、未申报经济、未统计经济三种类型。非法隐性经济活动是指违反政府法律，因而构成经济犯罪的活动，必须取缔；合法经营但取得非法收入的隐性经济又可称为未申报经济，对这种形式的隐性经济要引导其合法经营，同时对其非法收入进行处理；未统计的隐性经济是指由于统计系统本身的缺漏未将该项经济活动纳入统计，此类隐性经济规模小，一般无不良影响。施耐德和恩施特（Schneider & Buehn，2017）从是否需要货币交易以及是否合法经济活动两个维度对隐性经济活动进行分类，具体如表1－1所示。

表 1－1 隐性经济分类

活动类型	货币交易		非货币交易	
非法活动	盗窃物品交易；毒品生产与销售；色情、赌博、走私、欺诈等		毒品、走私、偷盗物品等易货交易；供自己使用的毒品生产和盗窃行为	
合法活动	逃税	避税	逃税	避税
	从自我雇佣中获取的未申报收入；从未申报的合法服务和商品中获得的工资、奖金和资产	雇员折扣、附加福利	合法服务和商品的易货交易	所有自己动手的工作和邻里帮助

资料来源：施耐德和哈梅特纳（Schneider & Hametner，2014）；施耐德和恩施特（Schneider & Buehn，2017）。

本书借鉴莫迪纳和施耐德（Medina & Schneider，2017）的定义，将隐性经济定义为所有逃避政府监管和征税，且未被政府官方公布的 GDP 包含在内的所有经济活动及收入。本书关于隐性经济的定义中不包含家务活动和邻里帮助这一类活动，而是必须有市场交易的发生；隐性经济不仅包含合法的经济活动也包含非法的经济活动；隐性经济的动机包括逃避税收负担、社保负担、法律标准（如最低工资标准、最长工作时长标准以及安全标准等）以及特定的管理程序；隐性经济脱离政府监管，因而也必然导致税收流失。

第二节 理论基础

隐性经济是一个多学科交叉领域，隐性经济的形成涉及制度经济学、管制经济学、公共经济学、劳动经济学、公共治理理论等多学科知识，本书聚焦于政府分权和公共治理对隐性经济的影响，从税收遵从理论、新制度经济学、财政分权理论与政府竞争理论出发，构建本书的理论基础。

一、税收遵从理论

（一）A－S 模型

税收遵从是指纳税人依据税收法律的相关规定，及时且正确地向税务部门报税和缴税的行为，税收遵从理论则是研究居民和企业税收遵从程度影响因素的相关理论。阿林厄姆和桑德莫（Allingham & Sandmo，1972）最早对税收遵从的影响因素进行了研究，并提出了税收遵从 A－S 模型，这成为后来研究税收遵从的主要依据，同时也成为隐性经济相关研究的重要理论基础。他们将效用期望理论与税收负担、税务稽查和逃税惩罚等因素相结合，分析了影响纳税主体税收遵从的因素和作用机制，并提出了如式（1－1）所示的纳税人期望效用表达式。

$$EU(X) = (1-p)U(W-\theta X) + pU[W-\theta X-\pi(W-X)] \tag{1-1}$$

A－S 理论认为，纳税主体都是“理性经济人”，会根据纳税和逃税的总体效用来决定自身的税收遵从行为，其中，EU 为纳税主体的期望效用，W 表示纳税主体的总收入，X 为纳税主体向税务机关申报的应税收入（$0 \leqslant X \leqslant W$），θ 表示总体税率水平，p 表示逃税被税务稽查机关查处的概率，π 则表示逃税被查处后的罚款率。由式（1－1）可以看出，纳税主体的税收遵从程度与税务稽查力度、税率水平以及逃税罚款率成反比。

（二）A－S－Y 模型

A－S 税收遵从模型为分析税收遵从以及税收流失现象提供了理论基础，但是也存在诸多仍需改进之处。

伊扎基（Yitzaki，1974）指出，在税收征管实践中，税务机关一般是根据居民的逃税金额来进行处罚而非以隐瞒收入为依据，据此，他对 A－S 模型进行了修正并形成了 A－S－Y 模型，并发现在绝对风险厌恶条件下，税收负担上升并不降低税收遵从程度。维特和伍德伯里（Witte & Woodbury，1985）指出，在现实实践中，国家和地区一般都是实行累进税制而非比例税，因此，应该将 A－S 模型中的税率由比例税改为累进税。即便如此，A－S 理论模型还是存在诸多与现实不符的地方，例如，大多数国家税收稽查率较低但税收遵从度较高，西方福利国家税负水平普遍较高但税收遵从度也高（危素玉，2017）。因此，在此后的研究中，学者们试图将行为经济学和心理学的相关理论与税收遵从行为相结合，进一步优化税收遵从理论。达米和纳瓦伊希（Dhami & Nowaihi，2007）将行为经济学与税收遵从相结合后指出，纳税主体并非完全“理性经济人”，而是有限“理性经济人”，纳税人的税收遵从程度还受到个体风险厌恶程度和纳税结果影响，如果政府能够提供利用税收收入为社会提供更多的公共产品和服务，纳税主体将视纳税为一件无风险或低损失的事件，税收遵从意愿也高，反之，税收遵从意愿就低。这一研究为后来隐性经济相关研究中将政府的机构质量和公共产品供给水平纳入隐性经济原因变量提供了理论基础。此外，近年来的研究还发现，纳税主体的税收遵从意愿还受到诸多非经济因素的影响，贝斯莱和科特（Beslay & Coate , 1990）研究发现，地区税收遵从水平还受到社会整体道德水平影响，如果社会道德水平较高，逃税行为将被视为耻辱的行为，从而增加逃税者的社会成本，基于此，他提出了“税收道德”对税收遵从的影响。布卢姆奎斯特（Bloomquist，2003）从收入不平等的视角进一步研究社会公平对税收遵从的影响，并发现，收入不平等会减少低收入群体的税收遵从意愿，同时，高收入群体又有更多的手段来逃避税收征管，因而，社会不平等程度加深会降低社会整体税收遵从程度。

（三）拉弗曲线和维克尔曲线

除此之外，还有学者从供给学派的相关理论来对税收遵从程度进行分析，其中最著名的是关于税收收入与税收负担关系研究的“拉弗曲线”和“维克尔曲线”，具体如图 1－1 所示。

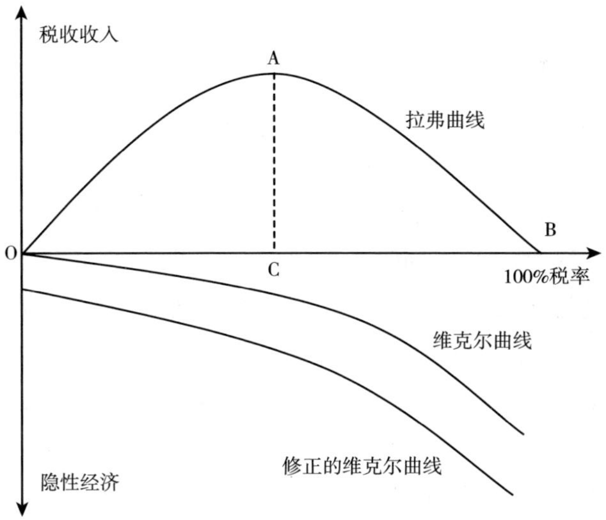

图 1－1　拉弗曲线和维克尔曲线

图 1－1 的上半部分反映了税收收入与税率水平之间的关系，即，税收收

入与税率水平之间呈现出倒“U”形关系，这是因为当税率水平低于最优税率（C）之前，税率水平的增加有利于政府为社会提供更多的公共产品和服务，有利于经济发展，扩大税基，从而增加税收收入，但是，当税率水平高于最优税率之后，将会使企业和居民背负过重的税收负担，不利于经济社会发展，并最终降低税收总收入。维克尔（1990）则在“拉弗曲线”的基础上引入“隐性经济”因素，进一步分析了税率影响税收收入的作用机制，如图1－1下半部分所示，税率水平升高将导致隐性经济规模扩大，但当税率水平低于最优税率之前，隐性经济规模上升趋势较为平缓，当税率水平高于最优税率水平之后，隐性经济的规模将快速上升，从而导致税收收入的下降。

税收遵从理论对影响纳税主体税收遵从程度的经济因素和非经济因素进行了全面的分析，具体包括税收负担、税收征管力度、逃税处罚力度、税收道德水平、公共产品供给水平、社会公平程度以及其他因素，这为研究税收遵从和税收流失提供了理论基础，也是开展隐性经济相关研究的理论基础。逃避政府征税是隐性经济的重要成因，同时，税收流失是隐性经济的直接后果，因此，隐性经济与纳税主体的税收遵从意愿有着紧密联系，税收遵从理论是分析隐性经济成因的重要理论基础。

二、新制度经济学

制度经济学即为对经济学的制度分析，重视制度对经济社会发展中的作用。制度经济学发展经历了两个阶段，即，旧制度经济学阶段和新制度经济学阶段，两者既有紧密联系又有明显差异。旧制度经济学以汉密尔顿（Hamilton，1919）最早提出“经济理论的制度分析方法”为起点，盛行于20世纪20～40年代。旧制度经济学主要关注制度变迁过程对经济社会发展的影响，同时对影响制度效率和制度变迁的因素进行分析；制度的形式是多样的，既包括法律和政策这一类正式制度，也包括道德和习俗之类的非正式制度（黄凯南和程臻宇，2018）。第二次世界大战后，凯恩斯主义经济学成为主流经济学，制度经济学影响减弱，但伴随着凯恩斯主义经济学的失败，制度经济学在70年代重新获得关注，威廉姆森（Wiliamson，1975）正式提出“新制度经济学”的概念。区别于旧制度经济学，新制度经济学是在吸收旧制度经济学相关理论并对新古典经济学进行批判的基础上发展而来的。新制度经济学强调交易成本在经济活动中的作用，并且认为制度选择是多方参与主体共同博弈的结果，交易成本理论、外部性理论、信息不对称理论以及博弈理论都是新制度经济学的重要内容（方钦，2018）。

（一）交易成本理论

交易成本是指市场主体在交易过程中获取信息、谈判、缔结合约以及执行合约等一系列活动所需要花费的成本。交易成本最早由美国经济学家科斯（Coase，1937）提出，他认为，当产权明确且交易成本极小时，就能实现资源最优配置。威廉姆森（Wiliamson，1975）则对交易成本进行了系统性的论述，他甚至认为，制度经济学就是交易成本经济学，制度变迁通过对市场主体交易成本的影响，进而影响市场资源配置效率。在正规经济活动中，市场主体的交易行为受到诸多正式制度的约束，进而产生了一系列制度成本，例如，市场主体在交易过程中需要遵循法定程序、接受政府管制并承担税收负担，此外，还可能需要承担因为腐败产生的额外费用，这些都会增加正规市场的交易成本，但同时，政府提供的基础设施、政策支持和法律保护也可以在一定程度上降低正规经济部门的交易成本。相比之下，隐性经济部门由于可以逃避政府管制和征税，不仅生产成本要低于正规企业，在交易环节产生的费用也比正规经济部门要低，因而，当企业在正规经济部门的边际交易成本大于边际收益时，便可能转向隐性经济部门。政府分权和财政竞争则是政府为了降低正规经济部门的交易成本而实行的制度安排，例如，政府分权让地方政府具有更大的自主决策权，减少信息不对称问题，提高制度供给效率；财政竞争则致力于提高地区公共产品供给效率、降低实际税率水平、吸引更多的生产要素，这些都有利于降低地区正规经济部门的交易成本，从而降低资本和劳动力流入隐性经济部门的动力。

（二）信息不对称理论

信息不对称是指在交易过程中，交易参与主体所掌握的信息并不完全相同，交易者由于技术、制度或者故意隐瞒等原因而未能获取全部信息的问题（黄凯南和程臻宇，2018）。交易主体之间的信息不对称问题会增加交易成本，产生代理“失灵”、道德风险和逆向选择等问题，有效的制度安排可以降低信息不对称程度，降低交易成本。隐性经济的形成与信息不对称也存在密切关系，从政府部门的角度看，由于信息不对称的存在，政府监管部门和税务部门不能够对所有的经济活动进行有效监督，部分经济活动得以逃避政府监管和征税，同时，政府内部也存在信息不对称问题，这导致了政府的公共政策供给“失灵”并使腐败出现的风险增大；从资本和劳动力的角度看，依据社会契约原则，政府向市场和社会提供公共服务，企业和居民应该缴纳税收，但由于信息不对称的存在，部分企业和劳动力可以逃避征税，这便是信息不对称情况下的“道德风险”；从交易主体的角度来看，信息不对称问题的存在大大降低了与隐性经济部门企业进行交易的风险，同时，隐性经济部门的产品价格往往比正规经济部门要低，因而，部分交易主体便会出现“逆向选择”，即，舍弃正规经济部门的产品，转而寻求与隐性经济部门进行交易。政府分权和财政竞争正是通过一系列的制度安排来减少政府内部和市场经济中的信息不对称问题，例如，政府分权的“效率效应”和“威慑效应”都可以让地方政府能够更加及时、全面地了解到地区的相关信息，财政竞争的“效率效应”和“要素流动效应”则可以吸引更多的企业和劳动力流入，缩短企业之间、企业与劳动力之间以及企业与政府之间的距离，从而减少信息不对称问题。

（三）博弈论

博弈论是新制度经济学中最重要分析工具，新制度经济学认为，制度变迁和制度选择是各相关主体的最终博弈结果（王伟等，2018）。政府与市场主体之间存在一系列博弈，市场主体在博弈过程中需要考量在正规经济部门的成本与收益，正规经济部门的成本主要来自遵循政府各项管制措施和法定程序的成本、税收负担成本以及政府部门“寻租”成本，而收益则是可以获得政府部门的公共产品和服务，隐性经济部门的制度成本主要取决于逃税被发现的概率以及被处罚的程度。当正规经济部门的边际收益小于隐性经济部门的边际收益时，资本和劳动力便会有强烈的动力转入隐性经济部门；而政府部门在实施各项制度之前需要综合考虑企业所承担的各项成本、政府自身的财政压力以及公共产品供给能力，如果政府的管制成本和税收负担过重，超过了企业可以从政府提供的公共产品中获得的收益时，更多的资本和劳动力便会转入隐性经济部门，从而带来严重的税收流失问题，增加政府的财政压力，恶化其公共产品供给能力。政府分权和公共治理的制度安排便是中央政府、各地方政府以及市场主体之间的最终博弈结果，政府分权和公共治理一方面力图减少腐败、降低税收负担和管制成本，减少企业和劳动力在正规经济部门生产经营的制度成本；另一方面也试图提高政府部门的公共产品供给效率，从而实现三者共赢。

三、财政分权理论

（一）第一代财政分权理论

传统的财政分权理论也被称为财政联邦主义，主要研究在一个多级政府框架下的财政分权问题，财政分权理论的发展经历了多个阶段，到目前已经形成比较成熟的理论体系。第一代财政分权理论主要研究公共产品供给效率问题，哈耶克（Hayek，1949）最先指出，相比于中央政府，地方政府更接近公众，对辖区内居民的偏好和对公共物品的需求有信息优势。马斯格雷夫（Musgrave，1959）根据不同公共物品的收益范围论证了中央政府和地方政府等不同层级政府存在的合理性和必要性，进而还基于此设定了整个社会的最优结构模型以得到最优公共物品水平。蒂布特（Tiebout，1956）进一步揭示了分权体制下，居民可以通过“用手投票”和“用脚投票”对政府官员分别施加政治压力和财政压力，从而使地方政府不得不优化财政决策，提高公共产品供给效率，其中，地方政府之间的竞争是实现财政分权效率效应的重要机制。奥茨（Oates，1972）则对政府分权的效率效应进行了进一步分析，他认为地方政府在公共产品供给方面更加具有信息优势，能够更好地识别民众的需求偏好，从而提高公共产品供给效率。已有研究认为，财政分权可以通过“效率效应”提高地区公共产品供给水平，从而增加企业和劳动者可以从公共产品中获得的收益，提高其税收遵从意愿，降低逃税避税动机，从而降低地区隐性经济规模。

根据图 1－2，我们可以对分权和集权体制下的公共产品供给效率进行了比较。

（1）公共产品的生产成本在一定时期内保持不变，则可将公共产品的生产成本表示为一条直线，且生产成本等于边际成本，即，$AC = MC$；（2）假设一个国家中只存在两个社区，且两个社区对公共产品的偏好需求是存在差异的，则这两个社区居民对公共产品的需求曲线可以分别用 D_1 和 D_2 表示；（3）在当前的生产成本下，两个社区对该项公共产品的需求量分别为 Q_1 和 Q_2，当公共产品由各社区分别供给，且居民需求偏好都能被识别时，两个社区的公共产品供给量则刚好等于需求量；（4）假设公共产品由国家统一供给时，为满足两个社区居民对公共产品的需求，同时，又不能将公共产品供给定价过高，国家对公共产品的供给量 Q_3 一般会介于 Q_1 和 Q_2 之间；（5）在集权体制下，社区 1 所获得的公共产品数量将高于其需求量，因而也不得不承受更多的成本负担，其中强迫消费的成本为 Q_1ACQ_3，高于他们愿意支付的水平 Q_1ABQ_3，同样地，社区 2 所获得的公共产品数量将低于其需求量，他们所愿意得到的部分消费也会被剥夺，其愿意支付的水平 Q_3EDQ_2 要高于消费成本 Q_3CDQ_2。综上所述，集权体制下，社区 1 将损失区域 ABC 大小的福利损失，而社区 2 则受到了区域 CDE 大小的损失。①

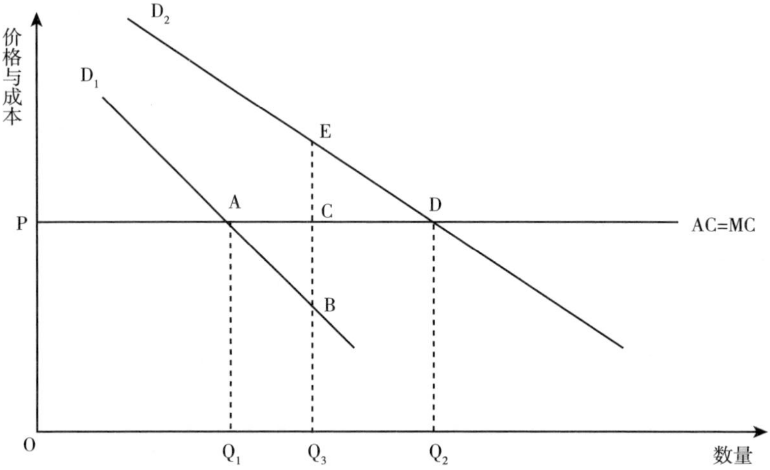

图 1－2　分权与集权体制下的公共产品供给与需求分析

（二）第二代财政分权理论

第二代财政分权理论重点关注财政分权体制下，政府官员与居民之间的激励相容机制，进一步揭示财政分权的作用机制。第二代财政分权理论认为政府官员不是大公无私的，与企业经理类似，也存在“寻租”的动机，由此将财政分权与地方政府激励之间的竞争相联系，突破公共品供给的局限，将财政分权视为一种政府治理机制，一方面限制了中央对地方经济的“攫取之手”；另一方面有助于硬化地方政府预算的“软约束”，从而促使地方政府为财政收入

① 时红秀. 财政分权、政府竞争与中国地方政府的债务［M］. 北京：中国财政经济出版社，2007：150－151.

而努力发展经济（Qian & Weingast，1997）。钱和徐（Qian & Xu，1993）、钱和罗兰（Qian & Roland，1998）通过对中国的财政分权进行研究发现，有效的财政激励将促进地方政府推动市场化进程和促进区域经济发展，并据此提出“市场维护性财政联邦主义”。通过总结中国的财政分权实践经验，他们提出，有效的政府结构应该有利于促进地方居民福利和政府官员之间的相互激励，市场经济的高效率要求政府的行为既要是有效率的，又必须是受到限制和制约的，并指出，若要使财政联邦制持续而稳定地发挥作用，必须给予中央政府监督下级政府逃避责任的充分资源，同时地方政府必须具有通过一致反对中央政府滥用权力的监督手段。第二代财政分权理论对于优化财政分权体制，构建有利于控制地区隐性经济规模的财政分权体制有重要启示。目前我国财政分权的主要特点是事权层层下放、财权层层上收、财权与事权不匹配的矛盾突出，这就导致地方政府面临较大的财政压力，在政治晋升机制的激励下，地方政府的财政支出冲动较大，为了满足财政支出需求，地方政府可能会扭曲财政支出结构，即，加大“生产性财政支出”的比例而忽视“民生性财政支出”，将教育、医疗和社保等负担转嫁给企业和劳动力，从而增加企业和劳动力的负担，降低税收遵从程度。因此，探索构建一个激励相容的财政分权体制对于控制地区隐性经济规模也有重要意义。

（三）第三代财政分权理论

第三代财政分权研究对以往的研究进行了修正。他们认为，第一代和第二代分权理论都过分强调了财政分权的好处，而在很大程度上忽略了财政分权带来的负面影响。巴尔丹和穆赫吉（Bardhan & Mookherjee，2000）利用一个投票概率模型指出，财政分权可能会导致地方政府更加容易受到利益集团的影响从而产生政策偏差，这会抵销财政分权对公共服务提供效率的影响。博尔迪格农等（Bordignon et al.，2008）也对类似问题进行考察，强调当游说活动具有较大影响而且不同利益集团之间存在较大的利益冲突时，财政分权将会带来较大的政策扭曲。蔡和特雷斯曼（Cai & Treisman，2013）则对实验联邦主义的观点提出了批评，指出由于存在信息外部性和政治风险，财政分权会抑制地方政府的政策制度创新——只有在极少数情况下（例如，地方政府的政策制度实验能够得到中央政府很好的政治支持承诺），财政分权才会鼓励地方政策制度创新。巴斯卡兰等（Baskaran et al.，2016）从政治预算周期的角度讨论了财政分权的负面影响，指出在财政分权体制下，政治预算周期倾向于表现得更为突出，从而带来更大的财政政策扭曲和宏观经济波动。此外，还有专家从中央政府转移支付的影响出发，认为中央政府的转移支付会影响财政分权的效果，引发预算软约束、“粘蝇纸”效应或“掠夺财政公地”的问题（Baskaran，2016），因此，分权竞争在某些情况下就无法对政府行为产生约束。第三代财政分权理论说明，如果未能有效解决公共需求的偏好识别和政府监管问题，财政分权并不必然提高公共产品供给效率，也可能带来腐败、财政政策扭曲、“掠夺财政公地”以及地方政府财政预算软约束等一系列问题，财政分权是否有助于控制地区隐性经济规模取决于能否有效地限制财政分权负面效应的发生，因此，在分析财政分权对地区隐性经济规模的影响时，应该将这些因素考虑在内。

四、公共治理理论

随着经济社会的不断发展，传统的官僚制管理理论与管理方式已经不适应社会发展的需求，西方国家掀起了一股对政府管理的价值目标、组织结构、运行机制和实施方法进行重新改造的热潮，并涌现出新公共管理理论、新公共服务理论以及企业家政府理论等关于政府管理改革的理论学说。然而，这些理论和实践大多聚焦于如何优化政府管理和服务的流程，提高政府效率，未能突破传统政府管理的边界。20 世纪 90 年代以来，西方政治学家、经济学家赋予了“governance”以“治理”的内涵，超越了传统的统治和管理意义，并由此而产生一种新的政府管理理论——公共治理理论。公共治理理论的本质特征在于，强调政府、市场和社会都是公共治理的主体，都享有一部分公共权力，政府、市场和社会在公共权力体系中处于平等地位，都是公共网络结构中的重要节点，公共权力行使的过程也是各方主体协商共治的过程。

公共治理理论从目标导向、治理结构、治理方式等方面形成了有别于传统公共管理理论的框架体系（韩兆柱和翟文康，2016）。具体说来，公共治理理论包含以下内容：一是树立了以服务为导向的治理理念。传统的政府管理和公共管理都是以“管理”作为导向，强调公共部门的权威性，公共部门是管理的主体，而市场和社会是被管理对象，公共治理理论则强调通过激励而非控制来提高公共产品供给效率，并将实现民主的理想和为社会提供公共服务作为公务员从事治理工作的动力，主张政府及其工作人员应当发挥催化剂作用，通过制订科学合理的法律法规，释放市场和社会力量，鼓励市场和社会参与公共治理。二是构建网络导向的治理结构。网络化的治理结构是公共治理理论的核心特征，作为一种新型的公共事务治理方案，网络化的治理结构体现了公共治理主体多元、方式灵活以及关系密切的特点，作为一种治理结构的网络主要包括三个方面的内容：（1）公共治理网络中包含多种行动主体，这些行动主体可分属于政府、市场和社会等不同部门，每个行动主体处于平等地位，且都有自身追求的价值目标；（2）公共治理网络中的各行动主体之间都存在一定的联系，且在公共治理实践过程中相互依赖；（3）公共治理网络中各行动主体的行为会收到其他行动者的影响，且各行动主体之间采取合作的策略来共同治理公共事务，解决公共问题。三是以合作为导向的治理方式。网络化的治理结构使社会各部门的主体都能够统一纳入公共治理体系，避免出现传统公共管理体系中碎片化、分散式的治理问题，同时，经济社会的高度复杂性也使政府部门无力单独承担公共治理的职能和责任，合作导向的治理方式逐步实现了统治、管理向服务的转变，碎片治理向协作治理的转变，分散治理向整合治理的转变，竞争治理向合作治理的转变。由此可见，公共治理作为一种适应多元主体共同参与、关注外部环境变化并能应对复杂社会问题的治理体系和治理方式，实现了公共治理主体由单中心转向多中心，组织机构由科层制转向网络制，主体关系由等级关系转向平等关系、单向依赖转向相互依赖的转变。

公共治理理论对分析国家治理体系和治理能力现代化背景下我国公共治理体系的完善以及分析公共治理对隐性经济的影响有重要意义。随着经济社会的快速发展，我国传统的科层制治理体系在公共治理过程中面临的问题日益增多，如何将社会各类主体统一纳入公共治理体系中，充分发挥各类主体在公共治理中的作用，对于实现国家治理体系和治理能力现代化有重要意义。公共治理理论为实现国家治理体系和治理能力现代化提供了一种可行的方案，即，打破政府、市场和社会各部门在传统公共治理体系中的边界，将政府、市场和社会各部门的相关主体统一纳入公共治理体系中，促进政府、市场和社会各部门相互合作，实现公共利益最大化。同时，由此也可以看出，地区公共治理水平不仅受政府治理能力决定，还与市场治理水平和社会治理水平有重要联系，在分析地区公共治理水平的影响因素时，应该从整体性视角出发，综合分析政府、市场和社会各部门主体在公共治理体系中的地位和作用。此外，在对地区公共治理能力和治理水平的分析过程中也可以看出，政府质量、市场制度以及社会福利水平等因素都是影响地区公共治理水平的重要因素，而同时，政府腐败水平、市场化水平以及公共产品供给水平等因素也对正规经济市场的制度成本有重要影响，是影响企业和劳动力从正规经济部门转向隐性经济部门的重要决定因素。因此，系统地分析地区公共治理的决定因素与治理水平对于分析影响隐性经济的制度性因素有重要意义。

第三节

隐性经济的成因与影响

隐性经济很难直接观测和统计，已有的测算方法大多依据隐性经济的成因和影响构建相关测量模型来间接估计，因此，分析隐性经济的成因和影响不仅是正确认识隐性经济的基础，也是科学测算隐性经济规模的前提。本节将结合前面对隐性经济的定义和相关理论基础，从理论上对隐性经济的成因与影响进行全面分析。

一、隐性经济的成因

已有研究表明，隐性经济的形成和发展受到多种因素的影响，如税收系统、政府管制、劳动力市场、公共服务质量以及对外开放水平等（Hassan & Schneider，2016）。

（一）税收负担

逃避政府征税是隐性经济的主要动因，税收负担越重，正规经济部门的企业和劳动力需要承担的成本就越多，资本和劳动力转入隐性经济部门的动力就越强。税收负担与隐性经济之间的关系已经得到广泛的验证，例如，戴尔安诺（Dell'Anno，2007）、布恩（Buehn，2012）和伊古迪亚等（Igudia et al.，2016）分别利用德国、葡萄牙和尼日利亚等国家的数据证实了税收负担越重，地区隐性经济规模越大。施耐德等（Schneider et al.，2010）进一步验证了直接税、间接税、企业所得税和个人所得税等不同种类的税收负担对隐性经济的影响，并发现各类税收负担都与隐性经济之间存在显著的正相关。

（二）税制复杂程度

税收集中度是衡量税收系统复杂程度的指标，税收系统越复杂，税收种类越多，税收来源越分散，税收集中度也就越低。税收种类越多，税收来源越分散，企业和劳动力对于税收负担的变化就越难察觉，降低税负痛感，同时，企业和劳动力有更大的空间寻求合法避税，因此，因税收负担增加而转向隐性经济部门的资本和劳动力就越少。纳加茨（Nagac，2015）、阿瓦斯提和恩格斯恰尔克（Awasthi & Engelschalk，2018）利用跨国数据对税收集中度与隐性经济的关系进行了研究，并且都发现，税收集中程度与隐性经济规模之间存在显著的负相关。

（三）税制结构

税制结构主要反映地区税收总额中直接税和间接税所占的比例，相较于间接税，直接税较难征管，因而，扩大直接税在税收总额中的比重有利于增加企业逃税的难度，从而有利于减少隐性经济规模。贝斯利和佩尔森（Besley & Persson，2014）利用75个国家的跨国数据进行研究发现，个人所得税在税收总额中的比例与隐性经济规模之间存在显著的负相关。李永海和孙群力（2016b）则发现，相较营业税，增值税和企业所得税的征管难度更小，因而，扩大增值税和企业所得税的比重，减少营业税的比重有利于减少隐性经济规模。

（四）政府管制力度

逃避政府管制也是隐性经济形成的主要动因，政府管制不仅增加市场主体的遵从成本，还会限制其经营范围与方式，因而，当政府管制力度过大时，资本和劳动力转入隐性经济部门的动力也会增大。税收负担和政府管制是度量隐性经济规模时必须考虑的两大因素，政府管制对隐性经济规模的影响也在诸多实证研究中得到了验证，例如，杨灿明和孙群力（2010a）、路江林（2017）分别利用全国各省区市和湖南省各市州的数据对此进行了验证。

（五）政府分权

政府分权是我国重要的制度因素，对地区政府质量、公共服务水平以及税收征管效率等都有重要影响。已有研究表明，政府分权可以通过效率效应和威慑效应影响隐性经济规模，一方面，政府分权有利于增强民众监督、提高地方政府的灵活性和公共服务效率、增强地方政府竞争，从而提高地区公共治理水平，减少正规经济部门的制度成本，并提高其税收遵从意愿；另一方面，政府分权有利于缩短政府与企业、民众的距离，有利于政府及时了解企业与民众的信息，提高政府的税收征管效率和管制核查力度，从而对企业和劳动力产生威慑效应，降低其流入隐性经济部门的动力。亚历克塞耶夫和哈博达佐娃（Alexeev & Habodaszova，2007）、布恩等（Buehn et al.，2013）、戴尔安诺和特奥贝尔代利（Dell'Anno & Teobaldelli，2015）利用跨国数据分别从财政分权、行政分权、政治分权等维度对政府分权与隐性经济关系进行了验证。

（六）腐败水平

腐败水平是政府质量的重要体现，腐败对隐性经济的影响途径可以分为直接影响途径和间接影响途径。一方面，政府腐败会增加正规经济部门企业和劳动者的经营成本，政府官员的"寻租"不仅会直接增加其经济负担，而且会降低地区的法治水平和制度的确定性，增加企业和劳动者不确定性风险，因而，直接增加地区隐性经济规模（Bouev，2002；Dreher et al.，2005）；另一方面，腐败会降低地区公共产品供给效率，扭曲资源配置效率并扩大收入不平等程度，降低正规经济部门的投资预期和税收遵从意愿，增强其转入隐性经济部门的动机。

（七）失业率

劳动力市场因素也是地区隐性经济规模的重要影响因素，当地区失业率升高时，正规经济市场的工作岗位无法满足劳动力需求，从而出现正规经济部门劳动力过剩，为获取经济收入以维持正常支出，更多的劳动力会转入隐性经济部门寻求工作机会，从而导致隐性经济规模扩大。巴哈达和施耐德（Bajada & Schneider，2009）利用OECD国家的跨国数据研究发现，失业率水平与地区隐性经济规模之间存在显著的正相关，他们认为隐性就业与正规经济就业之间存在"替代效应"，即当劳动力不能从正规经济部门获得就业机会时，便会投入隐性经济部门。

（八）农村劳动力规模

伴随着我国工业化和城镇化进程的快速推进，我国劳动力就业结构发生深刻变化，农村劳动人口大幅减少，而这也可能成为我国地区隐性经济规模的重要影响因素。农村劳动人口中包含大量的自我就业人员，政府很难对其进行监管和统计，同时，我国农村劳动力总量大，但农民收入水平相对较低，因而，农村劳动力有更大的空间和更强的意愿从事隐性经济活动（Elgin & Oyvat, 2013）。王永兴（2018）将城镇化率作为原因变量，利用 MIMIC 模型测算了我国 1979 ~2016 年的隐性经济规模，研究发现，城镇化显著降低了我国隐性经济规模，主要是因为大量农村劳动力在城市获得正规工作机会，从而降低了我国的非正规就业规模。

（九）正规收入水平

劳动力的劳动时间是有限的，劳动力会根据正规经济部门和隐性经济部门的收入水平来对劳动时间分配作出理性选择。当正规收入水平较高时，劳动力可以从正规经济部门获取足够的收入来满足自身的支出需求，从而降低从事隐性经济活动的意愿和动力，同时，从事隐性经济活动也意味着劳动力要放弃正规经济部门的工作机会，正规收入水平越高，劳动力从事隐性经济活动的机会成本也越大（Feld & Schenider, 2010）。此外，孙群力（2017）指出，我国初次分配中劳动收入偏低以及国民收入分配中居民收入比重偏低的特点是我国收入差距不断扩大的重要原因，为弥补收入差距，部分组织、企业和个人采取如“寻租”、权钱交易、偷税漏税以及从事第二职业等方式来获取额外收入，这也在一定程度上扩大了我国隐性经济的规模。

（十）经济开放度

经济开放水平对隐性经济的影响并不确定，一种观点认为，提高经济开放水平有利于减少地区隐性经济规模，原因在于：第一，对外开放水平越高，地区发展面临的竞争更加激烈，有利于促使地方政府提高政府质量和公共服务效率；第二，对外开放水平越高，政府对国际投资和贸易的管制也越少，有利于减少隐性经济；第三，对外开放水平越高，越有利于地区企业和劳动力参与国际经济体系，有利于扩大正规经济中的投资和就业机会，从而降低地区隐性经济规模（Blanton et al.，2018）。另一种观点则认为，提高经济开放水平也有可能扩大地区隐性经济规模，原因在于：第一，经济开放度越高，与其他地区的投资和贸易往来也就越密切，但由于政府规制（如知识产权保护、关税和其他海关政策）的存在，转入隐性经济部门的企业和劳动力也会随之增多；第二，经济开放度越高，地区企业面临的外部竞争压力也越大，部分企业会通过逃避政府管制和征税来降低经营成本；第三，经济开放程度越高，地区经济遭受的外部风险也越大，经济稳定性降低，政府对经济的监管难度也更大，隐性经济被政府查处的风险降低（Berdiev & Saunoris，2014）。

二、隐性经济的影响

（一）能源消耗

隐性经济与正规经济开展生产经营都需要消耗一定的能源，在技术水平不变的前提下，隐性经济规模的扩大必然会导致能源消耗增多，如前所述的电力消耗法便是通过这一原理来度量地区隐性经济规模。怀斯曼（Wiseman，2013）将地区能源消耗增长率作为指标变量，利用 MIMIC 模型度量了美国各州的隐性经济规模，结果显示，隐性经济与能源消耗增长率之间存在显著的正相关。莫哈儿和施耐德（Mughalh & Schneider，2018）也用该方法对巴基斯坦的隐性经济规模进行了测算，并得出同样的结果。诺夫科夫斯卡和诺夫科夫斯基（Novkovska & Novkovski，2018）则将能源消耗作为观察隐性经济的重要指标，利用能源消耗法对马其顿的隐性经济规模进行了测算。

（二）GDP 增长率

已有研究表明，隐性经济与正规经济之间的关系并不确定，在部分地区，隐性经济会阻碍正规经济发展，一方面，隐性经济会与正规部门对资本、土地和劳动力等生产资料展开竞争，并吸引部分生产资料流向隐性经济部门，从而阻碍正规经济发展；另一方面，与正规经济部门相比，隐性经济中的企业和劳动力不需要遵从政府管制和纳税，因而承担的成本也更少，这将影响市场公平竞争、扰乱市场秩序，不利于正规经济发展（Schneider & Hametner，2014）。但也有部分研究表明，隐性经济会促进正规经济发展，因为隐性经济中的产品最终会流入正规经济部门进行销售，而劳动力从隐性经济部门获得的隐性收入也会在正规经济部门进行消费，此外，在一些市场经济发展不完善的国家和地区，隐性经济刚好可以弥补正规经济的不足，为企业和居民提供必需的产品和服务，因而，隐性经济在这些地区反而促进了正规经济的发展（杨灿明和孙群力，2010b）。

（三）劳动参与率

劳动参与率是观测隐性经济的重要指标，依据前面所述的劳动力差异法可知，当隐性经济规模扩大时，会吸收更多的劳动力投入隐性经济部门，从而导致正规经济部门的劳动参与率下降。诸多实证研究也表明，隐性经济与劳动参与率之间存在显著的负相关。例如，王永兴（2018）利用中国 1978 ~ 2015 年的数据研究发现，隐性经济规模越大，劳动参与率越低；麦地那和施耐德（Medina & Schneider，2017）则将劳动参与率作为隐性经济的指标变量，利用 MIMIC 模型对全球 156 个国家 1991 ~ 2015 年的隐性经济规模进行测算。孙群力（2017）进一步指出，我国在经济转轨和国企改制过程中曾出现大量下岗失业人员，大部分人通过自我就业、自谋生路的方式实现重新就业，而这其中的很多经济活动都属于隐性经济，同时，他们的就业情况并未在政府部门的统计范围之内，这就造成了政府统计的劳动参与率下降。

（四）收入不平等

隐性经济对收入不平等有重要影响，一方面，隐性经济中的企业和劳动力逃避政府管制和征税，比正规经济部门的企业和劳动力承担更少的成本，获取更高的收入；另一方面，隐性经济规模过大会带来严重的税收流失问题，这不仅会直接削弱税收的收入调节功能，而且会减少政府用于教育、医疗以及社会保障等公共产品供给的财政资金，而这些公共产品对低收入群体的影响更大（Valentini，2009）。杨灿明和孙群力（2010a）通过利用货币需求法测算了我国隐性经济规模，并估计了隐性经济对我国城乡收入差距的影响，结果表明，隐性经济显著扩大了我国收入差距。刘波和李金昌（2017）发现隐性经济在提高我国城镇居民的收入水平的同时，也扩大了城镇居民收入差距。

第二章

制度背景与机制分析

政府分权体现了纵向政府间的权力分配关系，财政竞争体现了横向政府间的互动模式，两者共同构成了国家治理体系中政府间关系的制度框架，同时也是本书研究的重要制度背景。梳理我国政府分权体制的历史演变过程并深入分析政府分权与财政竞争之间的关系对于凝练研究内容、理顺研究逻辑并提出相关研究假设有重要意义。基于此，本章首先从财政分权与行政分权两个维度梳理了我国政府分权体制的演变历程，为正确认识和科学度量我国政府分权奠定基础；其次，从我国的政府治理、市场治理和社会治理三个维度深入分析我国的公共治理实践，以探寻我国的公共治理能力和公共治理水平。最后，依据相关理论分析和制度背景，从理论上对政府分权、公共治理对隐性经济的影响及其作用机制进行深入分析，并提出本书的研究假设。

第一节 政府分权体制的演变历程

新中国成立以来，我国政治经济形势发生了巨大变化，经济体制由高度集中的计划经济转变为社会主义市场经济，在经济规模上，我国从一个落后的农业国发展为全球第二大经济体，同时，我国社会主要矛盾也转化为人民对美好生活的追求与当前我国发展不充分、不平衡之间的矛盾。为了适应不同发展阶段对政府职能的要求，我国也多次对中央和地方关系进行调整，并形成了中国式政府分权体制，即，政治集权体制下的财政分权与行政分权，为经济社会发展提供有力的制度保障。

一、我国财政分权体制的演变历程

财政分权主要体现在财政收入分权、财政支出分权和财政管理分权三个方面，新中国成立以来，我国共经历了四次主要财政体制调整。

（一）统收统支财政管理体制

从新中国成立之初到1980年以前，我国总体上实行的是统收统支的财政管理体制，财权高度集中在中央，地方政府组织的财政收入统一上缴中央，由中央政府根据国家规划与地方需求对财政资金进行统一分配。这一阶段，我国实行的是高度集中的计划经济体制，国有经济在国民经济中占据绝对主导地位，财政收入主要依靠国有企业上缴利润，税收在财政收入中所占比重较低，1978年财政收入占GDP的比重为31.1%，而企业上缴利润占当年财政收入的比重高达50%以上。[①] 然而，即便在高度集中的计划经济时期，我国也经历了多次集权与分权的循环实践。从1951年开始，我国便开始实行统一领导、分级管理和收入分类分成的分权实践，将城市房产税等7个税种划分为地方固定收入，对营业税、所得税等实行中央与地方收入分成，同时，将中央企业20%的利润由所在地方分成。这一阶段的改革试图在保持中央统一领导的前提下，增强对地方政府的财政激励，但同时也削弱了中央政府的协调能力，地方政府争夺生产要素的竞争日趋激烈。1959年开始，中央政府通过实行“定收定支、收支挂钩、总额分成、一年一变”开始加强对地方财权、信贷权和企业管辖权等权力的控制。1970年开始，为了适应国家发展战略的需要[②]，我国又开始了新一轮的放权，在财政方面，除个别税种外，地方占有几乎所有其他财政收入，实行“定收定支、收支包干”的财政管理制度。

虽然在这一时期，我国也经历了多次财政放权的实践，但由于财政管理体制没有得到根本性的改变，中央向地方的分权也始终未能摆脱“一收就死、一放就乱”的恶性循环（张为杰，2016）。图2－1从财政收入分权、财政支

① 资料来源：谢旭人. 中国财政改革三十年［M］. 北京：中国财政经济出版社，2008：4－5.

② 1970年，出于军事考虑的地方自给自足的原因，中央把全国划分为西北、东北等十个协作区，要求协作区以及各省区市都建立起独立的工业体系。

出分权和财政自主度三个方面反映了1953~1978年我国财政分权程度，从图中可以看出，1958年以前，我国财政收入分权程度、财政支出分权程度以及财政自主度都比较低，财政集权的特征明显，但从1959年开始，我国财政分权程度逐渐上升，地方政府财政收入所占比重在1978年已经达到84.5%，但财政支出分权程度仍然较低，地方政府财政支出所占比重一直在50%左右，说明中央政府控制的财力有限，但又要负责大量的地方政府财政支出，这既削弱了中央政府的协调作用，又不利于提高地方政府的积极性和主动性。

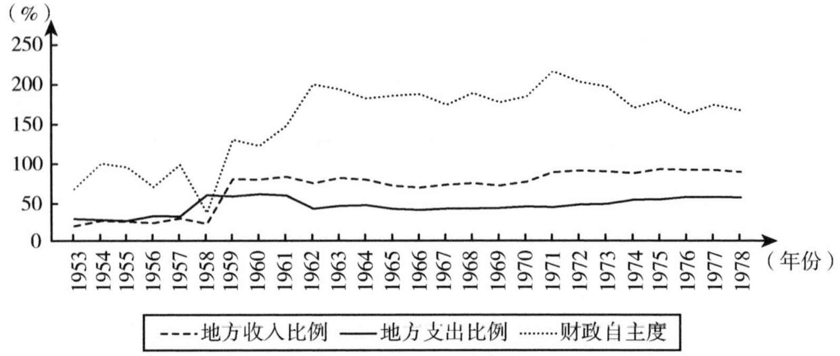

图2-1　1953~1978年我国的财政分权情况

资料来源：国家统计局网站。

（二）划分收支、分级包干财政管理体制

十一届三中全会后，各项经济社会改革措施逐步推行，为了适应新时期经济社会发展的需要，1980年2月，国务院颁发了《关于实行“划分收支、分级包干”财政管理体制的暂行规定》，这种分级包干制又叫“分灶吃饭”，即，按照行政隶属关系，明确划分中央和地方财政收支范围，地方以收定支，包干使用，自求平衡。新的财政制度打破了高度集中的传统体制以及“大锅饭”平均主义分配原则，以分权调动地方政府当家理政和发展经济的积极性，增加了地方各级政府的自主财力，尤其是使地方政府在财政支出分配上获得了更大的权力，也成为其后在计划、企业、物资、投资、人事和金融等方面的实施改革的突破口，对于推动我国经济体制改革全面铺开发挥了重要作用。但是，这一方法也削弱了中央政府的财力和对地方财政支出的协调能力，导致中央出现了严重的财政困难，甚至在某些年份还不得不向地方政府借款。

（三）划分税种、核定收支、分级包干

1984 年底，党的十二届三中全会通过的《中共中央关于经济体制改革的决定》明确指出，我国社会主义经济是公有制基础上的有计划的商品经济。1986 年，国务院作出《关于深化企业改革增强企业活力的若干规定》，进一步简政放权，扩大企业经营自主权。为了适应新形势的需要，在实行“分灶吃饭”财政体制和两步“利改税”改革的基础上，国务院决定，从 1985 年起，实行“划分税种、核定收支、分级包干”的财政管理体制。中央和地方仍然按照“利改税”后的税种划分收入，同时按照行政隶属关系划分支出范围，并对地方政府每年的实际支出进行核定，对于财政收入超过财政支出的，全额上缴中央，而对于财政收入不及财政支出的，则由中央定额补助。1988 年，国务院又发布了《关于地方实行财政包干办法的决定》，实行新的包干体制，在不同的地区实行不同的包干办法，具体包括收入递增包干、总额分成、总额分成加增长分成、上解递增包干、定额上解和定额补助六种包干方式。总的来看，这一阶段财政改革在“分灶吃饭”的包干体制框架下，经历了多次探索和尝试。财政包干体制有效激发了地方政府的积极性和主动性，促进了国民经济和各项社会事业的发展，但也带来了一些新问题，例如，包干体制注重对地方财政收支增长的激励，但对财政的横向均衡关注不够，扩大了地区间的财力差距；助长了地方政府的短期行为、地方保护主义和低水平重复建设；中央政府财力不足的问题一直未能得到有效解决。图 2－2 为 1979～1993 年我国财政分权程度变化图，如图 2－2 所示，这一时期，地方政府的财政收入占比从 1979 年的 80% 下降到 1983 年的 60%，然后又逐渐上升到 1993 年的 78%，地

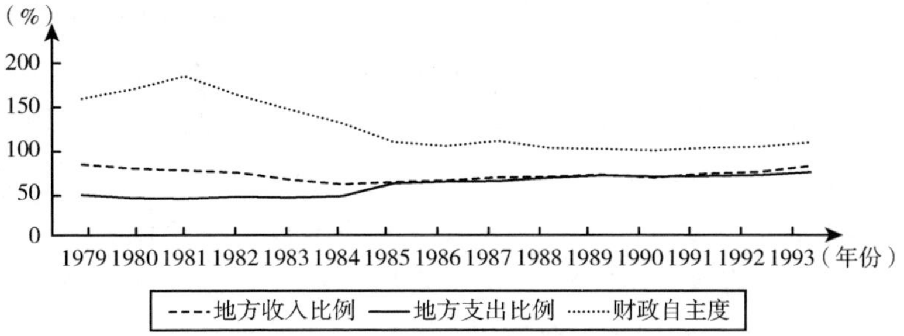

图 2－2　1979～1993 年我国的财政分权变化

资料来源：国家统计局网站。

方财政支出比例则呈现出不断上升的趋势，从1979年的49%上升到1993年的70%，地方政府财政自主度1984～1993年一直保持在100%左右，这说明，在这一时期，地方财政支出分权程度不断上升，而地方收入分权程度的变化幅度不大。

（四）分税制财政管理体制

1992年，党的十四大明确将建设社会主义市场经济作为经济体制改革的目标，为了适应社会主义市场经济发展的要求，国务院于1993年底发布了《关于实行分税制财政管理体制的决定》，分税制财政体制改革从1994年1月1日开始实行，并成为对我国经济社会发展影响最深远的制度因素。分税制改革的措施主要体现在三个方面：第一，中央政府和地方政府的支出责任得到明确，基本沿用原有事权划分范围；第二，重新划分中央和地方的收入，财政收入分为中央税、地方税和中央—地方共享税，并通过设立国税局和地税局两套机构独立征税，进行税收分级征管；第三，通过税收返还等方式建立中央对地方的转移支付制度。分税制改革的突出特点是财权上收、事权下放，即，财政收入分权程度降低，财政支出分权程度进一步扩大，地方政府的财政自主度也随之降低。分税制改革的对我国经济社会发展产生了广泛的影响：一是随着地方财政支出权力扩大，地方政府对于扩大地区公共产品供给有了更大的动力，但在官员“晋升锦标赛”的体制下，地方政府往往更加偏向于投资能在较短时间内刺激经济绩效的基础设施建设，而对民生性支出的重视程度不够（傅勇和张晏，2007；詹新宇和韩雪君，2017）；二是财政收入分权程度的下降以及央地财政分配方式的转变使地方政府更加重视培育有利于地区财政收入增加的一些税基，例如，加速国有企业改制进程、加大对地区民营企业的扶持力度，而这也在一定程度上加速了地区市场化进程（邵传林，2016）；三是收入集权和支出分权使地方政府财权与事权严重不匹配，地方政府财政压力增大，这就增强了地方政府寻求预算外与非预算资金收入的激励，其中，预算外收入主要来自行政事业单位收费，非预算资金主要来自土地转让金，即“土地财政”（王梅婷和张清勇，2017）。图2－3为1994年以来我国财政分权变化情况，由图2－3可见，我国地方政府财政支出占比一直维持在70%～85%，而地方政府财政收入占比却仅为40%～50%，地方政府财政自主度从1994年的60%下降到2018年的50%。

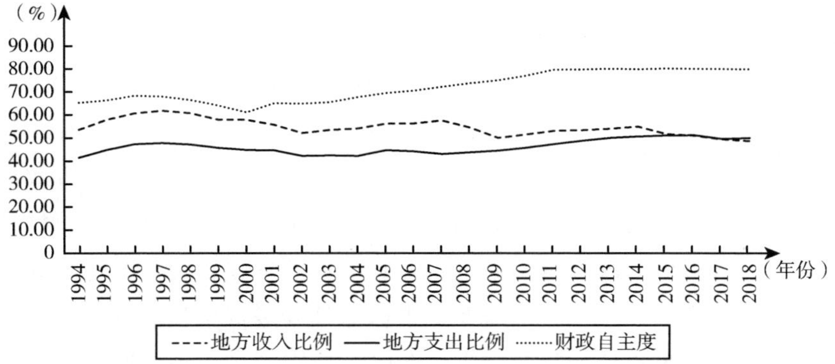

图 2－3 1994～2018 年分税制以来中国的财政分权

资料来源：国家统计局网站。

二、我国行政分权制度的演变过程

行政分权是我国政府分权的重要内容，通过扩大地方政府在经济社会管理中的权限，增强地方政府的灵活性与主动性，进一步激发市场和社会的活力。新中国成立以来，我国对行政管理体制进行了多次调整，经济社会管理权限在各级政府之间的分配关系也发生了多次变化，总的来说，扩大地方政府在经济社会管理中的权限，提高行政分权程度是我国行政体制改革的重要趋势，部分将重点分析我国经济管理权限在中央政府和地方政府之间的分配情况。

（一）1949～1978 年的行政分权

与我国财政管理体制相似，从新中国成立初到改革开放之前，我国实行的是高度集中的行政管理体制，尤其是在经济管理权限方面，中央政府在经济计划制定、投资项目审核以及生产资料分配方面占据绝对主导地位。1956 年，毛泽东在《论十大关系》中提出，应该要扩大地方权力，给地方政府更多的独立性，发挥地方政府的积极性，这成为我国行政分权改革的开端。以此为起点，我国在计划权、企业管辖权、物资分配权以及投资与项目审批权等方面开始给予地方政府更大的权限（张为杰，2016）。具体的分权措施包括：在经济计划方面，由自上而下、逐级下达的计划管理制度转变为自下而上、逐级上报的计划管理体制，扩大地方政府在经济计划编制方面的灵活性和主动性；在企业管理权限方面，将大部分国有企业的经营管理权限下放到地方，中央只对一些在关键领域有重要影响的国有企业保持直接管理，央企工业产值在工业总产值的比重从 1957 年的 39.7% 下降到 1958 年的 13.8%；[①] 在物资分配权方面，在整体上保持“统筹统配”的物资分配原则基础上，扩大地方政府在物资分配方面的权限，减少由中央统筹的物资种类和规模，这也扩大了地方政府在生产物资资料分配方面的权限；在投资项目审核方面，实行项目审批限额制度，限额以下的项目由地方政府自由审批，并且下放信贷权，便于为地方政府扩大投资筹集资金，限额以上项目则需要上报国家计委进行审批。这一时期的行政分权改革在保持中央集权的行政管理体制下，有限地扩大地方政府在经济社会管理方面的权限，虽然分权力度有限，但仍然对经济社会发展带来了重要影响。

（二）1979～1992 年的行政分权

十一届三中全会后，我国经济体制由高度集中的计划经济向有计划的商品经济转变，为了配合经济体制改革的推进，我国也对行政体制进行了相应改革。这一阶段行政体制改革的核心内容是对行政权力进行重新配置，在计划经济体制下最大限度地调整政府和国有企业的关系，以进一步激发国有企业的市场活力（顾平安，2015）。对国有企业管理权限的改革主要体现在：一方面，进一步减少中央政府直接管理和控制的国有企业数量，将大量国有企业管理权限下放到各级地方政府；另一方面，各级政府减少对国有企业经营管理的直接干预，其中，最重要的是放松对国有企业的信贷约束，扩大国有企业在经营管理和利润分配中的主动性，从而激发国有企业的积极性。除此之外，从 1980 年开始，我国陆续设立了多个经济特区，如 1980 年设立的深圳、厦门、珠海和汕头经济特区，进一步加大对地级市的放权程度，使这些城市在经济发展政策制定方面获得更大的灵活性和自主权。随后，全国各地先后设立了多个不同层级的经济开放区，通过这种方式加大各层级的行政分权力度。

① 资料来源：张为杰．分权治理、地方政府偏好与公共政策执行机制研究［M］．北京：中国社会科学出版社，2016：68.

（三）1993~2001年的行政分权

1992年底，党的十四大明确将建设社会主义市场经济作为经济体制改革的目标，为了进一步激发非公有制经济的活力，我国行政体制也做出了相应改革，其中转变政府职能、扩大行政分权的力度和广度仍然是这一时期行政体制改革的重点。这一时期的行政分权改革主要体现在两个方面：一是中央政府大量下放投资审批、信贷权、价格管制等方面的管理权限，减少民营经济在生产经营过程中的管制和审批成本，使地方政府在经济决策、准入审批和宏观调控方面拥有更大的权力，伴随着中央政府对微观市场主体管制权限的减少，我国中央政府的组织机构也发生了重要变化，精简政府机构，推行大部制，减少对具体经济行为的干预，增强宏观调控能力成为行政体制改革的重要目标；二是地方政府通过撤县设市和继续设立不同层次的经济开发区推动行政分权向基层政府发展，无论是撤县设市还是设立经济开发区，其目的都是扩大基层政府在经济管理方面的权限，并获得更多的政策优惠。

（四）2002年以来的行政分权

2002年我国加入世贸组织（WTO）后，为适应进一步激发市场活力、扩大对外开放的要求，以行政审批改革为重点的简政放权成为我国行政体制改革的主要内容。这一时期，我国政府职能发生了重要变化，从管控型政府向服务型政府转变，这也意味着政府在行政管理过程中要承担更多的公共服务职能，而中央政府难以满足社会日益增长的公共服务需求，因而，扩大行政分权程度，赋予各级地方政府以更大的行政管理权限成为这一时期的必然选择，取消和下放行政审批事项成为各级政府改革的重点。自2003年以来，国务院分批次进行了多轮取消和下放行政审批事项改革，其中，仅2013年以来，就取消行政审批事项491项，下放行政审批事项127项，[①] 行政审批权限的大量下放代表中央政府将对微观事务的管理权限尽可能下放给地方政府，从而使地方政府在促进经济、社会发展过程中拥有更大的自主权。

① 资料来源：http://www.gov.cn/xinwen/2017-02/10/content_5166968.htm，2017.

第二节

我国公共治理实践情况

由公共治理理论可知，现代公共治理体系是由政府、市场和社会各部门相关主体共同组成的网络结构，各主体之间相互依赖、相互合作，共同决定了地区公共治理能力和公共治理水平。新中国成立以来，党和政府高度重视国家治理和地方公共治理建设，持续实施多项政策，以提高全国及地区的公共治理能力和水平。本书从政府内部治理、市场治理和社会治理三个维度，对我国公共治理实践基本情况进行了梳理和总结。

一、我国政府治理的相关实践

政府治理旨在通过提高政府质量提升政府在公共治理中的能力和效率。新中国成立以来，党和国家在不同时期进行了多次改革，致力于提高政府质量和效率，其中，强化政府反腐败治理和提升政府法治化水平始终是政府内部治理的重要内容。

（一）我国的反腐败实践历程

党和政府历来重视腐败的治理工作，根据时代背景、腐败特点与惩治政策差异，我国的腐败治理实践主要可分为三个阶段：新中国成立初期反腐（1949～1978年）、改革开放初期（1978～2012年）和新时代反腐（2012年至今）。

新中国成立初期，党和国家高度重视反腐工作，先后开展“三反”“五反”“四清”等整肃运动。但由于国家法律法规和反腐败制度体系尚不健全，我国的腐败治理实践主要表现为大规模、运动式以及群众性的反腐败活动，未能形成完善的反腐败体制机制，以大规模的群众整风运动为主，主观情绪强烈，缺乏法制化和程序化的腐败惩治实践，没有独立的腐败惩治机构。因此，尽管这些反腐败运动取得了快速、普遍的反腐效果，但也因为准确性和适当性方面的问题而产生了一些负面影响。

改革开放初期，由于经济社会快速发展，相关体制机制建设尚不健全，同时，西方思想观念涌入国内，腐败现象滋生蔓延，反腐败问题成为党和国家面临的重要政治问题。这一时期的反腐实践是以打击经济领域犯罪、反干部特殊化及不正之风为重点。吸取了新中国成立初期反腐工作的经验和教训，我国腐败治理从建立完整的制度规章和监督体系入手，先后出台了一系列法律法规，建立了监督举报系统，并划定了公务活动的界线。这些举措一反以往群众运动式治理，注重法律手段与制度手段的运用，让腐败治理实践回归到国家日常行政工作中，为改革开放起到了保驾护航的作用。但是，随着现代技术的日新月异和社会经济的蓬勃发展，腐败问题也不断变化，并产生新的特点与难题。如何从制度上、实践上防范腐败、有效监督、提前预警、严肃惩治成为腐败治理的重要课题。

社会主义现代化建设进入新时期以来，党和国家在反腐败方面的主要历史任务是完善和发展中国特色社会主义制度，与此相应的腐败治理就是全面推进惩治和预防腐败体系的建设，构建更为系统、完备且科学的中国特色腐败治理制度体系，实现有效的腐败治理。这一阶段的腐败治理实践是改革开放初期实践的总结、延续和升华。与之相比，现阶段反腐实践强调设计性、科学性和系统性。党的十八大以来，我国的腐败治理在实践中取得了巨大进步，在法律体系建设、机构设置、透明机制和公众参与等方面均积累了丰富经验。我国现阶段腐败治理，以建设廉洁政治为目标，以构建反腐倡廉制度体系为任务，以“腐败零容忍”为新常态，以“不想腐”“不能腐”“不敢腐”为斗争战略，破旧立新，成为国家治理全局中的重要一环。

（二）我国加强社会主义法治建设的实践历程

改革开放以来，加强社会主义法治建设成为我国政府治理中的重要内容，我国的法治建设大体可以划分为 3 个阶段：恢复与重建阶段（1979 ~ 1992 年）、依法治国阶段（1992 ~ 2002 年）和建设社会主义法治国家阶段（2002 年至今）。

恢复与重建阶段：吸取了十年“文化大革命”的惨痛教训，党和国家坚持摒弃人治，重塑法律在国家治理中的地位与权威，坚持有法可依、有法必依、执法必严、违法必究。一方面，重点抓立法，实现有法可依，为经济建设和社会发展提供法律保障；另一方面，建立健全司法体系，完善行政执法体系，支持建设法律服务机构。本阶段的实践为我国法治建设打下了坚实的制度基础。

依法治国阶段：为适应社会主义市场经济体制的发展要求，党和政府将依法治国作为我国的基本方略，并写入了《宪法》。为构建符合发展社会主义市场经济要求的社会主义法治体系，我国先后制定并颁布了多部规范和保障市场经济运行的重要法律，使法治随着市场经济的深入发展成为社会的普遍共识。此外，我国还全面推进依法行政，强化行政执法监督，确保公共权力在行使过程中符合相关法律规范要求。这一阶段，我国始终将建设社会主义法治国家作为法治建设的目标和方向，依法治国不仅是公共治理的手段和工具，更是我国现代化建设的目标和方向。

建设社会主义法治国家阶段：党的十八大以来，我国进入了全面深化改革的新时期，依法治国和社会主义法治国家的建设也被推向深层次的发展。在加强党对全面依法治理的领导的同时，进一步强化社会主义法治理念，完善立法工作，以法治保障科学发展，预防社会矛盾，促进社会和谐，进一步推动法治国家建设是我国重要的法治实践。2020 年，我国颁布了中华人民共和国首部《民法典》，这既是我国社会主义法治建设的重要成果，也是法治建设的新起点，预示着我国的社会主义法治建设在党的领导下必将不断完善，并取得更大的成果。

二、我国市场治理的相关实践

我国市场治理的实践主要聚焦于通过完善经济体制和制度，构建适合我国现阶段经济发展的生产关系，激发市场主体的积极性和主动性，解放和发展社会生产力。我国经济体制改革的核心问题就是正确认识和处理政府与市场之间的关系，新中国成立后，我国市场治理先后经历了计划经济体制、计划与市场并行经济体制、确立社会主义市场经济体制、加入世贸组织后的快速市场化改革以及党的十八大以来不断完善社会主义市场经济体制几个阶段。

计划经济体制时期（1949 ~ 1978 年）：从“一五”计划开始到十一届三中全会前，我国坚持社会主义必然实行计划经济的基本思想，计划经济与公有制、按劳分配共同组成了社会主义的基本经济制度。因此，改革开放前，我国的经济运行主要靠指令性的行政计划而鲜有市场治理实践活动。

计划与市场并行的经济体制时期（1978 ~ 1992 年）：十一届三中全会明确指出，“应坚决实行按经济规律办事，重视价值规律的作用”。此后，我国开始重新审视政府与市场的关系问题，并分步试点经济体制改革，开展对外经济活动。随后，党的十二大（1982）明确提出，“正确贯彻计划经济为主、市场调节为辅的原则是经济体制改革中的一个根本性问题”。由此，我国的市场治理实践起步。此阶段我国的市场治理，主要是将市场调节和商品经济作为弥补计划经济体制弊端的工具。

社会主义市场经济体制时期（1992～2001 年）：党的十四大正式明确了我国经济体制改革的目标，即，建立社会主义市场经济体制。这一时期，我国经过积极探索和实践，构建了社会主义市场经济体制的基本框架，确立了社会主义初级阶段的基本经济制度，建立了社会主义分配制度的运行机制。在构建的基本框架中，我国市场治理实践涉及国有企业的经营改革，现代企业制度建立，培育和发展市场体系，转变政府职能，建立宏观调控体系，建立合理的个人分配和社保制度等方面。

加入世贸组织后的快速市场化改革时期（2001～2012 年）：受国内外环境影响，我国市场经济体制框架由初期的构建阶段转向全面完善阶段。党在十六大（2002）提出完善社会主义市场经济体制和更具活力、更加开放的经济体系是 21 世纪本阶段经济改革的主要任务。为实现融入世界市场所要求的快速市场化改革，本阶段我国的市场治理的实践活动涵盖了基本经济制度、经济结构、现代市场体系建设和宏观调控体系完善等方面的内容。在市场治理的实践过程中，我国全面坚持“两个毫不动摇”，坚持和完善基本经济制度，强调公有制和非公有制经济均为我国经济社会发展的重要基础；不断深化国有企业改革，推进国有企业投资主体多元化，增强市场活力。

社会主义市场经济体制的完善时期（2012 年至今）：随着市场化改革的不断深入，党和国家对于政府与市场关系的认识也不断深化。十八届三中全会《决定》指出，市场应在资源配置中起决定性作用，而政府则要更好地发挥政府作用，市场与政府的关系演变为强强互补、相辅相成，不能任意削弱任何一个方面。这一时期，我国从中央到地方，都按照进一步健全社会主义市场经济体制作为市场治理的改革目标，致力于建设市场化、法治化和国际化的营商环境，为增强市场微观主体活力，建设更高水平的社会主义市场经济体制而努力。

三、我国社会治理的相关实践

社会治理的核心在于提高居民生活水平和社会总体福利水平，而这有赖于社会公共产品和公共服务供给水平的提高。由于我国一直以来都是“大政府、小社会”的基本格局，政府在公共产品和服务供给中占据主导地位，因此，我国社会治理的实践主体依然是政府。社会治理实践的主要内容和方式主要集中在两个方面：一是通过改革内部财税分权体制，优化政府间的财权与事权划分，进而提高各类公共产品的供给效率；二是通过调整政府职能，改革政府与市场、社会之间的关系，通过公共服务市场化和社会化改革，发挥市场和社会在社会治理中的作用。

（一）改革财税体制，提高公共产品供给效率

公共产品供给对地区经济社会发展和人民生活水平提升有重要影响，但同时，公共产品供给需要大量的财力支持，如何在不同层级政府之间合理地分配公共财政资源以及划分公共产品供给责任，对于公共产品供给效率有重要影响。改革开放以来，经济社会快速发展对经济性公共产品供给提出了更高的要求，同时，人民群众对美好生活的向往以及党和国家对提升人民群众生活水平的职责也对民生性公共产品供给提出了更高的要求，为了进一步提升公共产品供给效率，我国对财税体制进行了多次改革，以构建与经济社会发展需求相适应的财权和事权划分体制。

十一届三中全会后，为了适应经济社会的发展，满足经济社会对公共产品的需求，我国的财税体制先后历经了 3 次改革。改革开放之初，我国推行划分收支、分级包干的财政管理体制，打破了高度集中的传统体制以及“大锅饭”的平均分配原则，以分权调动地方政府的积极性，增加了地方各级政府的自主财力，为增强地方政府的公共产品供给能力提供了财力基础。党的十二大以后，为进一步简政放权，扩大企业经营自主权，我国推进了“利改税”的改革，实行划分税种、核定收支、分级包干的财政管理体制。这一体制有效激发了地方政府为国民经济和社会事业发展提供公共产品保障的积极性和自主性。两次改革对于助力经济发展、优化公共产品供给成效显著，但是也带来了一些新问题，如拉大了地区间财力差距，助长了地方政府的短期行为和低水平重复

建设行为，并导致了中央政府财力不足等问题，这些问题直接影响了我国公共产品的供给质量。

党的十四大后，为了发挥中央和地方在公共产品供给方面的两种积极性，适应发展要求，我国实行了分税制改革，并对我国公共产品供给和经济社会发展产生了重要影响。分税制改革进一步明晰央地支出责任，重新划分央地财政收入，建立国税和地税两套独立征税机构，实行税收分级征管，并以税收返还的方式建立中央对地方的转移支付制度。分税制的改革实现了财权上收、事权下放，激发了地方政府扩大区域公共产品供给的积极性，使地方政府更加注重培育增加地方收入的相关税基，加速国有企业改制，加大对民营企业的扶持力度，加速市场化改革。

（二）优化政府职能，提高公共产品供给的市场化和社会化水平

一直以来，我国政府在公共产品供给体系中占据主导地位，是公共产品供给和社会治理的主要承担者。但随着我国经济社会快速发展，公共治理面临的问题日益复杂，社会对公共产品的需求也越来越大，单纯依靠政府部门难以满足社会对公共产品的需求，合理确立政府职能的边界，划分政府、市场和社会在公共治理中的职责，对于实现新时期的社会“善治”至关重要。改革开放以来，我国以优化政府职能为抓手，不断调整和优化政府、市场和社会在公共产品供给中的关系，实施简政放权，提高社会活力，在发挥政府主体作用的同时，也注重不断增强市场和社会参与公共产品供给及自我治理的能力。

对政府职能的改革首先体现在对政府各部门机构和人员的调整上。为了避免政府对经济社会的过多干预，我国多次对政府机构进行调整，实施大部制改革，缩小政府规模，这在一定程度上理顺了政府各部门在社会治理中的职能关系，有利于提高公共产品和服务的供给效率，但随着经济社会的不断发展，公共治理也总会面临新的问题，因而，随着时间推移，政府规模仍然会再度膨胀。党的十八大以来，党和政府提出转变政府职能，从微观、直接管理向宏观、间接管理转变，为我国政府职能转变提出了新要求和新方向。

政府职能重心逐渐从注重经济发展转向注重公共服务。长期以来，实现地区经济发展都是我国政府职能的核心内容，但随着经济社会的快速发展，人民群众对公共产品和服务需求日益增长与目前我国公共产品和服务供给不足之间的矛盾逐渐显现，提高公共产品和服务供给水平成为党和政府关注的重要问

题。进入21世纪以来，我国逐步加强了对民生性公共产品的供给力度，构建了世界上规模最大的社会保障体系，持续加大对教育事业的投入，促进公共医疗卫生事业发展，稳步提升我国公共产品和服务，尤其是民生性公共产品的供给水平。

政府职能的实现方式逐渐由政府独自承担转为政府、市场和社会共同承担。随着我国经济社会的快速发展，一方面，社会对公共产品供给提出了更大的需求，政府在满足公共产品需求时面临的压力更大；另一方面，经济社会的快速发展使市场和社会主体的力量不断壮大，市场和社会已经具备参与公共产品供给与社会治理的能力。近年来，我国不断探索市场和社会参与公共产品供给的模式和制度，通过PPP以及政府采购等方式，为市场和社会力量参与公共产品供给提供制度空间，发挥政府在公共产品和供给体系中的主导地位的同时，也不断推进公共产品供给的市场化和社会化水平，进一步提高公共产品和服务的供给效率和供给水平。

第三节

政府分权、公共治理影响隐性经济的数理分析

政府分权和公共治理是一个复杂的制度体系，隐性经济的成因也是多方面的，因此，本节将政府分权和公共治理在中国的实践作为现实依据，并结合税收遵从理论、新制度经济学、财政分权理论、公共治理理论以及隐性经济成因的相关理论来分析政府分权和公共治理对隐性经济的影响及作用机制，并提出本书的研究假设。

一、政府分权、公共治理影响隐性经济的理论分析

政府分权的“威慑效应”和“效率效应”被认为是其影响地区隐性经济规模的重要机制，即，一方面，政府分权缩短了政府与居民之间的“距离”，有利于居民更好地监督政府官员行为，增加腐败行为被发现和惩处的概率，从而威慑政府官员的腐败行为；另一方面，相比于中央政府，分权体制下的地方政府有助于解决公共产品供给中的信息不对称和外部性问题，同时，提高地方政府的积极性和主动性，从而提高地区公共产品和服务的供给效率。但也有研

究表明，当缺乏完善的法律规范和有效的监督机制时，政府分权可能会带来相反的后果。本书从政府治理、市场治理和社会治理三个维度来度量公共治理，并结合前面对我国公共治理实践的分析，主要从腐败治理、市场化水平提升以及公共产品供给三个方面选取衡量指标，将政府分权、公共治理和隐性经济纳入统一的理论分析框架，从理论上厘清政府分权和隐性经济对隐性经济的影响，为后面的数理分析及实证分析提供理论依据。

（一）政府分权、腐败与隐性经济

西方理论认为，政府分权对腐败的影响主要来源于分权带来的“信息优势”以及居民“用手投票”的威慑效应，即，政府分权可以缩短权力持有者和居民之间的距离，从而使居民获得更多关于政府权力运用的信息，增加政府透明度，便于居民更好地对政府实行监督，同时，实现连任是政府官员追逐的重要目标，受居民“选举投票权”的威慑，分权体制下的政府官员往往会更加注重规避腐败行为。结合中国政府分权的特点，我们可以发现，中国式政府分权体制具有典型的“自上而下”式垂直分权结构，在逐步划定财权和事权的同时，形成了与垂直型分权相匹配的地方官员纵向绩效考核体系（王贤彬，2009）。实行分税制以来，随着行政管理权和经济管理权的下放，地方政府取得了属地管理范围内极高的自由裁量权，形成了地方尺度上针对各级地方官僚的晋升激励。各级政府官员为促进其所在地区的经济增长，扩大政府公共投资规模。同时，财政支出分权和财政收入集权带来的地方政府财权和事权的非对称性不仅导致贿赂型腐败，同时还加剧了地方官员的财政索取努力，其最显著的表现之一便是地方政府财政预算外资金的快速膨胀。此外，分税制所带来的不合理的财政转移支付制度加速了“跑部钱进”现象的快速生成。如此一来，地方利益集团对中央政府的竞争性游说不可避免，这势必会导致权力腐败的增加。此外，有学者发现，伴随地区间财政竞争的不断加剧，地方财政支出结构进一步扭曲，地方官员为快速累积地区生产总值而不断扩张生产型支出比例，弱化服务型支出数量，在牺牲长期经济增长效率的同时也引发了公共生产型投资领域的腐败频发（刘勇政，2011）。行政分权赋予地方政府在公共管理和社会服务方面更大的自由裁量权，奥茨（Oates，1972）认为“信息优势”是分权体制的主要优势，地方政府能够快速识别辖区公民对公共服务的异质性偏好，同时，地方政府更加靠近民众，可以让民众获取更多关于政府行为的相关信息，从而通过“用手投票”来监督地方政府，因此应被赋予更多的公共物品供给责任，然而，在中国由于缺乏有效的“偏好识别机制”和“用手投票机制”，行政分权可能不仅不能提高政府公共管理的效率，还可能带来腐败行为。

由此可见，在中国式政府分权的制度背景下，分权并不一定能对腐败起到抑制作用，具体而言，财政支出分权和行政分权可以扩大地方政府在财政支出和行政方面的自由裁量权，在以自上而下的内部监督为主的监督体系下，这将增加对地方政府官员的监督难度，从而扩大地区腐败规模；财政收入分权以及由此而带来的地方政府财权和事权矛盾的缩小（即财政自由度更大）则有利于减少地方政府的预算约束，在我国预算法治化程度还有待提高的背景下，这将有利于减小地方政府的财政压力以及对公共资金的支配空间，减小地方政府官员的“寻租”动力，从而有利于降低地区腐败水平。由隐性经济成因分析可知，腐败会增加正规经济部门生产经营的非制度性成本以及不确定性风险，是促使企业和劳动力向隐性经济部门转移的重要因素，因此，基于以上政府分权对腐败的影响，我们可以假设：

假设1：财政支出分权和行政分权会通过扩大腐败增加地区隐性经济规模，而财政收入分权和地区财政自由度的扩大则可以通过降低腐败水平而减少地区隐性经济规模。

（二）政府分权、市场化与隐性经济

中国式政府分权是影响地区市场化进程的重要制度因素，钱和韦纳斯特（Qian & Weingast，1997）、钱和罗兰（Qian & Roland，1998）在研究中国经济快速增长的原因时指出，中国的财政分权是“市场维护型财政联邦主义”，中央政府为地方政府提供的政治激励与约束，在一定程度上约束了地方政府的“自利行为”，保证了私有产权的安全性，同时，对财政收入和经济增长的追求使地方政府不得不为民营经济发展创造良好的制度环境和基础设施条件。在此后的研究中，[①] 学者们根据我国政府分权改革实践进一步分析了中国式政府分权对市场化的影响途径，具体有：一是在政治集权的体制下，中央政府在地方政府官员的晋升和考核中发挥决定性作用，通过将GDP增长速度作为官员考核的核心指标，为地方政府官员追求GDP高速增长提供政治激励，在国有

① 详见周业安和章泉（2008b）、刘小勇和何静（2011）、邵传林（2016）等研究。

经济效率和规模都有限的情况下，放松政府管制，完善基础设施建设，激发市场活力和民营经济发展成为地方政府的必然选择；二是以“支出分权、收入集权”为特点的财政分权使地方政府承担更大的财政支出责任，强化了地方政府的预算约束，这使地方政府在进行财政资金分配时必须考虑其财政支出的效益，尤其是在面临救助濒临破产的国有企业还是增加基础设施建设投入的选择时，地方政府会将资金投入在未来能带来更多资本流入的基础设施建设上，同时，在面临财力有限的约束下，地方政府有减少干预和引入市场化手段供给公共产品和服务的激励，这可以提高政府资源配置的效率，减少因政府干预而带来的市场扭曲，在一定程度上也加快了地区市场化进程；三是在分税制体系下，地方政府与中央政府之间形成了较为稳定的税收分成关系，在地方税固定税种收入有限的情况下，地方政府要想获得更多的财政收入就必须努力扩大中央和地方共享税的总体收入，而共享税中的增值税、营业税以及企业所得税等税种收入的增长都有赖于地区市场经济的发展，因此，分税制为地方政府推进市场化进程提供了经济动力；四是由于我国各地区之间的经济结呈现出“M”形特征，各省区市之间是平行的、多样化的单元，在实行分权化改革后，地方政府可以因地制宜地出台各种政策以实现更高的经济绩效，当某地政府推动市场化改革取得较好的经济增长和税收增长时，其他地区也会进行模仿，从而加快了市场化改革进程。此外，行政分权，尤其是行政审批分权的实施也是为了让地方政府在处理投资经营审批方面拥有更大的自主权，理论上有利于缩短审批时间，提升服务质量，因而也有利于优化地区营商环境，促进地区市场化进程。但欧纯智和贾康（2017）指出，行政审批分权改革具有历史必然性，但是行政审批作为政府规制和调节市场的一种重要手段，在任何时期都有其存在的合理性和必然性，行政审批分权改革的实施必须与社会主义法治化建设相结合，以法治规范政府和市场行为，接受公众监督和问责制约，否则单纯地下放行政审批权限并不能达到预期效果。市场化的发展，尤其是地区营商环境的改善，可以降低正规经济部门的营商成本，增加投资和就业机会，从而降低资本和劳动力流入隐性经济部门的动力，因而有利于降低隐性经济规模（Nadirov & Aliyev，2015）。基于此，本书提出以下假设：

假设 2：财政分权有利于促进地区市场化进程，改善民营经济营商环境，从而为资本和劳动力创造更多的投资和就业机会，减少资本和劳动力转入隐性经济部门的动力，而行政分权对地区市场化的影响并不确定。

（三）政府分权、公共产品供给与隐性经济

“效率效应”被视为政府分权影响隐性经济的重要作用机制，即政府分权可以通过提高地方政府的公共产品供给效率和水平，增加资本和劳动力向隐性经济部门转移的机会成本，提高正规经济部门企业和居民的税收遵从意愿，从而抑制地区隐性经济规模。依据财政联邦主义理论，财政分权可经由两种作用机制提高公共部门效率，即选举约束与地方政府间的标尺竞争。根据选举约束机制，政府分权可以缩短民众与政府之间的距离，让民众更好地了解和监督政府，从而有利于塑造一个更有责任感的政府；根据标尺竞争理论，分权体制下，居民可以将本辖区政府官员的政策选择与相邻地区进行比较，并以此作为评价本辖区政府官员执政能力和执政成绩的标准，从而促使地方政府将效率最高的地区作为标尺而展开竞争，这将有利于提高地方政府的整体效率和地区公共产品供给水平。然而，中国的财政体制恰好是一种非规范的事实性分权制度安排（周业安和章泉，2008），主要表现为：财政分权从属于政治集权，地方官员在以上级政府的命令为行动准则的同时，还在一定程度上追求自身利益的最大化，地方居民对地方政府的行为缺乏有效的监督和约束。因此，在中国式财政分权框架下，很难保证地方政府的公共服务供给行为不会与地方居民的需求偏好发生偏差。国内研究也证实了这一点。平新乔和白洁（2006）发现，财政分权扭曲了中国地方政府的公共支出结构；傅勇和张晏（2007）的研究进一步证实，财政分权激励中国地方政府提高基本建设支出的比重，同时降低文化、教育、卫生等民生性公共服务的供给；龚锋和卢洪友（2009）的研究也发现，在中国式财政分权体制下，地方政府倾向于扩张地方行政管理费和基本建设支出的规模。财政分权会扭曲地方政府财政支出结构是目前学者的共识，但贾俊雪（2015）利用空间计量模型研究发现，地方政府的财政分权会显著提高地区的生产性支出和社会性支出，但财政分权对生产性支出的促进作用更加显著。关于行政分权对地区公共产品供给的影响并不多，但从理论上来说，行政分权让地方政府承担流入更多的政府职能，而依据我国行政部门“以事定编、以编定人”的行政编制管理原则，地方政府承担的行政职能越多，地方政府可以获得的行政编制也越多，可以招募更多的公务员人员来提供公共服务，有利于促进一般性公共服务供给水平的提升，这与我国近年来所倡导的建设“服务型政府”目标相一致，但同时，也应该看到，地方政府拥有的行政

裁量权越大，滋生腐败的概率也越大，尤其是在一些可以获取巨大经济利益的公共服务项目，腐败现象也可能会伴随着行政分权程度提高而增加，如公共交通领域。公共产品供给水平也是影响地区隐性经济规模的重要因素，地区公共产品供给水平越高，企业和劳动者在正规经济部门可以享受的正外部性就越多，从而减少企业和劳动力的相对经营成本，此外，地区公共产品供给水平越高，企业和居民的税收遵从意识也会越高，因而有利于减少资本和劳动力转入隐性经济部门的动力，基于此，本书将地区公共产品分为经济性公共产品和社会性公共产品，并假设：

假设3：财政收入分权可以提高地区经济性公共产品和社会性公共产品供给水平，有利于抑制地区隐性经济，但财政支出分权使地方政府承担更多的支出责任，增加地方政府财政压力，并由此而产生的“财政支出偏向效应”降低了地区社会性公共产品供给，不利于降低地区隐性经济；行政分权可以通过提高地区社会性公共产品供给水平降低地区隐性经济规模，但同时，也会通过降低地区经济性公共产品供给水平而扩大地区隐性经济规模。

二、政府分权、公共治理影响隐性经济的数理模型分析

为进一步检验政府分权的“威慑效应”和“效率效应”，本书借鉴亚历克塞耶夫和哈博达佐娃（Alexeev & Habodaszova，2007）、戴尔安诺和特奥贝尔代利（Dell'Anno & Teobaldelli，2012）等人的研究，构建一个包含政府分权、公共治理与隐性经济的数理模型，对三者之间的关系进行分析。

（一）数理模型构建

假设存在两级政府体制：中央政府和地方政府。中央政府决定对企业征税的税率，并按照一定的比例 $\gamma(\gamma\leqslant1)$ 向地方政府返还税收，且假定税率和税收返还比率都是外生的。地方政府负责提供地方性的公共产品，且地方政府公共产品供给函数为：$f(g)=g^{\beta}$，其中，$g(g\geqslant0)$ 为地方政府用于公共产品供给的财政支出，$\beta(\beta\leqslant0)$ 为公共产品供给的资本产出弹性。地方政府在提供产品的过程中也会向企业和个人索取 $B(B\geqslant0)$ 单位的额外租金。

将经济体系中的企业个数标准化为1，企业可以选择在正规经济部门和隐性经济部门之间自由地分配资本和劳动力。当不存在政府“寻租”时，企业

在正规经济部门的报酬是：

$$U_i^{of} = (1-t)y_i g^{\beta} \tag{2.1}$$

其中，y_i表示企业的正常生产能力，且在［0，1］区间上呈正态分布，t为税率。企业也可以选择转入隐性经济部门生产经营，此时，企业的报酬为：

$$U_i^{un} = ky_i g^{\beta} \tag{2.2}$$

其中，k表示企业在转入隐性经济部门时需要承担的额外成本，企业在隐性经济部门进行生产时，不仅不能享用政府提供的公共产品和服务，而且需要选择替代性的生产技术、运输服务和销售渠道，仍然需要承担一定的额外成本，因此可以假定$k \in (0, 1)$。考虑到当存在政府“寻租”行为的企业报酬函数，当$k > 1 - t$时，隐性经济部门的企业就会获得更大的收益，因而，企业也都会选择进行隐性经济部门生产经营。当存在政府“寻租”行为时，正规经济部门的企业报酬函数为：

$$U_i^{of} = (1-t)y_i g^{\beta} - B \tag{2.3}$$

在本模型设定的情况中，政府官员对于企业不存在“寻租”歧视，企业所缴纳的税收则完全依照中央政府所确定的税率来执行。由于税务机关比“寻租”官员掌握更多的行政资源，因而中央政府和地方政府官员中会出现信息不对称。当正规经济部门获得的报酬大于隐性经济部门时，企业会选择在正规经济部门进行生产经营，即$U_i^{of} > U_i^{un}$，亦即：

$$(1-t)y_i g^{\beta} - B > ky_i g^{\beta} \tag{2.4}$$

因此，企业留在正规经济部门以获取比隐性经济部门更高报酬的门槛水平应满足如下条件：

$$y_i \geqslant B/(\delta g^{\beta}) \tag{2.5}$$

其中，$\delta = 1 - t - k > 0$，δ代表在不存在“寻租”行为时，企业在正规经济部门经营获得的经营优势，考虑到y_i的分布，正规经济部门的规模用在正规经济部门经营的企业的比例表示①，即有：

$$N = \int_{B/\delta g^{\beta}}^{1} dy_i = 1 - B/\delta g^{\beta} \tag{2.6}$$

从式（2.6）中可以看出，正规经济部门企业规模与腐败成反比，与政府公共产品供给的质量与效率成正比。地方政府的目标是使其用于提供公共产品

---

① 由于已经将整个经济体系规模标准化为1，因此，隐性经济规模即为1－N。

和服务后的财政盈余最大化，令 $Z=\frac{B}{\delta g^{\beta}}$，即有：

$$R_{max}(g_i,B) = \gamma t\int_{\frac{B}{\delta g^{\beta}}}^{1} y_i g^{\beta} dy_i + BN - g = \frac{1}{2}\gamma t g^{\beta}(1-Z^2) + B(1-Z) - g \tag{2.7}$$

其中，R_{max}表示扣除地方政府用于提供公共产品支出后的收入盈余，等式右边的第一部分表示地方政府获得的税收总额，第二部分为由地方政府官员“寻租”获得的收入，g 则表示地方政府用于提供公共产品和服务的财政支出。在本书设定的模型中，中央政府虽然处于被动性地位，但是通过控制税收返还比（即 γ），来影响地方政府的预算约束，进而对地方政府官员的行为施加影响，而税收返还比率直接决定了地方政府财政收入占据总体财政收入的比例，也反映了地方政府与中央政府之间的财政分权财政度。已有的相关理论模型主要探讨了分权对于地方政府官员腐败的影响，本书则将隐性经济加入理论模型进行探讨。

（二）模型分析与结论

前面构建了一个包含中央政府、地方政府与企业的基准模型，式（2.7）中同时包含财政分权程度（即为地方政府税收分成比例 γ）、公共产品供给、正规经济规模以及腐败等要素，通过对式（2.7）求解，即可获得公共产品供给水平（g）、正规经济规模（N）以及腐败水平（B）关于分权程度（γ）的表达式。

首先，分别对式（2.7）中的 g 和 B 求一阶导数，并令其等于 0，得到：

$$\frac{\partial R}{\partial B} = \frac{\gamma t B + 2\delta B - g^{\beta}\delta^2}{g^{\beta}\delta^2} = 0 \tag{2.8}$$

$$\frac{\partial R}{\partial g} = \frac{B^2 g^{-\beta}(\gamma t + 2\delta) + \delta^2(\gamma t\beta g^{\beta} - 2g)}{2g\delta^2} = 0 \tag{2.9}$$

对式（2.8）和式（2.9）进行转换，即可得到关于公共产品供给水平 g 和官员“寻租”水平 B 的表达式，即：

$$g^* = \left[\frac{\beta(\gamma t + \delta)^2}{2(\gamma t + 2\delta)}\right]^{\frac{1}{1-\beta}} \tag{2.10}$$

$$B^* = \frac{\delta^2}{(\gamma t + 2\delta)} g^{\beta} = \left[\frac{\beta(\gamma t + \delta)^2}{2}\right]^{\frac{\beta}{1-\beta}}\left[\frac{1}{\gamma t + 2\delta}\right]^{\frac{1}{1-\beta}} \tag{2.11}$$

利用等式 $N=\int_{B/\delta g^{\beta}}^{1}dy_i=1-B/\delta g^{\beta}$ 求取 N^* 的表达式，然后分别用 B^*、g^* 和 N^* 对分权系数 γ 求导数，则有：

（1）$\frac{\partial g^*}{\partial\gamma}>0$；（2）$\frac{\partial N^*}{\partial\gamma}>0$；（3）当 $\beta<\frac{\gamma t+\delta}{2(\gamma t+2\delta)}$ 时，$\frac{\partial B^*}{\partial\gamma}<0$，否则 $\frac{\partial B^*}{\partial\gamma}>0$。

由求导结果可知，政府公共产品供给水平与财政分权程度呈正相关，正规经济规模与财政分权程度也呈正相关，但腐败水平与分权程度的关系并不确定，因此，由该模型分析结果可知，财政分权程度与隐性经济之间呈负相关，扩大财政分权程度可以有效降低隐性经济规模。

第三章

我国隐性经济规模测算

准确测算隐性经济的规模是对其进行研究与治理的前提，但由于隐性经济的隐蔽性与不可观测性，很难对其进行直接统计。自隐性经济问题获得关注以来，政府机构以及专家学者对隐性经济测算进行了积极探索，并且试图利用多种方法来对世界各国隐性经济规模进行估计。本章将在对隐性经济的成因与影响进行分析的基础上，对已有的隐性经济测算方法进行介绍和比较，选择可行的测算方法对我国及各地区隐性经济规模进行估计，为下一步研究提供数据支撑。

第一节 隐性经济测算方法

根据测算原理和实现形式，可以将目前已有的隐性经济测算方法划分为直接法、间接法与模型法三种类型。施耐德和恩施特（Schneider & Enste，2002）、埃尔金和奥祖纳利（Elgin & Öztunali，2012）对这些方法进行了全面介绍，直接法主要是通过对企业和居民进行问卷或电话调查、开展税务审计，进而测算隐性收入的规模；间接法主要有收支差异法、实际劳动力差异法、货币交易法、货币需求法以及实物投入法等；模型法则主要有结构方程模型法（又称MIMIC 方法）以及近年来逐步兴起的 DGE 和 DSGE 方法。

一、直接法

直接法是指通过对企业和劳动者进行调查，直接获取企业和劳动者逃避管制、隐瞒收入以及偷税漏税的相关数据，从而对地区隐性经济规模进行估计。微观调查法和税务审计法是直接度量隐性经济规模的两种主要方法。

（一）微观调查法

微观调查法是指通过利用发放问卷、电子邮件、电话访谈、网络平台以及当面访谈等方式，对企业和居民从事隐性经济活动、获取隐性收入以及缴纳税款的情况进行直接调查。微观调查法的关键在于根据隐性经济的定义和特点合理地设置调查问卷，在实际调查过程中，一般通过对受访者的税收遵从意愿、对隐性经济的态度、在过去 12 个月中是否有雇佣或者提供非正规就业、是否使用现金支付进行结算以及是否向税务机关主动申报个人所得等问题进行调查，进而对受访人群中的隐性劳动和隐性收入规模进行估计。由于大部分隐性经济活动都存在于小微企业或者家庭作坊式企业中，而且大多聚集于劳动密集型产业，家庭既是隐性劳动的提供者，也是隐性劳动的雇佣者，因而，调查对象的选择一般以家庭为主（Williams，2015）。

微观调查法目前已成为世界很多国家测算隐性经济规模的重要方法。在国外相关研究中，威廉姆斯（Williams，2006）通过对小微企业在经营过程中受到现金交易行为的影响程度对英国 2004 年的隐性经济规模进行估计，结果显示，14% 的受访者表示隐性经济对其经营带来了负面影响，且隐性经济规模约占整个行业的 8%。威廉姆斯和霍罗德尼奇（Williams & Horodnic，2015）通过在调查问卷中设置“您在过去 12 个月中是否从事过未向税务机关申报收入的经济活动?”，对拉脱维亚、立陶宛和爱沙尼亚三个国家的隐性劳动和隐性经济规模进行了直接调查，结果显示，这三个国家中从事过隐性经济活动的人数分别占被调查人数的 34%、45% 和 21%，且从隐性经济活动中获得的人均隐性收入分别为 478、696 和 885 欧元。普宁斯和索卡（Putniņš & Sauka，2015）将企业经理人作为调研对象，通过调查企业受到外部隐性经济活动的影响、企业和经理人的年收入及缴税情况、企业经理人对待偷税漏税的态度等问题估计了 2009 ~ 2012 年爱沙尼亚、拉脱维亚和立陶宛的隐性经济规模，结果显示，三国的隐性经济规模分别为 30.2%、18.9% 和 17.1%。国内相关调研还较少，主要集中在农村非正规金融方面。在早期研究中，罗守运等（1992）对安陆市地下经济中的现金使用情况进行调查，结果发现，地下经济中的现金使用规模占安陆市现金使用整体规模的 16.7%。此后，田光宁和李建军（2005）通过对农村正规金融机构数量以及农民存贷款主要途径进行调查，并在此基础上编制了我国各省区市 2004 年农村非正规金融指数。杜金向和董乃全（2013）采用类似方法对全国范围内的农村非正规金融进行调查，结果显示，2009 年农户借款的 77.78% 来源于非正规金融。殷小丽（2017）对江苏泰州农村非正规金融的调查结果显示，泰州市农村非正规金融占据农村借贷融资总规模的 68% 以上。

微观调查法通过对家庭和企业进行直接调查，可以掌握隐性劳动和隐性收入的第一手资料，为隐性经济规模估计奠定微观基础，同时，相较于其他方法，该方法还可以根据研究需要对部分在宏观经济中难以量化的指标进行调研，例如，居民的税收遵从意愿，从而为研究隐性经济的形成机理以及影响提供数据支撑。但该方法对于问卷设计、调查范围以及调查技术的要求较高，而且受访对象能否诚实回答相关调研问题也成为影响估计结果可靠度的关键因素。此外，微观调查法往往很难对高收入群体进行调研，而高收入群体中的隐性收入空间更大，因而，该方法往往会低估隐性经济的实际规模。

（二）税务审计法

税务审计法是指税务机关通过对企业或个人的收入和纳税情况进行审计，对企业和个人的应缴税款和实际缴纳税款之间的差额进行对比，从而对隐性经济规模进行估计。税务审计是世界各国政府调查隐性经济和税收流失规模的重要方法，不仅可以对企业和居民的纳税情况进行实时掌控，还能对隐性经济和偷税漏税产生威慑作用，有效增强企业和居民的税收遵从程度。美国联邦税务局（Internal Revenue Service）每年会对大约 1% 的纳税主体进行税务审查，同时，依靠强大的电子信息系统与完善的金融申报制度，美国税务稽查系统还得以对广大纳税主体的纳税情况进行自动核查和比对（何惠敏，2014）。根据美国联邦税务局公布的数据显示，2012 年美国通过电子核查系统发现 453.15 万宗未能如实进行纳税申报的案件，查处隐性收入超过 71 亿美元。近年来，我国税务稽查制度也不断完善，定期开展的专项税务稽查和重点税源稽查工作对于查处隐性收入、打击偷税漏税发挥了重要作用，而且随着“金税三期工程”上线，互联网和大数据在我国税务稽查中将发挥重要作用。据我国国家税务总局数据显示，2016 年全国共查补收入 248.82 亿元，其中，仅山西通过税务稽查查补的税收收入就达到 8.7279 亿元①。除税务审计外，我国定期开展的全国

① 国家税务总局. 国家税务总局 2016 年法治政府建设情况报告 [EB/OL]. http://www.chinatax.gov.cn/n810214/n2897183/c2927180/content.html.

经济普查工作也为我国隐性经济规模估计提供了数据基础。一般认为，全国性的经济普查数据更加精准，而全国经济普查数据与官方统计部门公布的经济数据之间的差额即可视为隐性经济的规模。21 世纪以来，我国前后组织了三次全国经济普查工作，分别对 2004 年、2008 年和 2013 年全国及各地区的经济规模进行调查，结果显示，这三年的隐性经济规模分别为 16.8%、4.4% 和 3.4%①。

相较于其他方法，税务审计不仅可以直接得出隐性经济的具体金额，并且通过税务审计的结果可以估计不同产业、企业以及收入群体中的隐性经济规模。此外，伴随互联网和大数据技术在税务稽查中的应用，税务审查的范围和准确度将大大提升，可以为隐性经济规模测度提供有效的数据支撑。但税务审计法也存在一些明显的缺陷，一是税务审查对象的选择并非严格满足随机抽样的相关原则，因而不能全面反映纳税主体的逃税行为；二是税务审查对象只能是在税务机关登记且有银行交易记录的企业与个人，不能对未登记企业以及采用现金交易的隐性经济进行审查和统计；三是大型企业以及高收入群体往往有更多的方法来应对税务审查，税务审查的结果往往会低估隐性收入规模；四是税务审查往往不是在同一地区连续进行的，因而难以反映地区在连续时间内隐性经济规模的变化情况，不利于对地区隐性经济规模进行连续监测（Schendier & Enste，2000）。

二、间接法

间接法主要依据隐性经济活动在生产和交易过程中的某项突出特征作为分析隐性经济的主要指标，并利用宏观数据构建计量模型来对地区隐性经济规模进行估计，在实际测算中，应用较为广泛的间接法主要有：货币法、收支差异法和实物法。

（一）货币法

隐性经济逃避政府合法管制和征税，本质上是违法行为，为逃避政府监管，隐性经济活动往往会使用现金进行交易，从而避免在银行系统留下痕迹，

① 资料来源：相应年份的《全国经济普查主要数据统计公报》。

降低被政府部门查处的风险（Mohamad et al.，2016）。根据隐性经济以现金交易为主的这一特点，逐渐形成了现金比率法、货币需求法和货币交易法三种主要测算方法。

1. 现金比率法。

现金比率法的核心思想是：在控制利率和价格变化等因素后，居民现金持有量（M0）占广义货币持有量（M2）的比率由居民正规收入水平和隐性收入水平共同决定。其中，现金比率与居民正规收入水平之间存在一种稳定的线性关系，且正规收入水平越高，现金比率越低，但隐性收入主要以现金形式持有，因此，隐性收入水平上升会导致现金比率的扩大。卡甘（Cagan，1958）在其开创性研究中对美国1919～1955年的现金比率（M0/M2）与宏观税率之间的关系进行了研究，并发现更高的税负水平显著提高了美国的现金比率水平。税收负担是隐性经济形成的主要原因，因而，这一研究也被视为利用货币法测算隐性经济规模的开创性研究。古特曼（Guttman，1977）在此基础上进一步研究了现金比率变化与地下经济（Subterranean Economy）的关系，他指出，大量未申报的地下经济和收入是导致美国金融体系中现金规模不断变大的主要原因，通过对美国现金比率（M0/M1）变化情况进行分析发现，美国1976年地下经济规模约占当年GNP的9.4%。此后，坦兹（Tanzi，1983）进一步完善了这一方法，将税收负担视为地下经济的主要决定因素，同时考虑居民收入水平、居民收入占国民总收入的比重以及利率等因素，构建现金比率模型，并系统地阐述了利用现金比率模型测算地下经济规模的方法和程序。式（3.1）即为坦兹（Tanzi，1983）所构建的现金比率模型：

$$\mathrm{Ln}\left(\frac{C}{M2}\right)=\alpha_0+\alpha_1\mathrm{Ln}(1+T)+\alpha_1\mathrm{Ln}(WS/NI)+\alpha_3\mathrm{Ln}(R)+\alpha_4\mathrm{Ln}(Y)+\varepsilon \tag{3.1}$$

其中，C为经济体系中的现金存量，一般用M0表示，M2为广义货币，T为税收负担，WS/NI为居民工资收入占国民收入的比率，R为利率，Y为人均收入水平，α_0为常数项，α_1，…，α_4为回归系数，且α_0、$\alpha_2>0$，α_3、$\alpha_4<0$。该模型假设逃税是隐性经济的主要动机，隐性经济规模主要由税收负担决定且与税收负担存在稳定的线性关系，因此，可以直接用税收负担（T）来刻画隐性经济部门对现金比率的影响。当税收负担为0时，经济体系中将不存在隐性经济，此时的现金比率完全由正规经济部门决定。由于M2是确定的，且不包

含隐性经济的货币需求，因此，利用模型（3.1）求出 T=0 时的现金比率值并乘以 M2，即可获得正规经济部门中的现金存量。最后，用现金总存量与正规经济部门中现金存量的差额乘以现金流转速度（假设正规经济部门与隐性经济部门中的货币流转速度相同），即可测算出隐性经济的具体规模。该模型和方法成为此后相关研究的基准模型，但该方法仍然存在一定的缺点，例如，在模型中仅考虑了隐性经济的一个原因、假设税率为 0 时隐性经济也为 0、假设正规经济与隐性经济货币流转速度相同等（Schneider & Enste，2000）。基于此，此后的相关研究对这一方法进行了进一步的改进，阿胡玛达等（Ahumada et al.，2007）指出，只有当正规经济部门的收入现金弹性系数为 1 时，正规经济部门与隐性经济部门的货币流转速度才相等，否则就应该用公式 $SE=(Y_s/Y_0)^{1/\beta}$ 来对结果进行校准，其中 SE 为隐性经济的实际规模，Y_s 为假设正规经济部门与隐性经济部门的货币流转速度相同时测算的隐性经济规模，Y_f 为正规经济规模，β 为正规经济部门中的收入货币需求弹性。阿尔姆和恩巴耶（Alm & Embaye，2013）、阿迪齐等（Addizzi et al.，2014）和哈桑和施耐德（Hassan & Schneider，2016）等在模型中加入了政府管制、失业、自我就业率、法治水平等因素作为隐性经济的决定因素来共同刻画隐性经济对现金比率的影响。施耐德（Schneider，2014）进一步指出，将隐性经济的决定因素设为 0 来获取正规经济部门的现金需求不符合现实情况，应该将原因变量取值为历史最大值或最小值（与隐性经济之间存在负相关的变量取最大值，与隐性经济之间存在正相关的变量取最小值）来获取正规经济部门的现金需求，同时，经过进一步研究发现，隐性经济部门的现金流转速度与正规经济部门的 M1 流转速度大致相等，因此，应该利用正规经济部门中的 M1 流转速度来计算隐性经济规模。

现金比率法目前已经在地区隐性经济规模测算过程中获得了广泛的应用，但现金比率法的前提假设是：经济体系中的现金比率是固定不变的，而且隐性经济活动都是通过现金交易进行结算，利用银行转账等其他方式进行交易和储蓄都将被政府相关部门发现，而现实并非如此，施耐德和布恩（Schneider & Buehn，2017）指出，仅 80% 的隐性经济是由现金交易完成的，而且在银行和税收稽查体系不完善的地区，这一比例更低，因此，现金比率法的准确性一直遭到质疑（Schneider & Enste，2000）。

2. 货币需求法。

货币需求法源于现金比率法，其核心思想是：经济体系中的货币需求由正规经济和隐性经济共同决定，而且正规经济与隐性经济的货币需求弹性都是固定的，因此，通过将正规经济与隐性经济同时纳入货币需求模型，便可以测算出正规经济与隐性经济部门各自的货币需求规模，假设两部门的货币流转速度相同，则可以利用正规经济部门的货币流转速度与隐性经济部门的货币存量计算出隐性经济规模。加西亚（Garcia，1978）在现金比率法的基础上分别构建了美国M0和M1需求模型，但该模型和式（3.1）很相似，仍然只将税收负担作为隐性经济的唯一驱动力。在此后的研究中，学者们对该方法进行了进一步的改进和完善，赫瓦茨等（Herwartz et al.，2015）在弗里德曼货币需求模型的基础上，构建了包含正规经济部门和隐性经济两部门的货币需求模型，具体如下：

$$Ln(M) = \alpha_0 + \alpha_1 Ln(Y) + \alpha_2 R + \alpha_3 \pi + \alpha_4 x_1 + \alpha_5 x_2 + \cdots + \alpha_n x_n + \varepsilon \qquad (3.2)$$

其中，M表示狭义货币需求，Y为实际人均收入，R为利率，π为通货膨胀水平，x_1，x_2，…，x_n为一系列影响隐性经济的原因变量，用于刻画隐性经济部门的货币需求。货币需求法测算隐性经济规模的程序与现金比率法也非常相似，首先，构建包含隐性经济部门和正规经济部门的货币需求模型；其次，通过将隐性经济各项原因变量设为历史最大值或最小值来获取当隐性经济规模为0时正规经济部门中的历年货币需求，而正规经济部门货币需求与货币总需求之间的差额即为隐性经济部门的货币需求；最后，用正规经济部门货币流转速度乘以隐性经济部门的货币需求即可测算出隐性经济的规模。哈桑和施耐德（Hassan & Schneider，2016）用税收负担、政府管制以及自我雇佣率刻画隐性经济的货币需求，构建了一个包含正规经济与隐性经济的货币需求模型，并发现埃及隐性经济规模从1976年的50%下降到2013年的32%。然而，由于正规经济部门和隐性经济部门中的货币流转速度是否相同这一问题一直存在争议，为避免这一问题，莫伦和萨尔达（Mauleon & Sarda，2000）对货币需求法进行了进一步改进，并对西班牙的隐性经济规模进行了测算。改进后的货币需求法如下：

$$Ln(M) = \alpha_0 + \alpha_1 Ln(Y_0) + \alpha_2 Ln(P) + \alpha_3 R + \alpha_4 TAX + \varepsilon \qquad (3.3)$$

$$M = \alpha_0 \cdot (Y_0)^{\alpha_1} \cdot (P)^{\alpha_2} \exp(\alpha_3 R + \alpha_4 TAX + \varepsilon) \qquad (3.4)$$

$$M=\alpha_0\cdot(Y_0+Y_s)^{\alpha_1}\cdot(P)^{\alpha_2}\exp(\alpha_3R+\alpha_4TAX+\varepsilon) \tag{3.5}$$

$$\frac{Y_s}{Y_o}=\exp[(\alpha_4TTAX)/\alpha_1]-1\approx(\alpha_4TTAX)/\alpha_1 \tag{3.6}$$

首先，构建如式（3.3）所示的货币需求模型，M 为货币需求总额，一般用货币供给量表示，Y_0为正规经济规模，P 为通货膨胀率，R 为利率；其次，假设税收负担为隐性经济的主要动因，即可用税收负担（TAX）来刻画隐性经济的货币需求，即$Y_s=\beta_0+\alpha_4Ln(TAX)+\mu$，因此，在式（3.5）中，直接用$Y_s$表示隐性经济规模，并假设正规经济与隐性经济的货币需求弹性相同，则货币需求模型即可转换为式（3.5）；最后，用式（3.4）除以式（3.5），用隐性经济规模占正规经济的比重表示隐性经济的相对规模，即可得到如式（3.6）所示的等式。孙群力和杨灿明（2010b）将税收负担视为隐性经济的主要决定因素，利用该方法测算了我国 1978～2008 年的隐性经济规模，并发现我国隐性经济规模从 1978 年的 16.8% 上升到 2008 年的 20.08%。然而该方法依然存在很大的弊端，一是该模型仍然建立在正规经济与隐性经济的货币需求弹性相等的假设之上，而这就等同于假设隐性经济部门与正规经济部门的货币流转速度相等；二是在由式（3.4）转到式（3.5）的过程中，遗漏了反映隐性经济与税收负担关系的模型中的常数项与误差项，从而带来测量误差；三是该模型在计算过程中将税收负担视为隐性经济的唯一原因，而且当加入政府管制、失业率和自我雇佣率等其他原因变量时，测算结果会明显变大，出现与现状不符的结果。因此，莫伦和萨尔达（Mauleon & Sarda，2000）的这一测算方法仍然存在较多缺陷，还有待于进一步改进。

3. 货币交易法。

货币交易法也是由现金比率法发展而来的，由美国经济学家费格（Feige，1979）在对现金比率法进行批判的基础上提出。货币交易法的基本思想是：经济体系中的交易总量等于现金交易总额与存款交易总额之和，交易总额中包含所有中间商品和服务、最终商品与服务、所有金融交易以及隐性经济部门的交易活动。市场交易最终都由居民承担和消费，假设居民的消费决策都依据收入水平做出，收入与消费之间存在一个确定的比例，且在收入水平中也包含正规收入水平和隐性收入水平，在正规收入水平、市场交易总额以及消费收入系数确定的情况下，即可测算出隐性收入的规模。货币交易法的计算过程如下：

$$PT=CV_0+DV_1 \tag{3.7}$$

$$Y = Y_0 + Y_s \tag{3.8}$$

$$K = \frac{PT}{Y} = (CV_0 + DV_1)/(Y_0 + Y_s) \tag{3.9}$$

$$Y_s = \frac{CV_0 + DV_1}{K} - Y_0 \tag{3.10}$$

式（3.7）为市场交易总额及其构成，P为价格，T为交易总量，CV_0和DV_1分别为现金交易额和活期存款交易额，其中，C和D分别为现金货币存量和活期储蓄存款，V_0和V_1分别为现金流转次数和后期储蓄存款流转次数。式（3.8）中，Y为居民总收入，Y_0为正规收入，Y_s为隐性部门收入。式（3.9）中，K为居民的消费收入弹性系数，选定某一年作为基准年份，即假设该年不存在隐性经济，所有收入都是可观测收入，则可计算出K的具体值，利用式（3.10）即可计算出历年隐性收入规模。在实际应用过程中，Y既可以用GDP表示，也可以用居民收入表示。费格（Feige，1979）利用货币交易法对美国隐性经济进行测算发现，美国1976年的隐性经济规模已经达到600亿美元。费蒂等（Fethi et al.，2006）利用现金比率法和货币交易法对塞浦路斯和欧盟其他国家的隐性经济规模进行了测算，结果显示，两种方法的测算结果差距不大，1996～1997年，塞浦路斯的隐性经济规模为5.67%，而同期欧洲其他国家的隐性经济平均规模为18.76%。赵黎（2006）也利用多种方法测算了中国隐性经济规模，其中货币交易法的测算结果显示，中国隐性经济规模从1991年的18.11%上升到2004年的28.03%。

相较于其他两种货币估计法，货币交易法的计算过程更为简单，不需要分析隐性经济的影响因素以及构建相应的计量模型，可以避免因遗漏变量以及计量估计带来的偏误。但货币交易法的基础是居民的消费收入弹性固定不变，且需要选取一个隐性经济规模为0的基准年份作为参照，这两个假设在实际经济体系中很难得到满足。

（二）收支差异法

收支差异法的基本原理是：居民和企业一般会隐藏自身的部分经济活动与收入，以逃避政府部门的监管与征税，但一般不会隐藏自身的支出，因而，收入与支出之间的差额即可视为企业和居民隐藏的经济活动与收入规模。根据研究对象的不同，可以将收支差异法分为宏观收支差异法和微观收支差异法。

1. 宏观收支差异法。

宏观收支差异法是指通过对国家宏观经济账户进行比较，进而对隐性经济规模进行测算的方法。在国家经济账户中，收入法和支出法计算所得的GNP规模应该是相等的，但由于国家统计部门无法对隐性经济部门的收入进行统计，因而收入法与支出法计算的GNP会存在一定的差异，如果由两个独立部门分别利用收入法和支出法对GNP规模进行测算，则收入法与支出法计算结果之间的差额即可被视为隐性经济的规模（Frey & Weck，1983）。即隐性经济计算公式如式（3.11）所示：

$$隐性经济 = 支出法\ GDP - 收入法\ GDP \tag{3.11}$$

斯科尔卡（Skolka，1985）通过对奥地利的国民经济账户进行比较研究，发现奥地利1985年支出法计算所得的GDP规模比收入法计算所得的GNP高出270亿元，据此推算出奥地利隐性经济规模约占当年GDP总额的4%。王永兴（2010）也利用该方法对我国隐性经济规模进行了估计，结果显示，我国收入法和支出法测算的GDP差异很小，除了1996年的差值占支出法统计的GDP比值达到5.73%外，其他年份都在2%以下。但李建军（2008）通过调整宏观经济统计口径，利用储蓄、投资和国际收支均衡模型进行分析发现，我国为观测经济规模占GDP比重在10%～20%。宏观收支差异法要求统计部门能够对各部门收入和支出进行准确统计，否则就会出现估计偏差。但是，正如施耐德和恩斯特（Schneider & Enste，2000）指出，在实际统计过程中，一方面，统计部门很难对各部门的收入与支出进行完全准确的统计；另一方面，为减少社会质疑，统计部门总是试图修改相关数据以缩小收入法与支出法的计算差异。因而，利用宏观收支差异法对隐性经济进行测算的结果往往比较低，难以准确反映出隐性经济规模。

2. 微观收支差异法。

由于宏观收支差异法存在一定的局限性，因而微观收支差异法在隐性经济规模测算中应用得更加广泛。根据数据来源不同，微观收支差异法也有不同的计算方法。一种是根据统计资料中居民各项收入之和与居民各项支出之间的差异来测算隐性经济规模。借鉴李永海和孙群力（2016a，2016b）的研究，微观收支差异法的基本原理和计算过程如下：

$$Y = Y_0 + Y_s \tag{3.12}$$

$$E = E_c + E_i = E_c + (E_f + E_g) \tag{3.13}$$

$$E_f = E_1 + E_2 + E_3 \tag{3.14}$$

$$Y_S = (E_c + E_1 + E_2 + E_3 + E_g) - Y_0 \tag{3.15}$$

如式（3.12）所示，居民总收入（Y）由可观测的正规经济部门收入（Y_0）和不可观测的隐性经济部门收入（Y_s）组成。式（3.13）表示的居民总支出（E）由居民消费支出（E_c）和居民投资支出（E_i）构成，居民投资支出又可以细分为居民金融投资支出（E_f）和居民实物投资支出（E_g）。进一步地，如式（3.14）所示，居民的金融投资支出分别由手持现金（E_1）、储蓄增加额（E_2）以及股票债券增加额（E_3）组成。从理论上讲，居民的收入总和应该与支出总额完全相等，但由于居民从隐性经济部门获得的收入是不可观测的，因而，居民的可观测收入与居民各项支出总和之间会存在一定的差异，而这一部分差异即可归结为隐性收入，因而，隐性收入的计算公式如式（3.15）所示。李永海和孙群力（2016a，2016b）利用微观收支差异法对我国隐性经济规模进行测算的结果显示，1998～2014 年，我国隐性经济总体规模在 13.74%～24.56%。

另一种方法则是基于居民消费支出与收入之间的关系，利用微观调查数据对隐性经济规模进行测算的方法。白重恩等（2015a）对这一方法进行了系统的介绍，居民消费支出中的恩格尔系数与居民总收入之间存在一种稳定的关系，利用对居民食物消费支出占消费总支出的比例来估计居民总收入，而居民总收入与居民统计收入之间的差值即为隐性收入规模。白重恩等（2015b）结合微观收支差异法构建了估计居民隐性收入的半对数二次模型对我国 2002～2009 年的隐性收入进行了测算，并发现我国在这一时期的隐性收入总体规模在 19%～25%。

（三）实物法

无论是正规经济部门还是隐性经济部门，在生产和经营过程中都需要投入一定的物资，如劳动力和能源，因而可以根据正规部门所消耗的实物与消费总额之间的差值来估计隐性经济部门的规模。

1. 劳动力差异法。

隐性经济大多集中在劳动密集型产业，劳动力是隐性经济中最重要的资源投入，因而，可以通过劳动力变化情况来分析隐性经济规模的变化。达维德斯库（Davidescu，2014）对劳动力差异法进行了详细的介绍，并利用该方法测算了罗马尼亚2000～2009年的隐性经济规模。该方法的基本原理和步骤如下：首先，根据政府统计部门关于劳动力与就业人数的相关数据计算出历年劳动参与率，如式（3.16）所示，劳动参与率（R）等于正规部门就业总人数（L_e）与失业总人数（L_u）之和与劳动总人口（L_t）的比值；其次，如式（3.17）所示，地区劳动总人口等于正规部门就业总人口、失业总人口、隐性经济部门就业人数（L_s）以及其他由于主客观条件不愿意或不能就业的总人口（L_o）构成；再次，假定在一般情况下，L_o占劳动总人口的比值是确定的，则劳动参与率的变化主要是由隐性经济部门就业人数的变化而引起的；最后，利用官方统计的劳动力与就业数据计算出历年劳动参与率，且选择将劳动参与率最高的年份作为基准年份，即假设该年份的隐性经济部门就业人数为0，则历年隐性经济部门的就业人数可由式（3.18）计算所得，其中，L_s为隐性经济部门就业人数，R_s为隐性经济部门就业人数与劳动总人口的比值，R_0为基准年份的劳动参与率。

$$R = (L_e + L_u)/L_t \tag{3.16}$$

$$L_t = L_e + L_u + L_s + L_o \tag{3.17}$$

$$L_s = R_s \times L_t = (R_0 - R) \times L_t \tag{3.18}$$

劳动力差异法成立需要满足两个基本假定，即：基准年份隐性经济规模为0且L_o与L_t比值不变，然而，现实经济体系中，隐性经济规模为0的年份是不存在的，且L_o与L_t比值也很难保持不变，因而，利用劳动差异法对隐性经济进行测算的结果会存在一定误差。虽然，该方法不能精确测算隐性经济规模，但仍然有助于我们判断隐性经济的变化趋势，因而也获得了一定的应用，例如，纳斯塔夫和博伊内克（Nastav & Bojnec，2007）利用劳动差异法测算了波斯尼亚、黑山共和国、克罗地亚和斯洛文尼亚的隐性经济规模，结果显示，1994年以来，这些地区的隐性经济规模都呈现出下降的趋势，但这些地区的隐性经济规模仍然在20%～30%。

2. 电力消耗法。

考夫曼和卡利伯达（Kaufmann & Kaliberda，1996）在研究中指出，所有现代生产活动都需要消耗一定的能源，能源消耗总量由正规经济部门与隐性经济部门的能源消耗量构成，假定正规经济部门产出与能源消耗之间存在一个固定的产出弹性系数，则可以根据该系数与正规经济部门产出的乘积来计算出正规经济部门的能源消耗，而能源消耗总量与正规经济部门的能源消耗之差就是隐性经济部门的能源消耗量，更进一步地，他们指出，电力消耗量是反映隐性经济变化的最优变量。纳克柯（Lackó，2010）进一步发展了该方法，并提出了利用电力消耗来度量隐性经济规模的具体模型与计算方法。

$$Ln(E) = \alpha_0 + \alpha_1 Ln(C) + \alpha_2 Ln(PR) + \alpha_3 G + \alpha_4 Q + \alpha_5 H + \varepsilon \tag{3.19}$$

$$H = \alpha_0 + \beta_1 T + \beta_2 (S - T) + \beta_3 D + \mu \tag{3.20}$$

式（3.19）表明，能源消耗总量由居民生活消费、正规经济中相关因素以及隐性经济规模共同决定，其中 E 表示电力消耗总量，C 表示除去电力消费支出之外的家庭人均消费，PR 表示 1 千瓦时电力价格，G 表示该地区每年需要取暖的月份数，Q 表示电力消耗占能源消耗总量的比率，H 则表示地区隐性经济规模，且有 α_1、α_2、α_3、$\alpha_5 > 0$、$\alpha_4 < 0$。式（3.20）则表示隐性经济规模由税收负担、政府公共服务质量以及自我就业率等因素决定，其中，T 为个人所得税、企业所得税、各种商品及服务税收总和占 GDP 的比重，S 为政府社保支出占 GDP 的比重，D 为每 100 个劳动人口中未在正规经济部门就业的人数，且有 β_1、$\beta_3 > 0$，$\beta_2 < 0$。利用电力消耗法测算隐性经济规模的基本步骤是：首先，将式（3.19）中的隐性经济（H）用式（3.20）表示，并对模型（3.19）进行估计；其次，利用模型（3.19）的估计结果计算居民生活以及正规部门电力消耗（E_o），E_o与电力消耗总量 E 之间的差额即为隐性经济部门的电力消耗量（E_s）；最后，利用其他研究方法获取某一年的隐性经济具体规模，计算出隐性经济部门的电力消耗产出弹性，则可利用隐性经济部门中的电力消耗产出弹性与 E_s 的乘积计算出隐性经济规模。古尔扎尔等（Gulzar et al.，2010）利用电力消耗法对巴基斯坦在 1982～2009 年的隐性经济规模进行了测算，结果显示，巴基斯坦隐性经济规模占 GDP 的比重高达 40%～50%。也有人对此方法提出了质疑，例如，哈努塞克和帕尔达（Hanousek & Palda，2010）指出并非所有的隐性经济生产活动都需要使用电力，该方法仅能估计出使用电力进行生产的隐性经济规模；隐性经济部门的电力消耗产出弹性并非固定不变的，随着技术进步和生产效率的提高，该数值也会发生相应的变化；此外，由于技术水平的差异，不同地区的隐性经济部门电力消耗产出弹性也不相同。由于电力消耗法自身存在的缺陷会导致估计结果出现偏误，因而在实际运用中较少。

3. 货物运输法。

货物运输法认为，正规经济部门和隐性经济部门生产的货物都需要借助一定的运输工具进行运输，而政府在各类公路和航道上设立的“关卡”可以对各地的货运量进行统计，通过构建包含正规经济部门产出和隐性经济部门产出的货物运输模型，分析正规经济部门产出规模与货物运输量之间的关系，并且假定正规经济部门每单位产出的货物运输弹性不变，则可以根据货物运输模型计算出正规经济部门的货物运输量，而货物运输总规模与正规经济部门的货物运输量之差即为隐性经济部门的货物运输量。由于同种货物对于运输的需求是无差别的，因此，可以假定正规部门和隐性经济部门的运输的需求弹性相等，便可利用隐性经济部门的货物运输量与正规经济部门的产出运输弹性计算出隐性经济总体规模。

货物运输法目前还不完善，在隐性经济测算的实际应用中还比较少。夏南新（2002）利用该方法对我国 1985 ~ 1997 年的隐性经济规模进行了测算，结果显示，历年隐性经济规模波动非常大，甚至在部分年份出现了负值，这一方面是因为政府统计部门并不能对所有货物运输量进行统计，尤其是对于销售范围较小的隐性经济，政府很难进行准确统计；另一方面，学者在估计过程中使用的计量模型过于简单，未能有效地对运输需求弹性以及正规部门运输量进行估计。

三、模型法

直接法和间接法都存在一定的局限性，为更加准确地测算隐性经济规模，研究者在对隐性经济的成因、特点及影响进行分析的基础上，结合相关经济理论，构建隐性经济测算模型。在实际应用中，模型法主要包括 MIMIC 模型法和 DGE 模型法。

（一）MIMIC 模型法

MIMIC 模型法即为多指标多原因结构方程模型法（Multiple Causes and Multiple Indicators），多用于对不可直接观测和度量的潜变量进行分析。通过将影响潜变量的原因与结果变量同时纳入分析模型，在对其因果关系进行分析的基础上构建潜变量的度量模型，在一定程度上保证了度量结果的可靠性。MIMIC 模型的基本结构如图 3 - 1 所示。

如图 3 - 1 所示，MIMIC 模型由两部分构成，将隐性经济视为不可直接观测和度量的潜变量（用η表示），模型左侧是影响隐性经济的一系列原因变量，称为结构模型；模型右侧是隐性经济可能产生的一系列结果，称为测量模型。因此，我们所建立的 MIMIC 模型如式（3.21）和式（3.22）所示：

测量模型：$\mathbf{y} = \boldsymbol{\gamma\eta} + \mathbf{u}$ （3.21）

结构模型：$\boldsymbol{\eta} = \boldsymbol{\beta}'\mathbf{x} + \boldsymbol{\varepsilon}$ （3.22）

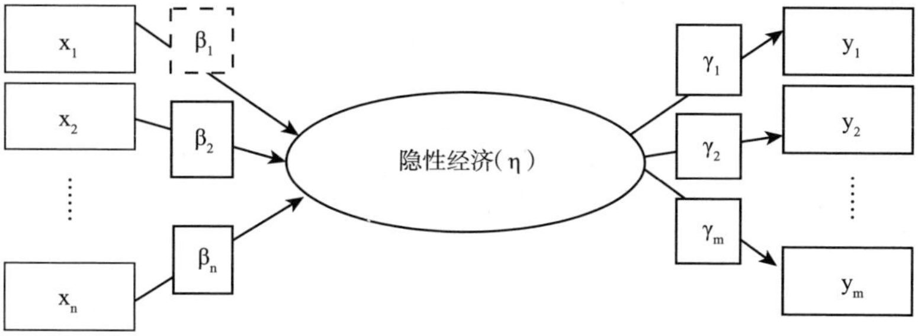

图 3－1　MIMIC 模型结构

在式（3.21）和式（3.22）中，η 为潜变量，表示不可观测的隐性经济。$y = (y_1, y_2, \cdots, y_m)'$表示隐性经济可能带来的结果与影响，被称为隐性经济的指标变量，$\gamma = (\gamma_1, \gamma_2, \cdots, \gamma_m)'$则表示隐性经济对各指标变量的影响系数，$u = (u_1, u_2, \cdots, u_n)'$表示零均值的误差项。$x = (x_1, x_2, \cdots, x_n)'$表示影响隐性经济的一组可观测的原因变量，$\beta = (\beta_1, \beta_2, \cdots, \beta_n)'$表示原因变量每变动一个单位后潜在变量的变化量，ε 表示随机扰动项。

各扰动项是相互独立的，因此各指标受共同因素 $\boldsymbol{\eta}$ 的影响。式（3.21）是观测指标 $\mathbf{y}$ 与共同因素 $\boldsymbol{\eta}$ 及误差 $\mathbf{u}$ 的验证性因子分析模型。而潜在变量 $\boldsymbol{\eta}$ 又是由给定的一组外生变量即原因变量 $\mathbf{x}$ 和随机扰动项 $\boldsymbol{\varepsilon}$ 线性决定的。该模型由两部分组成：在测量模型中具体说明了可观测内生变量是如何受潜在变量影响的，而结构模型说明了潜在变量与其外生原因变量之间的关系。由于潜在变量 $\boldsymbol{\eta}$ 是不可观测的，因此，结构参数 $\boldsymbol{\beta}$ 不能直接估计得到。

将式（3.22）代入式（3.21），MIMIC 模型则可以看成一个多元回归模型的简化形式，即：

$$\mathbf{y} = \prod{}'\mathbf{x} + \mathbf{z} \quad (3.23)$$

在（3.23）式中，$\prod$ 为简化形式的系数矩阵 $\gamma\beta'$，z 为简化形式的扰动向量，即 $z = \gamma\varepsilon + u$。其中扰动项协方差矩阵为：

$$\theta_{\varepsilon} = \mathbf{E}[(\gamma\varepsilon + \mathbf{u})(\gamma\varepsilon + \mathbf{u})'] = \gamma\gamma'\sigma_{\varepsilon}^{2} + \theta_{u} \tag{3.24}$$

其中，θ_{ε} 为扰动项 $\boldsymbol{\varepsilon}$ 协方差矩阵，θ_{u} 为误差项 $\mathbf{u}$ 的协方差矩阵，σ_{ε}^{2} 为扰动项 $\boldsymbol{\varepsilon}$ 的方差。显然，式（3.23）中简化形式的回归矩阵 $\prod$ 的秩与式（3.21）中的相等。扰动项协方差矩阵 θ_{ε} 作为单秩矩阵和对角矩阵的和，也与（3.21）式的秩相等。在估计简化形式的模型之前，还需要将向量 γ 的其中一个元素预先设定为 1（荣泰生，2009）。

结构方程模型 $\boldsymbol{\chi}^2$ 统计量的原假设是：$\mathbf{H}_0$：$\mathbf{S} = \hat{\sum}$。当采用极大似然法估计模型时，其 χ^2 值和 F 值的计算公式为：

$$\begin{aligned} \chi^2 &= (\mathbf{n}-1)\mathbf{F}(\mathbf{S};\hat{\sum}) \\ \mathbf{F}(\mathbf{S};\hat{\sum}) &= \mathbf{tr}(\mathbf{S}\hat{\sum}^{-1}) + \lg|\hat{\sum}| - \lg|\mathbf{S}| - \boldsymbol{\rho} \end{aligned} \tag{3.25}$$

其中，$\boldsymbol{\rho} = \mathbf{p} + \mathbf{q}$ 为可观测变量的个数，$\hat{\sum}$ 为估计样本的协方差矩阵，当假设模型隐含的协方差矩阵 $\hat{\sum}$ 与观察数据的 S 矩阵完全契合时，$\hat{\sum}$ 矩阵的对数值与 S 矩阵的对数值相减等于 0，而 $\mathbf{tr}(\mathbf{S}\hat{\sum}^{-1})$ 则为 $\mathbf{tr}$（$\mathbf{I}$），解开后其值等于 ρ，因此 $tr(S\hat{\sum}^{-1}) - \rho$ 的值也等于 0，从而使 $\mathbf{F}(\mathbf{S};\hat{\sum}) = 0$（吴明隆，2010）。如果模型设定正确，且能被识别，采用极大似然法估计系数矩阵，从而得到参数向量 γ 和 β 的值。设随机扰动项 $\boldsymbol{\varepsilon}$ 的均值为 0，则根据式（3.22）可计算得到潜在变量 $\boldsymbol{\eta}$ 的序数值，从而得到我们所需要的隐性经济指数。

利用 MIMIC 模型法测算隐性经济规模的基本步骤是：首先，结合隐性经济的相关理论与地区实际情况，对隐性经济可能的形成原因与影响效应进行分析，并选择合适的原因变量和指标变量；其次，利用 MIMIC 模型验证隐性经济与原因变量和指标变量之间的因果关系，并结合相关拟合指标，选择拟合程度较高的分析模型；再次，利用隐性经济的结构模型计算出各地区的隐性经济指数；最后，借助其他方法或研究，获取某一年份地区隐性经济的具体规模，并计算出隐性经济指数与隐性经济规模之间的关系，便可对各地区历年隐性经济规模进行计算。MIMIC 模型法是目前在隐性经济测算中应用最广泛的方法，戴尔安诺等（Dell'Anno et al.，2007）、杨灿明和孙群力（2010a）、布恩

（Buehn，2012）、戴尔安诺等（Dell'Anno et al.，2017）等学者利用该方法分别测算了希腊、中国、德国以及坦桑尼亚等国家的隐性经济规模。此外，麦地那和施耐德（Medina & Schneider，2017）利用该方法度量了世界 158 个国家 1991～2015 年的隐性经济规模，为隐性经济跨国研究提供了数据支撑。

（二）DGE 模型法

虽然 MIMIC 模型法为隐性经济度量提供了一种有效途径，但也有批评者指出，MIMIC 模型法过于依赖计量经济学理论，缺乏微观经济学基础。基于此，布萨托和基亚里尼（Busato & Chiarini，2004，2011）提出了一个包含正规经济部门与隐性经济部门的动态一般均衡模型（Dynamic General Equilibrium Model，DGE）来测算各国隐性经济规模。利用 DGE 模型法测算隐性经济规模的基本步骤是：首先，结合地区经济运行基本情况与经济学原理构建包含正规经济部门与隐性经济部门的 DGE 模型，获取在稳态条件下隐性经济的表达式；其次，结合已有研究对相关参数进行校准，同时可利用统计软件对一些不能直接获取的参数进行估计；最后，利用隐性经济表达式以及参数校准结果对隐性经济规模进行测算。埃尔金和奥祖纳利（Elgin & Öztunali，2012）构建了一个简单的 DGE 测算模型，其基本结构如下。

假设在无限生命周期的代表性家庭中，共有 K_0 单位的资本和 H_t 单位的劳动力，代表性家庭可以根据成本和收益在正规经济部门和隐性经济部门中自由地配置资本和劳动力，因而，代表性家庭效用最大化的表达式及约束条件如下：

$$\{C_t, X_t, \overset{\max}{N_{St}}, N_{Ft}\}_{t=0}^{\infty} \sum_{t=0}^{\infty} \beta^t U(C_t) \tag{3.26}$$

$$C_t + X_t = (1 - \tau_t)\theta_{Ft} K_t^{\alpha} N_{Ft}^{1-\alpha} + \theta_{St} N_{St}^{\gamma} \tag{3.27}$$

$$K_{t+1} = X_t + (1 - \delta) K_t \tag{3.28}$$

$$N_{Ft} + N_{St} = H_t \tag{3.29}$$

式（3.26）为代表性家庭的效用最大化表达式，其中，C_t 是消费，X_t 是投资，N_{st} 是投入隐性经济部门的劳动力，N_{Ft} 是投入正规经济部门的劳动力，β^t 是折现因子，U（·）是瞬时效用函数。式（3.27）为家庭效用的资源约束，左边为家庭的消费支出和投资支出，右边为家庭将资本和劳动力分别投入正规经济部门和隐性经济部门时的产出总和，τ_t 为税收负担，$\theta_{Ft} K_t^{\alpha} N_{Ft}^{1-\alpha}$ 和 $\theta_{St} N_{St}^{\gamma}$ 为根据柯布—道格拉斯生产函数构建的正规经济部门和隐性经济部门产出表达式，其中，θ_{Ft}为正规经济部门的全要素生产率，α是正规经济部门的资本产出弹性，θ_{St}为隐性经济部门的全要素生产率，γ是隐性经济部门的劳动产出弹性。① 式（3.28）表示资本的形成与积累路径，即，资本存量规模由上一期资本结余与本期新增投资共同构成，而上一期的资本结余由资本折旧率（δ）决定。式（3.29）为家庭劳动力约束，即家庭会将全部劳动力分配到正规经济部门与隐性经济部门中。

假设家庭效用函数为对数形式，即，$U(C_t)=\log(C_t)$，则可以通过构建欧拉方程求解家庭效用函数的跨期表达式，如式（3.30）所示：

$$\frac{C_{t+1}}{C_t}=\beta\left[(1-\tau_t)\alpha\frac{Y_{Ft+1}}{K_{t+1}}+1-\delta\right] \tag{3.30}$$

令 g_t为家庭消费跨期增长率，即 $1+g_t=\frac{C_{t+1}}{C_t}$，可得到家庭效用最大化时，代表性家庭投入正规市场的资本和劳动力之间的关系表达式，如式（3.31）所示：

$$K_t=N_{Ft}\left[\frac{\alpha(1-\tau_t)\theta_{Ft}}{(1+g_c)/\beta-1+\delta}\right]^{\frac{1}{1-\alpha}} \tag{3.31}$$

通过对家庭效用最大化时的资源约束条件进行一阶求导，则可以得到如式（3.32）所示的表达式：

$$\theta_{St}\gamma N_{St}^{\gamma-1}=(1-\tau_t)\theta_{Ft}(1-\alpha)K_t^{\alpha}N_{Ft}^{1-\alpha} \tag{3.32}$$

将式（3.31）代入式（3.32），即可得到隐性经济部门劳动力投入的表达式：

$$N_{St}=\left\{\frac{\gamma\theta_{St}}{(1-\alpha)(1-\tau)\theta_{Ft}}\left[\frac{(1+g_c)/\beta-1+\delta}{\alpha(1-\tau_t)\theta_{Ft}}\right]^{\frac{1}{1-\alpha}}\right\}^{\frac{1}{1-\gamma}} \tag{3.33}$$

通过对式（3.33）中的各个参数进行校准，即可求出隐性经济的具体规模。近年来，该方法在隐性经济测算中也获得一定的应用，例如，埃尔金和施耐德（Elgin & Schneider，2013）同时利用 DGE 模型与 MIMIC 模型对 38 个 OECD 国家在 1999～2009 年的隐性经济规模进行了估计，并且发现两种方法的估计结果存在很高的相关性。奥尔西等（Orsi et al.，2014）在 DGE 模型中进一步加入随机冲击，构建了度量隐性经济规模的 DSGE 模型，并对意大利的

① 由于隐性经济多集中于劳动密集型产业，因此，在隐性经济部门的产出表达式中没将资本要素单独表示，而是将其归置到影响隐性经济部门生产效率 θ_{St} 中进行统一计算。

隐性经济规模进行了测算。此外，孙群力和陈海林（2019）也利用 DGE 模型法测算了中国的隐性经济规模，并发现，中国隐性经济规模从 1978 年的 36.69% 下降到 2015 年的 13.25%。利用 DGE 模型法测算隐性经济规模不仅需要结合地区经济运行实际情况构建合理的经济模型，同时还对参数估计有较高要求，使用不同方法估计出的参数结果也会不同，进而影响最终测算结果。

四、隐性经济测算方法的比较与选择

前面对当前已被使用过的 12 种主要估计方法进行了介绍，每一种方法都有一定的优势和缺点，也都能在一定程度上反映地区隐性经济规模及其变化趋势，本书将在对各种估计方法进行分析和比较的基础上选择合适的方法对我国及各地区隐性经济规模进行测算，表 3－1 为根据前面分析对各种测算方法的优缺点及其适用性进行的总结。

表 3－1　　隐性经济测算方法比较

序号	方法	优点	缺点	数据可得性	适用情况
1	微观调查法	获取第一手资料，比较有说服力	成本大、耗时长且难以保证数据精准度	不可得	不适用
2	税务审计法	可以获取隐性经济规模的具体数据	只有税务机关可以实施，且审计范围有限	不可得	不适用
3	现金比率法	计算原理和计算方法简单	现金比率固定不变的假设难以满足；只能测算使用现金交易的隐性经济规模	只有国家层面数据	不适用
4	货币需求法	研究假设限制较少、计算方法简单	隐性经济部门的货币需求弹性难以确定	只有国家层面数据	全国隐性经济规模测算
5	货币交易法	计算方法简单、理论基础可靠	交易额与交易次数的数据难以获得；基准年份隐性经济规模为 0 的假设存在争议	不可得	不适用
6	宏观收支差异法	计算方法简单	收入、支出统计核算部门独立性要求难以满足	可得	不适用
7	微观收支差异法	计算方法简单、数据易得	对居民收入和支出数据准确性要求高	可得	全国和地区隐性经济规模测算

续表

序号	方法	优点	缺点	数据可得性	适用情况
8	劳动力差异法	计算方法简单	基准年份隐性经济规模为0的假设难以满足；计算结果误差较大	可得	不适用
9	电力消耗法	视角新颖、原理简单	方法尚不成熟；只能测算需要消耗电力的隐性经济规模	部分可得	不适用
10	货物运输法	计算方法简单	难以获取地区货物运输的准确数据	不可得	不适用
11	MIMIC模型法	可以同时对隐性经济所有可能的原因与结果进行分析	对指标选择要求高；仅能构建隐性经济指数，需要借助其他结果对结果进行校准	可得	地区隐性经济规模测算
12	DGE模型法	具有微观经济学基础；假设性限制条件少	模型构建及参数校准难度较大；目前仅能从税收流失的角度构建度量模型	可得	全国及地区隐性经济规模测算

微观调查法和税务审查法虽然能够获取关于隐性经济的第一手资料，并有助于我们分析隐性经济的形成原因，但是，这两种方法都需要以大量的调研和审查为基础，需要耗费大量的时间和资源，而且也很难保证相关数据的完全可靠，不适用于一般性的学术研究。

间接法虽然只能根据隐性经济的某一项特征来测算其规模，但仍然能够在一定程度上反映出隐性经济的变化情况。货币需求法是间接法中应用最为广泛的方法，虽然该方法仍然存在一定的缺点和争议，但由于出现时间较早，已经经过几十年的发展和完善，并且对不同国家和地区的隐性经济规模进行了测算和验证，而我国只公布国家层面的货币供给数据，因此，我们只能用货币需求法对国家层面的隐性经济规模进行测算。现金比率法和货币交易法则由于假设条件过于严格，在现实经济环境中很难满足，容易出现测算结果误差过大的情况，因而使用较少。微观收支差异法从居民角度入手，具有较强的统计学基础，而且数据也比较容易获取，目前多被应用于测算我国各省（直辖市、自治区）的隐性经济规模，如张曾莲和盖亚洁（2018）、李永海和孙群力（2016c）。实物法则大多存在测算方法发展还不完善、测算数据难以获取以及测算结果与其他方法差异过大等问题，在实际应用中较少使用。

MIMIC 模型法是近年来应用最为广泛的隐性经济测算方法，相比于间接测算方法，MIMIC 测算方法不仅能够对所有隐性经济的原因变量进行分析，还能同时将其结果纳入模型进行验证，因而能够使测算结果更加符合理论假设。此外，MIMIC 模型能够对变量之间多重共线性进行修正和优化，这也在一定程度上减少测量误差。DGE 模型法虽然尚处于起步阶段，但由于该方法将隐性经济纳入宏观经济体系中进行考虑和分析，使测算结果具备了更加坚实的微观基础，因而，也开始受到关注，并且被用于国家和地区隐性经济规模测算。

综上所述，间接法中的货币需求法、收支差异法以及模型法中的 MIMIC 模型法和 DGE 模型法是当前在隐性经济规模测算中应用较为广泛的方法，也都具有一定的理论基础并且已经在多个国家和地区进行了验证。基于各类测算方法的优点、缺点和数据可得性的考虑，本书最终选择利用货币需求法和 DGE 模型法来测算 1978 ~ 2017 年的全国隐性经济规模，并用微观收支差异法、MIMIC 模型法和 DGE 模型法来测算 1995 ~ 2016 年各省（直辖市、自治区）隐性经济规模。

第二节

全国隐性经济规模测算

自改革开放以来，我国的政治、经济和社会背景发生了巨大变化，如社会主义市场经济制度的确立、工业化和城镇化的快速推进以及正规经济的持续快速增长等，与此同时，我国政府管制的力度与方式、财税体制以及劳动力市场也发生了巨大的变化。结合前面对隐性经济成因与影响的分析可知，这些变化也必然会对我国隐性经济规模产生一定的影响，为准确了解我国隐性经济规模的总体发展状况，本节将利用货币需求法和 DGE 模型法对 1978 ~ 2017 年全国隐性经济规模进行测算。

一、货币需求法

虽然货币需求法仍然存在不足之处，但该方法是最早的隐性经济规模测算方法，经历了长期的发展和完善，而且经过世界多个国家和地区的验证，对于了解我国隐性经济规模的长期发展趋势仍然有一定的帮助。

（一）模型构建

构建货币需求模型的原理和步骤是：首先，根据弗里德曼货币需求经典模型构建正规经济部门的货币需求模型 M = f(Y，P，R)，即，正规经济部门的货币需求由正规经济产出规模、价格指数以及利率水平等因素决定；其次，分析隐性经济的主要决定因素，虽然前面对隐性经济诸多可能的影响因素进行了分析，但由于样本量有限，并非越多越好，而是应该抓住隐性经济的主要决定因素；最后，将隐性经济的主要决定因素加入货币需求模型来刻画隐性经济部门的货币需求。已有研究表明，税收负担、政府管制以及劳动力市场变动是影响隐性经济三大主要原因（Elgin & Schneider，2016），本书选择用税收负担、政府消费以及失业率水平来刻画隐性经济的货币需求。此外，在我国改革开放过程中，财政分权改革对于调节地方政府财政压力、激发地方政府积极性以及促进地区经济社会发展发挥了重要作用，中国式财政分权甚至被认为是实现"中国经济奇迹"的关键制度因素（Qian & Roland，1996），因而财政分权既可能对正规经济部门的货币需求产生影响，也可能对隐性经济部门的货币需求产生影响，同时，由于中国式财政分权的突出特点是"财政支出分权和财政收入集权"（潘春阳等，2011），因而本书还将在货币需求模型中加入财政收入分权和财政支出分权作为影响货币需求的重要制度因素。最终，本书借鉴阿尔迪齐等（Ardizzi et al.，2012）、赫瓦茨等（Herwartz et al.，2016）以及哈桑和施耐德（Hassan & Schnedier，2016）等人的研究建立如下估计模型[①]：

$$\mathrm{Ln}(\mathrm{M0PC})_t = \alpha_1 \mathrm{Ln}(\mathrm{GDPPC})_t + \alpha_2 \mathrm{Ln}(\mathrm{TAX})_t + \alpha_3 \mathrm{Ln}(\mathrm{REG})_t + \alpha_4 \mathrm{Ln}(\mathrm{EMPP})_t + \mathrm{Ln}(\mathrm{FED})_t + \alpha_6 \mathrm{Ln}(\mathrm{FRD})_t + \alpha_7 \mathrm{IRD}_t + \alpha_8 \mathrm{ER}_t + \mu_t \tag{3.34}$$

其中，t（t=1，2，…，40）表示年份，M0PC 表示人均实际现金（M0）需求量，此处用 M0 的供应量表示；GDPPC 为人均实际 GDP 产出，表示正规经济部门产出的货币需求；TAX 为税收负担，用全国实际税收总额占实际 GDP 的百分比表示；REG 为政府管制，用以刻画政府对经济社会的总体干预程度，用公共部门就业人员占就业总人数的百分比来表示；EMPP 则表示第一部门就业人数占比，用以刻画劳动力市场变化对隐性经济规模的影响；FED 和

① 由于此处使用时间序列进行估计，必须保证所有变量的平稳性或同阶单整，当使用对数回归模型时，各变量的单整阶数不同，因而，此处没用使用对数线性回归模型。

FRD 分别表示财政收入分权和财政支出分权，分别用历年实际财政支出总额占实际 GDP 的百分比以及历年实际财政收入总额占实际 GDP 的百分比来表示；IRD 和 ER 分别表示一年期定期存款利率和汇率，用以刻画利率水平和国际货币需求变动对货币总需求的影响；Ln(X) 表示对变量 X 取自然对数。本小节所使用的所有数据均来源于国家统计局网站，表 3－2 为各变量的描述性特征统计。

表 3－2　　　　货币需求法各变量描述性统计

变量	定义	样本	均值	标准差	最小值	最大值
M0PC	人均 M0	40	301.96	251.41	22.02	787.23
GDPPC	人均 GDP	40	2898.59	2639.30	385.00	9156.59
TAX	税收负担	40	13.60	3.24	8.02	19.31
REG	政府管制	40	4.86	0.69	4.04	6.24
EMPP	农业从业人数占比	40	50.56	12.94	27.7	70.53
FED	财政支出分权	40	69.10	12.28	45.00	85.48
FRD	财政收入分权	40	57.61	11.50	44.30	84.50
IRD	利率水平	40	4.94	2.93	1.50	11.11
ER	消费者价格指数	40	5.80	2.42	1.5	8.62

（二）实证分析

由于此处使用的是时间序列数据，为避免出现“伪回归”现象，有必要对各变量的平稳性以及协整关系进行分析，如果各变量均为平稳时间序列则可直接进行回归，若各变量为非平稳时间序列，但为同阶单整数据，则可在对其协整关系进行验证之后进行回归分析。本书首先对各变量进行 ADF 检验，结果显示，虽然各变量都不平稳，但经过一阶差分后，都通过了平稳性检测，这说明所有变量都是一阶单整，可以进行协整分析。然后，利用约翰逊（Johansen）协整检验对所有变量进行检验，检验结果显示，存在 6 组协整关系，本书利用 Prais 回归模型进行实证分析。

表 3－3 为货币需求模型的回归结果，模型 M2－3－1 为在一般性的货币需求模型中加入税收负担、政府消费和失业率水平三个变量来刻画隐性经济的货币需求，结果显示，这三者都对现金需求产生了正向的影响，但税收负担作

为影响隐性经济规模的主要动力因素，其影响并不显著，这说明模型还需要进一步调整。模型 M2－3－2 至模型 M2－3－4 加入财政收入分权和财政支出分权，并分别考虑不同变量作为隐性经济的决定因素，结果显示，模型 M2－3－4 的所有变量的显著性及模型拟合度都是最好的，因此，本书将模型 M2－3－4 作为测算隐性经济的最终模型。

表 3－3　　货币需求模型回归结果

变量	M 2－3－1	M 2－3－2	M 2－3－3	M 2－3－4
Ln(GDPPC) 人均 GDP	1.6871 (10.49)***	1.1789 (8.3)***	1.2186 (9.39)***	1.8735 (15.6)***
Ln(TAX) 税收负担	0.1300 (0.83)	0.1794 (0.93)	0.2772 (1.39)	0.4461 (3.17)***
Ln(REG) 政府管制	1.3122 (7.02)***		0.6001 (1.65)	1.9776 (10.81)***
Ln(EMPP) 农业就业人数	1.8554 (4.67)***			1.8275 (6.59)***
Ln(FED) 财政支出分权		－0.6293 (－1.92)*	－0.8946 (－2.48)**	－1.1547 (－4.17)***
Ln(FRD) 财政收入分权		0.3297 (1.36)	0.3574 (1.5)	0.7429 (4.69)***
IRD 储蓄利率	－0.0004 (－0.14)	－0.0059 (－1.94)*	－0.0048 (－1.55)	－0.0025 (－1.00)
ER 汇率	－0.0029 (－0.12)	0.0415 (0.97)	0.0552 (1.31)	0.0789 (2.81)***
常数项	－17.0338 (－6.84)***	－3.3001 (－2.33)**	－3.7665 (－2.81)	－18.7892 (－10.32)***
N	40	40	40	40
R^2	0.9912	0.4859	0.6205	0.9981
DW	1.8971	1.3512	1.7299	1.8716

注：括号中的数值为 t 统计值，*，** 和 *** 分别表示在 10%、5% 和 1% 的显著性水平。

（三）隐性经济规模测算

本书最终选定模型 M2－3－4 作为隐性经济测算模型，为确保模型的可靠性，在进行隐性经济规模测算前，还对其残差项的平稳性进行了检验，ADF检验结果显示，该模型的残差项在1%的显著水平上拒绝有单位根的假设。根据货币需求法的计算原理和步骤，首先，将税收负担、政府消费、农业部门就业人数占比以及财政收入分权四个变量的取值设为1978~2017年的历史最低水平，将财政支出分权取最高值，以测算出隐性经济为0时的现金需求$M0PC_1$；其次，用现金总需求减去隐性经济规模为0时的现金需求，即可获得隐性经济部门的现金总需求，即$M0PC_2 = M0PC - M0PC_1$；最后，假设隐性经济部门的现金流动速度与正规经济部门中的M1流动速度（V1）相等，则有，$SE = 100 \times M0PC_2 \times V1 / GDPPC$即为历年隐性经济的规模。

图3-2为利用货币需求法测算的我国1978~2017年的隐性经济规模变化图。总体上来说，我国隐性经济规模呈现出先上升后下降的趋势，从1978年的21.46%上升到1990年的35.69%，并逐步下降到2017年的7.72%。这一变化趋势与我国经济社会发展背景也密切相关，我国于1978年开始改革开放，放松对劳动力的管制，但由于市场机制不完善，法律法规不健全，腐败、走私以及自我就业人员不断增多，我国隐性经济规模反而呈现出上升趋势，并于1990年达到了顶点。此后，我国由1992年确定建设社会主义市场经济体制，并于1994年实施分税制改革，随着各项政策效应的显现和正规经济的稳步发展，隐性经济呈现出缓慢下降的趋势。这一结果与王小鲁（2016）、杨灿明和孙群力（2010a）以及麦地那和施耐德（Medina & Schneider，2017）等人的研究结果都非常相近，这也在一定程度上说明了本研究结果的稳健性。

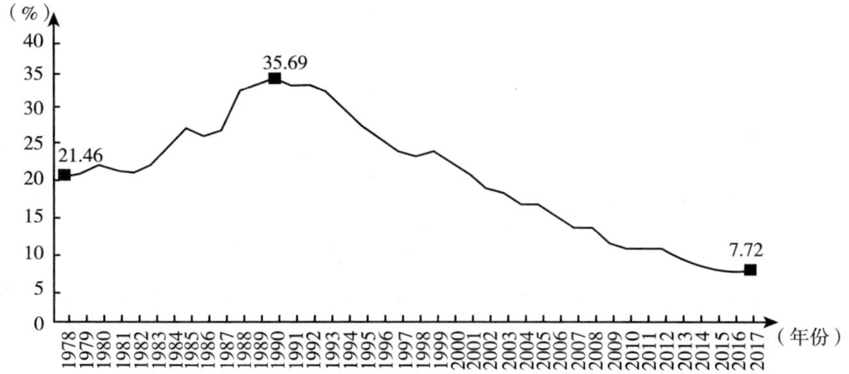

图3-2 基于货币需求法测算的1978~2017年隐性经济规模变化

二、DGE 模型法

由于货币需求法仍然存在一些不足之处，例如，未能考虑隐性经济全部影响因素、缺乏微观经济学基础以及货币流通速度难以确认等，因此，本书还将利用 DGE 模型法，将隐性经济视为经济体系的内在组成部分，并综合考虑经济体系中的其他要素，来测算全国隐性经济规模。鉴于埃尔金和奥祖纳利（Elgin & Öztunali，2012）所构建的模型过于简单，本书根据中国实际情况对 DGE 模型进行了进一步拓展和调整，以更好地反映隐性经济的形成机理且符合我国经济运行实际情况。

（一）模型构建

假设经济系统由企业、家庭和政府构成，经济系统的产出由正规经济部门和隐性经济部门构成，企业和家庭根据成本和收益在正规经济部门和隐性经济部门理性地分配资本和劳动力，政府则需要向企业和家庭征收税收以维持自身运转。

1. 厂商。

假设经济系统中所有的产品都由正规经济部门和隐性经济部门的代表性厂商生产，且两部门的代表性厂商的产出都符合柯布—道格拉斯方程，则有：

$$y_t^m = A_t(h_t^m)^{1-\alpha}(k_t^m)^{\alpha} \tag{3.35}$$

$$y_t^u = B_t(h_t^u)^{\theta} \tag{3.36}$$

$$y_t = y_t^m + y_t^u \tag{3.37}$$

式（3.35）为正规经济部门产出中 $\{y_t^m、k_t^m、h_t^m、A_t、\alpha\}$ 为正规经济部门厂商的产出、资本、劳动力、全要素生产率和资本产出弹性。式（3.36）中 $\{y_t^u、h_t^u、B_t、\theta\}$ 为隐性经济部门的产出、劳动力、全要素生产率和劳动产出弹性。研究表明，隐性经济部门更多地集中在劳动密集型行业，本书借鉴埃尔金和奥祖纳利（Elgin & Öztunali，2012）的研究，将隐性经济部门的资本要素放在 B_t中进行考虑，而不单独列出。式（3.37）则为正规经济部门和隐性经济部门厂商的总产出。

假设正规经济部门需要向政府缴纳的税款占总产出的比率为τ_t，隐性经济部门不需要向正规经济部门缴纳税款，但被税务机关查处的概率为 p，且一旦被税务机关发现，则需要缴纳的罚金为应交税款的 s 倍，此外，正规经济部门和隐性经济部门需要向单位劳动力支付的工资分别为w_t^m和w_t^u，且正规经济部门的资本租金率为r_t^m，则代表性企业的总收益、总成本以及利润最大化的表达式分别为：

$$NR(y_t)=(1-\tau_t)y_t^m+(1-ps\,\tau_t)y_t^u \tag{3.38}$$

$$TC(h_t^m,h_t^u,k_t^m)=w_t^m h_t^m+w_t^u h_t^u+r_t^m k_t^m \tag{3.39}$$

$$Max[NR(y_t)-TC(h_t^m,h_t^u,k_t^m)] \tag{3.40}$$

通过对式（3.40）中的h_t^m、h_t^u和k_t^m分别求偏导，便可得到代表性企业在利润最大化时的资本和劳动力分配情况，且可以进一步转化为资本和劳动力价格的表达式：

$$r_t^m=\alpha(1-\tau_t)\frac{y_t^m}{k_t^m} \tag{3.41}$$

$$w_t^m=(1-\alpha)(1-\tau_t)\frac{y_t^m}{h_t^m} \tag{3.42}$$

$$w_t^u=\theta(1-ps\,\tau_t)\frac{y_t^u}{h_t^u} \tag{3.43}$$

式（3.41）~式（3.43）则分别表示代表性厂商利润最大化时正规经济部门的资本价格、劳动力价格以及隐性经济部门的劳动力价格。

2. 家庭。

假设代表性家庭在 t 时拥有的资本和劳动力分别为 k_t和 h_t，且能自由地在正规经济部门和隐性经济部门进行分配。家庭效用由消费产生的正效用和劳动带来的负效用共同构成，即家庭最大化跨期期望效用表达式为 $Max\ E_t\sum_{t=0}^{\infty}\beta^t U(C_t,h_t)$，其中$E_t$为期望算子，$\beta\in(0,1)$为主观贴现因子，$U(\cdot)$表示家庭瞬时效用函数，$C_t$和$h_t$分别表示家庭消费和家庭劳动时间，且 $U(\cdot)$ 可以表示为：

$$U(C_t,h_t)=\frac{(C_t)^{1-\sigma}-1}{1-\sigma}-\varphi_0\frac{(h_t^m+h_t^u)^{1+\gamma}}{1+\gamma}-\varphi_1\frac{(h_t^u)^{1+\eta}}{1+\eta} \tag{3.44}$$

式（3.44）中，第一部分表示消费给家庭带来正效应，第二部分表示总体劳动给劳动者带来的负效应，第三部分则表示隐性经济部门劳动给劳动者带来的额外负效应（如隐性经济部门由于缺乏安全监管和社会保障，劳动者的生产安全和医疗卫生支出无法保障等）。其中，σ 表示家庭跨期消费替代弹性的倒数，φ_0 和 φ_1 是由劳动带来的负效应决定的偏好系数，h_t^m 和 h_t^u 分别表示代表性家庭在 t 时期投入正规经济部门和隐性经济部门的劳动力数量。家庭的资本积累主要用于正规经济部门，且服从 $k_{t+1}^m = I_t + (1-\delta)k_t^m$，其中，$I_t$ 为新增投资，δ 为资本折旧率。假设家庭在正规经济部门和隐性经济部门的产出全部用于消费和投资，则家庭跨期预算约束可表示为：

$$\begin{aligned} C_t + I_t &= w_t^m h_t^m + w_t^u h_t^u + r_t^m k_t^m = Y - T \\ &= (1-\tau_t)A_t(h_t^m)^{1-\alpha}(k_t^m)^{\alpha} + (1 - ps\,\tau_t)B_t(h_t^u)^{\theta} \end{aligned} \tag{3.45}$$

通过构建如式（3.46）所示的拉格朗日方程来求解家庭效用最大化问题，并对其中的 C_t、k_t^m 分别求偏导，可得到如式（3.47）所示的反映家庭跨期消费最优决策的欧拉方程：

$$\begin{aligned} &U(C_t, h_t)L \\ &= E_t\sum_{t=0}^{\infty}\beta^t\left[\frac{(C_t)^{1-\sigma}-1}{1-\sigma}\right] + \sum_{t=0}^{\infty}\beta^t\lambda_t[C_t + k_{t+1}^m - (1-\delta)k_t^m - (1-\tau_t) \\ &\quad A_t(h_t^m)^{1-\alpha}(k_t^m)^{\alpha} - (1-ps\,\tau_t)B_t(h_t^u)^{\theta}] \end{aligned} \tag{3.46}$$

$$\left(\frac{C_t}{C_{t-1}}\right)^{\sigma} = \beta\left[\alpha(1-\tau_t)\frac{y_t^m}{k_t^m} + (1-\delta)\right] \tag{3.47}$$

3. 政府。

假设政府收入全部来自税收，且保持收支平衡，政府的预算收入主要由来自正规经济部门的税收和来自隐性经济部门的税收和罚款两部分组成。但同时，由于隐性经济的存在导致了一定规模的税收流失，则政府预算约束和税收流失分别如式（3.48）和式（3.49）所示：

$$G_t = \tau_t y_t^m + ps\tau_t y_t^u \tag{3.48}$$

$$TE_t = (1-p)\tau_t y_t^u \tag{3.49}$$

4. 模型求解。

以上假设和方程共同构建了一个包含厂商、家庭和政府的经济运行模型，并在经济体系中同时考虑了正规经济部门和隐性经济部门。假设正规经济部门劳动力工资水平是隐性经济部门的 q 倍，则可由式（3.42）和式（3.43）得到式（3.50）：

$$(1-\alpha)(1-\tau_t)A_t(k_t^m)^{\alpha}(h_t^m)^{-\alpha}=q\theta(1-ps\,\tau_t)B_t(h_t^u)^{\theta-1} \tag{3.50}$$

假设g_t为家庭在 t 期内的消费增长率，则根据式（3.47）所示的欧拉方程可以得到如式（3.51）所示的正规经济部门劳动力和资本投入关系，联立式（3.50）和式（3.51）则可得到如式（3.52）所示的隐性经济部门劳动力规模表达式：

$$k_t^m=h_t^m\left[\frac{\alpha A_t(1-\tau_t)}{(1+g_t)^{\sigma}/\beta-(1-\delta)}\right]^{\frac{1}{1-\alpha}} \tag{3.51}$$

$$h_t^u=\left\{\frac{q\theta B_t(1-ps\tau_t)h_t^m}{(1-\alpha)(1-\tau_t)y_t^m}\right\}^{\frac{1}{1-\theta}} \tag{3.52}$$

根据我国经济体系运行的实际情况，对式（3.50）中的相关参数和变量进行求解，便可通过式（3.35）和式（3.36）计算我国历年隐性经济的规模，本书将利用此模型计算我国 1978～2017 年的隐性经济规模。

（二）参数校准

要估计隐性经济的规模还需要获取 8 个与代表性厂商相关的参数（A_t、B_t、α、θ、δ、k_t^m、h_t^m，q）以及 3 个与政府相关的参数（τ_t、p、s）。

首先，本书借鉴金戈（2016）的研究结果，将我国正规经济部门的资本折旧率取值为 10%，并利用永续盘存法，通过公式$k_{t+1}^m=I_t+(1-\delta)k_t^m$计算我国历年资本存量规模。其中，$I_t$用正规经济中每年固定资产实际形成总额表示（以 1978 年为基年），$K_{1978}=I_{1978}/(\gamma_I+\delta)$，$\gamma_I$为 1978～2017 年固定资本形成总额年均实际增长率，即：$\gamma_I=\left(\frac{I_{2017}}{I_{1978}}\right)^{\frac{1}{40}}-1$。假设全国正规经济部门的资本产出弹性相等，将$h_t^m$取值为我国正规经济中实际就业总人数，$y_t^m$为实际 GDP 规模，根据式（3.35）构建计量模型：$\ln(y_{i,t}^m/h_{i,t}^m)=c_0+\varphi\ln(t)+\alpha\ln(k_{i,t}^m/h_{i,t}^m)+\varepsilon_{i,t}$，即可利用我国 1978～2017 年的时间序列数据进行回归分析获取正规经济部门的资本产出弹性 α，本书的回归分析结果显示，α 等于 0.515。获取正规经济部门的产出规模、资本存量、就业总人数以及资本产出弹性后，便可利用式（3.35）求取全国正规经济部门的历年全要素生产率 A_t。

其次，借鉴埃尔金和奥祖纳利（Elgin & Öztunali，2012）、埃尔金和施耐德（Elgin & Schneider，2012）的研究，将隐性经济部门的劳动产出弹性 θ 取值为0.425，并假定隐性经济部门的全要素生产率每年的增长率等于正规经济部门全要素生产率增长率和资本存量增长率的平均值。借鉴麦地那和施耐德（Medina & Schneider, 2017）中所测算的中国1999年的隐性经济规模，即$SE_{1999}=13.5\%$，并利用式（3-36）便可以计算出全国隐性经济部门历年全要素生产率B_t。此外，根据张抗私等（2018）的研究，本书将单位时间内正规经济部门与隐性经济部门的劳动力工资水平之比取值为1.365。

最后，本书用宏观税负水平来表示全国总体税率水平，即用实际税收总额占实际GDP总额的比重来表示τ_t；用税务机关每年检查的企业户数占税务登记户数的比例来衡量逃税被查处的概率，并借鉴孙刚（2013）的研究，将p取值为0.06；此外，根据我国税法相关规定，逃税行为一旦被发现，不仅要补缴税款，还要被处以逃税金额的50%到5倍的罚金，本书将处罚力度取值为3，即s取值为4。各参数的校准值如表3-4所示。

表3-4　部分参数校准结果

参数	含义	取值	参数	含义	取值
α	正规经济资本产出弹性	0.517	p	逃税被查处的概率	0.06
θ	隐性经济劳动产出弹性	0.425	q	正规经济与隐性经济在单位时间内工资水平的比值	1.365
δ	正规经济资本折旧率	0.1	s	逃税被查处后所处罚金倍数	4

（三）隐性经济规模测算

图3-3为基于DGE模型测算的1978~2017年全国隐性经济规模变化趋势图。

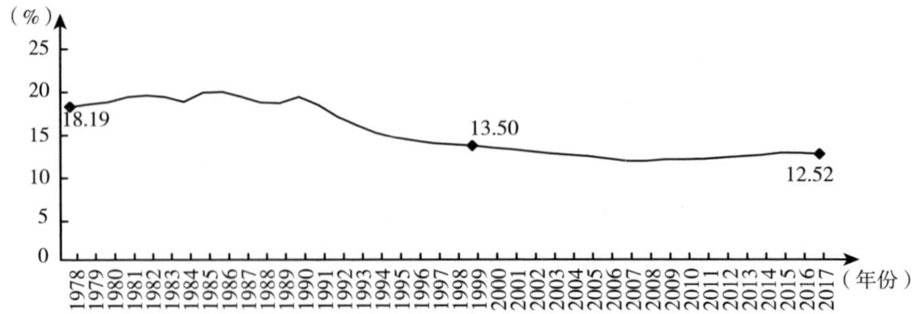

图3-3　由DGE模型测算的全国隐性经济规模

结果显示，全国隐性经济规模总体上呈下降趋势，从1978年的18.19%下降到2017年的12.52%，隐性经济规模最大值为1986年的19.92%，最小值为2008年的11.66%。具体来看，我国隐性经济规模在1978~1990年呈现出反复波动状态，从1990年开始逐年下降，但从2008年开始逐步趋于稳定，变化幅度不大。虽然这一结果与前面货币需求法所测算的结果有一定的差异，但在总体变化趋势和规模上，两者仍然非常相近，即，1978~1995年都呈现出波动式发展，1995年之后呈现出缓慢下降的趋势。正如前所述，隐性经济的测算方法都存在一定的缺点，但也都有其优点，因而各种方法之间不存在绝对的优劣之分，但本书两种不同方法的测算结果之间呈现出高度相关性，这不仅说明本书测算结果的稳健性，也在一定程度上验证了这两种方法的可靠性。

第三节

地区隐性经济规模测算

我国于1994年开始推行以分税制为重点的新一轮财政分权体制改革，这对我国当前的政府分权体制的形成有重要的影响，而本书所研究的重点便是政府分权和公共治理对隐性经济的影响。因此，考虑到政策效应的滞后性，本书将利用微观收支差异法、MIMIC模型法和DGE模型法三种方法对1995~2016年我国各省（直辖市、自治区）的隐性经济规模进行测算，在对我国隐性经济空间分布格局进行分析的同时，也为下一阶段分析政府分权和公共治理对隐性经济的影响提供数据支撑。

一、微观收支差异法

（一）方法与数据

微观收支差异法是根据国民收入统计核算中收入与支出相等的原理来对隐性收入进行测算，即，居民总收入与总支出在原则上应该是相等的，居民支出主要包括居民消费支出和居民投资支出，居民投资支出主要由居民金融投资支出（包括手持现金、存款、股票债券与基金保险等）和居民实物投资支出。但现实并非如此，通过对各省区市居民收入与支出的相关数据进行分析发现，居民支出总额与收入总额之间往往存在一定的差额，而且在某些省区市这一数值还特别大，这些未纳入政府有效统计和管辖的收入部分即为隐性收入。

这一方法在实际应用中既可以根据微观调查数据来进行测算，也可以根据统计部门发布的居民收支数据来测算。王小鲁（2010）[①]、白重恩（2015）等人假设居民消费支出的结构和规模与实际收入之间存在稳定的关系（如，恩格尔系数），利用对居民消费支出的调查数据，推算出居民的实际总收入，并与官方公布的居民收入进行比较，两者之间的差额即为隐性收入规模。由于获取调查数据的难度较大，利用统计部门公布的居民收入和支出相关数据来测算隐性经济的方法应用更加广泛，如李永海和孙群力（2016a，2016b）、孙群力（2017）以及张曾莲和盖亚洁（2019）等都运用该方法对我国隐性经济规模进行测算。根据前面的介绍，利用微观收支差异法来测算隐性经济规模的具体公式如式（3.53）所示：

$$\begin{aligned}\text{隐性经济绝对规模} =&\ \text{居民消费支出} + \text{居民手持现金} + \text{居民实物投资} + \\ &\ \text{居民储蓄金额} + \text{居民股票债权投资} - \text{居民统计收入}\end{aligned} \tag{3.53}$$

参照李永海和孙群力（2016a，2016b）、孙群力（2017）的做法：（1）用城乡居民人均可支配收入与总人口的乘积表示居民总收入；[②]（2）用人均消费支出与总人口的乘积表示地区居民消费总支出；[③]（3）用固定资产投资中的个体投资额表示居民实物投资；[④]（4）用年末城乡居民储蓄总额的增加值来表示居民储蓄投资金额，这些数据都能直接从《中国统计年鉴》中获取；（5）由于居民手持现金与居民股票债券投资数据不能直接获取，本书通过对 GDP 进行分解，即，通过计算全国历年居民手持现金和股票债券占 GDP 的比重来计算分解权重，再利用各省区市历年 GDP 规模来计算对应省区市的居民手持现金和股票债券投资规模。[⑤]

---

① 资料来源：腾讯网．王小鲁．灰色收入与国民收入分配［DB/OL］. https：//view. news. qq. com/a/20100901/00000 1. htm.

② 由于我国在 2013 年以前不直接公布人均收入，而是分别公布城市居民人均收入与农村居民人均收入，因此，本书用农村人口与农村人均收入的乘积加上城市人口与城市人均收入的乘积来计算 1995 ~ 2012 年历年居民总收入，用总人口与人均可支配收入的乘积计算 2013 ~ 2016 年的历年居民总收入。

③ 为统一计算口径，采取和居民总收入同样的计算方法来计算居民消费总支出。

④ 由于统计年鉴在 2006 年以前未区分个体固定资产投资和私营固定资产投资，导致 1995 ~ 2005 年的个体固定资产投资数额偏大，因此，本书用 2006 年个体固定资产投资占个体和私营固定资产投资总额的比重来对 1995 ~ 2005 年各省区市个体固定资产投资值进行分解。

⑤ 根据李永海和孙群力（2016a，2016b）的相关研究，居民手持现金一般占当年 M0 的 70%，居民股票债券投资额一般占当年股票债券发行量的 60% 作用。

（二）测算结果

图 3 - 4 为利用微观收支差异法测算的全国及东、中、西部地区隐性经济规模变化趋势图。

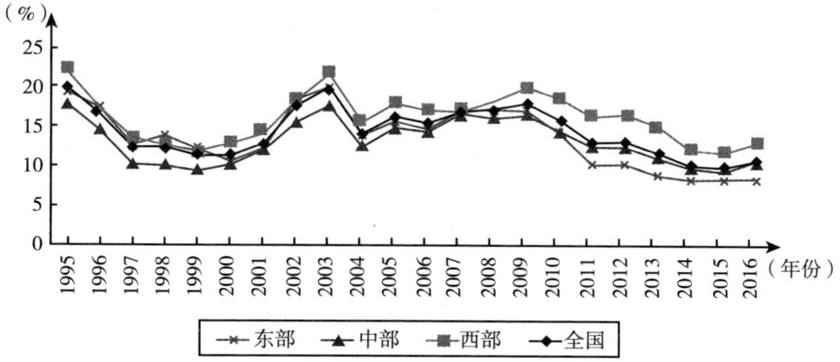

图 3 - 4　基于微观收支差异法测算的全国及地区隐性经济规模

从全国来看，我国隐性经济各省区市平均规模从 1995 年的 20.1% 下降到 2016 年的 10.83%，隐性经济的相对规模得到了较好的控制，但从具体年份来看，全国隐性经济规模呈现出波动式的变化趋势，即，全国隐性经济规模从 1995 年的 20.1% 逐年下降到 1999 年的 11.40%，然后再逐年上升到 2003 年的 20.15%，2004 年下降到 14.25%，并逐年上升到 2009 年的 18.09%，再下降到 2016 年的 10.83%。我国东、中、西部地区的隐性经济规模与全国隐性经济规模的变化趋势基本一致，即，在总体上都呈现出下降的趋势，但都经历了波动式的发展过程。此外，在隐性经济的具体规模上，西部地区隐性经济规模最高，中东部地区则呈现出交叉发展的趋势，即，2007 年以前，东部地区高于中部地区，但 2008 年及以后，东部地区则低于西部地区，进一步来看，西部地区从 1995 年的 22.15% 下降到 2016 年的 13.14%，历年平均值为 16.20%；中部地区从 1995 年的 17.98% 下降到 2016 年的 10.82%，历年平均值为 13.21%；东部地区从 1995 年的 19.61% 到 2016 年的 8.53%，历年平均值为 13.80%。

图 3 - 5 呈现了隐性经济规模的空间分布情况，从图中可以看出，陕西、北京、甘肃和宁夏是我国隐性经济平均规模最高的四个省级行政区，分别为 21.69%、20.88%、18.56% 和 18.44%；山东、福建、江苏和江西是隐性经济平均规模最低的四个省级行政区，分别为 11.22%、11.21%、11.07% 和

10.76%。此外，本书分析的时间跨度较长，各省区市隐性经济规模变动较大，2016年隐性经济规模最低的四个省级行政区为上海（5.24%）、江西（6.16%）、北京（6.45%）和浙江（6.51%），隐性经济规模最高的四个省级行政区为陕西（22.83%）、甘肃（18%）、青海（16.52%）和四川（14.53%）。表3－5为1995～2016年各省区市的隐性经济规模（见表3－5）。

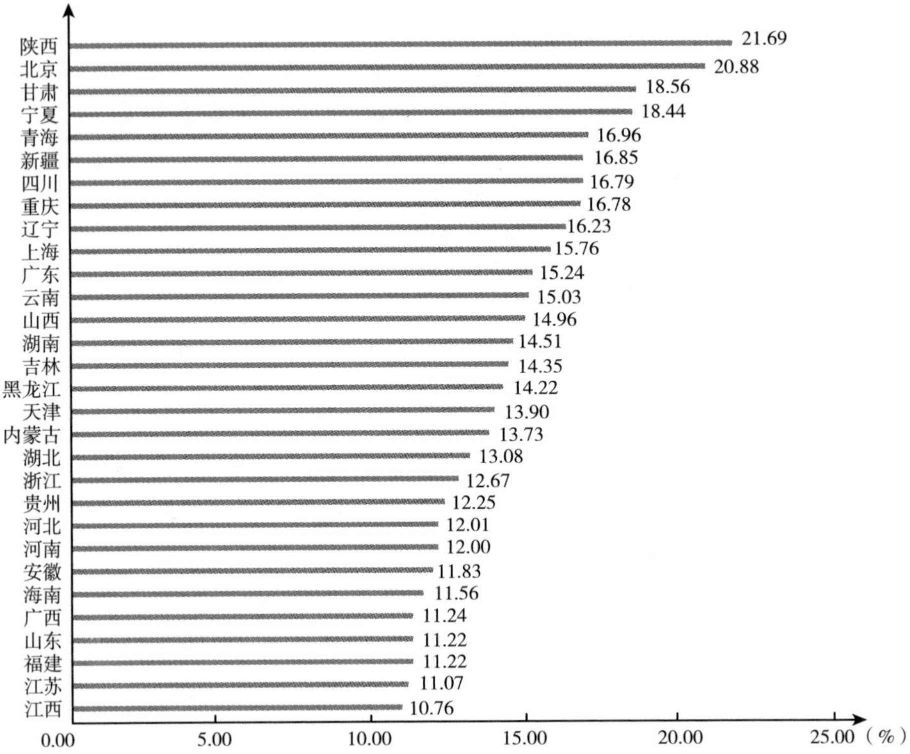

图3－5　基于微观收支差异法计算的各省区市1995～2016年历年隐性经济平均规模

表3－5　基于微观收支差异法测算的各省区市历年隐性经济规模　　单位：%

年份	北京	天津	河北	山西	内蒙古	辽宁	吉林	黑龙江	上海	江苏	浙江	安徽	福建	江西	山东
1995	31.24	21.40	15.36	21.29	20.41	23.35	23.56	21.65	22.67	15.17	15.25	14.82	18.90	14.44	15.71
1996	28.74	18.03	12.15	17.82	13.49	22.37	16.24	16.82	22.10	13.19	13.87	9.87	16.00	11.88	13.62
1997	15.64	13.33	9.04	8.31	12.22	17.49	14.08	12.94	16.35	10.77	15.35	6.68	10.32	7.49	8.98
1998	20.64	14.56	9.39	8.77	8.45	17.66	9.59	11.04	16.16	11.20	14.66	6.39	11.49	8.56	9.25
1999	24.71	11.65	9.54	8.75	7.83	15.12	9.89	11.17	11.04	8.94	10.76	4.93	8.88	9.32	9.06

续表

年份	北京	天津	河北	山西	内蒙古	辽宁	吉林	黑龙江	上海	江苏	浙江	安徽	福建	江西	山东
2000	15.69	10.61	6.17	7.11	8.80	13.04	12.08	11.35	14.37	7.54	8.97	6.53	8.41	10.00	8.73
2001	24.99	10.86	7.80	9.65	10.29	13.77	14.44	14.30	16.33	10.15	12.74	9.76	9.64	9.01	10.40
2002	35.74	17.37	9.87	15.98	17.46	20.13	17.05	16.60	25.38	15.86	18.03	13.75	14.14	14.53	12.88
2003	33.88	22.66	12.84	20.67	19.49	22.92	19.03	18.49	29.13	16.29	16.58	17.06	16.19	15.17	14.73
2004	23.32	15.51	11.17	17.08	14.50	15.74	11.33	9.52	19.34	10.75	11.40	13.06	10.12	11.01	11.37
2005	24.77	15.70	12.00	19.81	16.26	19.08	15.74	15.78	21.90	12.53	14.85	14.70	11.48	12.45	12.45
2006	20.68	14.50	13.69	18.10	14.29	16.38	14.15	11.78	14.89	12.12	16.91	15.29	11.76	11.93	13.62
2007	23.24	16.41	19.64	21.69	17.25	16.38	15.62	15.01	17.09	13.05	18.28	18.54	13.26	13.41	17.54
2008	26.31	15.84	18.15	25.55	14.39	19.93	16.66	19.55	21.49	13.70	17.14	14.91	12.58	11.00	14.51
2009	24.84	16.93	16.00	18.95	16.66	20.84	17.66	19.93	18.51	13.56	18.15	15.42	13.73	14.37	13.96
2010	19.21	11.46	13.40	16.47	15.60	15.83	13.42	16.85	14.46	11.06	12.79	15.16	10.35	13.64	11.48
2011	14.11	9.05	11.46	14.69	14.22	12.99	12.86	13.68	8.77	7.92	10.49	13.40	7.89	10.58	9.07
2012	13.47	11.01	10.91	14.94	14.88	13.88	12.83	12.07	7.84	8.98	7.22	13.84	8.26	10.01	9.97
2013	12.22	9.60	11.48	12.20	12.86	11.39	12.32	11.50	9.03	8.69	6.69	9.03	7.63	8.53	5.55
2014	9.92	9.27	10.44	10.94	11.32	9.42	13.21	9.30	7.82	8.10	5.42	8.65	8.24	7.30	7.47
2015	9.62	10.34	11.33	10.01	10.96	10.18	11.36	11.32	6.86	7.36	6.60	8.78	8.22	5.86	6.16
2016	6.45	9.78	12.37	10.43	10.42	9.10	12.59	12.13	5.24	6.69	6.51	9.75	9.29	6.16	10.38

年份	河南	湖北	湖南	广东	广西	海南	重庆	四川	贵州	云南	陕西	甘肃	青海	宁夏	新疆
1995	15.87	14.36	17.82	22.50	13.75	14.13	35.48	12.28	15.64	17.14	29.66	29.79	18.63	30.47	20.38
1996	13.43	15.08	16.00	20.23	11.38	12.18	23.26	14.44	8.37	20.69	27.46	22.22	11.86	21.51	17.46
1997	12.65	8.75	11.43	14.26	8.44	9.48	13.60	13.74	5.81	16.05	20.40	15.24	11.69	16.58	17.15
1998	11.62	10.33	14.51	16.23	6.52	13.10	16.01	15.32	9.81	15.62	17.65	9.62	12.73	14.15	14.32
1999	8.08	8.65	14.72	15.26	5.75	9.83	19.73	14.86	7.79	13.93	16.09	9.51	10.72	11.08	14.40
2000	10.27	10.54	14.26	14.83	10.34	9.46	16.21	12.63	8.91	13.54	17.48	13.39	12.41	15.02	14.06
2001	10.90	13.81	15.21	13.26	9.50	6.05	18.30	13.34	9.20	13.97	23.37	13.67	16.30	15.13	13.54
2002	12.09	17.07	18.75	22.29	11.62	13.31	23.43	17.64	12.08	17.07	29.53	15.43	19.34	22.53	17.39
2003	14.41	17.84	19.84	23.52	14.69	13.22	24.90	21.51	13.99	21.37	30.83	22.23	19.68	29.96	21.27
2004	10.01	14.09	14.25	16.19	10.44	9.58	16.12	16.87	9.20	15.42	24.46	15.97	15.30	18.73	15.63
2005	11.80	13.77	16.05	18.57	14.46	10.63	15.96	18.90	15.00	16.91	25.37	18.70	16.19	22.06	19.33
2006	13.17	14.34	16.94	15.89	13.60	12.63	15.89	18.11	14.63	19.35	23.15	18.71	16.12	19.21	16.36
2007	17.10	15.88	17.14	17.76	13.33	16.45	16.40	20.44	17.10	14.66	17.55	20.52	16.23	15.95	18.16
2008	12.87	14.79	14.13	19.47	11.11	11.14	12.25	18.70	13.27	24.68	24.41	23.78	19.68	21.33	18.65
2009	14.58	16.35	15.17	16.13	14.68	15.87	17.84	26.79	15.27	19.45	25.42	25.56	19.74	20.33	20.00

续表

年份	河南	湖北	湖南	广东	广西	海南	重庆	四川	贵州	云南	陕西	甘肃	青海	宁夏	新疆
2010	12.96	15.25	12.90	16.22	15.70	21.18	15.13	20.08	16.68	18.63	21.43	21.27	21.22	20.33	20.13
2011	10.10	12.20	13.13	11.44	13.17	9.68	13.49	17.67	15.27	12.33	18.68	19.74	20.27	16.16	19.47
2012	11.62	12.57	12.40	10.80	13.16	11.35	12.21	17.57	14.01	11.17	18.46	20.50	20.94	19.85	20.87
2013	10.33	11.53	13.14	5.29	10.36	10.06	8.69	16.23	16.65	9.32	15.48	20.18	23.87	14.46	19.66
2014	8.28	9.73	11.12	7.90	8.50	8.01	10.99	14.53	9.67	6.02	13.22	16.37	17.58	13.17	12.26
2015	8.89	9.43	9.24	7.71	7.61	8.46	10.28	13.44	7.91	6.37	14.34	18.00	16.03	15.63	10.32
2016	13.05	11.41	11.07	9.53	9.14	8.46	13.07	14.30	13.31	7.04	22.83	18.00	16.52	12.04	9.91

二、MIMIC 模型法

MIMIC 模型法是目前在地区隐性经济规模测算中应用最广泛的方法，其优势在于能够将隐性经济的原因与结果同时纳入分析模型，并根据各变量与隐性经济之间的因果关系来构建地区隐性经济指数。本书在对我国地区隐性经济形成的原因和结果进行理论分析的基础上，选择合适的原因变量与指标变量，利用 MIMIC 模型法对 1995～2016 年我国各省区市隐性经济规模进行测算。

（一）隐性经济的原因变量与指标变量分析

利用 MIMIC 模型法测算地区隐性经济的关键在于选择合适的原因变量和指标变量，前面对隐性经济可能的成因和影响进行了分析，本部分将结合中国的实际情况，选择合适的指标来度量我国隐性经济的原因变量和指标变量。

1. 隐性经济的原因变量分析。

（1）税收负担：用宏观税负来度量地区总体税收负担，即，税收总额占地区 GDP 的比重，并假设：税收负担越重，地区隐性经济规模越高。

（2）税收集中度：用税收集中度是衡量税收系统复杂程度，并借鉴孙群力和李永海（2016）的做法，构建全国各省区市 1995～2016 年的税收 HHI 指数（Herfindahl - Hirschman Index，HHI）来度量地区税收集中度，并假设：HHI 指数越小，地区税收集中度就越低，地区税收系统也就越复杂，地区隐性经济规模越小。

（3）税制结构：本书用直接税与间接税的比值来度量地区税制结构，并假设：直接税所占比值越大，地区隐性经济规模越小。

（4）政府管制力度：政府规模和公共部门就业人数占比是在度量地区政府管制力度中应用最广泛的两个指标，本书也将利用这两个指标来度量地区政府管制力度，即，政府规模占 GDP 的比重以及公务人员占地区就业总人数的比重，并假设：政府管制力度越大，地区隐性经济规模也越大。

（5）政府分权：一般用财政分权来度量地区政府分权力度，但由于我国财政分权呈现“收入集权、支出分权”的特点，单纯的财政收入分权和财政支出分权都不能体现出政府分权的总体水平，因此，本书利用财政自主度（财政收入占财政支出的比重）来度量地区政府分权程度，并假设：政府分权程度越高，地区隐性经济规模越小。

（6）失业率：由于我国只公布城镇失业率水平，因此本书用城镇失业率水平度量地区失业率水平，并假设：失业率水平越高，地区隐性经济规模越大。

（7）农业部门就业规模：本书用第一产业就业人数占比来表示农业部门就业规模，并假定：农村劳动力规模越大，地区隐性经济规模越大。

（8）正规收入水平：本书用地区实际人均可支配收入占实际人均 GDP 的比值来度量地区相对收入水平①，并假设：地区收入水平越高，隐性经济规模越小。

（9）政府质量：本书用腐败来度量地方政府质量，并用平均每万公务员所涉贪污渎职案件数来度量地方政府腐败水平，且假设：地方政府腐败水平越高，隐性经济规模越大。

（10）经济开放度：本书用贸易依存度（进出口总额占 GDP 的比重）与人均 FDI 两个指标来度量地区经济开放度，并假设：地区经济开放度对隐性经济的影响并不确定，提升地区经济开放水平既有可能降低地区隐性经济规模，也有可能扩大隐性经济规模。

2. 隐性经济的指标变量分析。

MIMIC 模型中，一般选择将潜变量可能产生的可观测的结果或影响作为该变量的指标变量，本书选择以下 4 个指标变量度量地区隐性经济：

---

① 由于在 2013 年以前，我国的城镇和农村人均可支配收入是分开公布的，本书通过如下公式来获取地区人均可支配收入：人均可支配收入 = 城镇人均可支配收入 × 城镇化率 + 人均可支配收入 ×（1 − 城镇化率）。

（1）能源消耗：本书用地区能源消耗增长率作来度量地区能源消耗的变化情况，并假设：地区隐性经济规模越大，能源消耗增长率越高。

（2）正规经济增长率：本书利用GDP增长率来度量地区正规经济发展情况，并假设：隐性经济与正规经济的关系并不确定，隐性经济规模扩大既可能会抑制正规经济发展，也可能会促进正规经济发展。

（3）劳动参与率：本书用三大产业就业总人数占劳动总人数的比值加上城镇统计失业率来表示地区劳动参与率，并假设：隐性经济规模越大，劳动参与率越低。

（4）收入不平等：由于地区基尼系数难以准确计算，本书借鉴杨灿明和孙群力（2010b）的做法，用城乡收入差距来度量地区收入不平等程度，并假设：隐性经济规模越大，收入不平等程度越大。

（二）MIMIC模型构建与实证分析

1. 变量、数据与模型构建。

依据前面分析，本书分别选取了9个原因变量和4个指标变量来构建测算地区隐性经济规模的MIMIC模型，图3－6为所有原因变量和指标变量及其与隐性经济之间的假设关系。本节将利用全国各省区市（西藏和港澳台除外）1995～2016年的数据对上述13个假设进行验证，并构建测算隐性经济规模的模型。

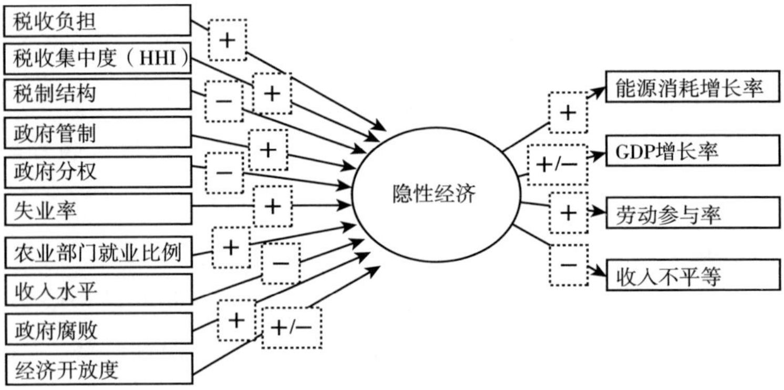

图3－6　我国地区隐性经济规模测算的MIMIC模型分析路径

注：“+”表示与隐性经济之间存在正相关关系，“－”表示与隐性经济之间存在负相关关系，“+/－”则表示与隐性经济之间的关系不确定。

本书从《中国税务年鉴》中整理税收负担、税收 HHI 指数和税收结构等变量的相关数据，从《中国统计年鉴》中获取了政府管制、财政分权、正规收入水平、经济开放度、GDP 增长率以及收入不平等等变量的相关数据，从《中国劳动与就业统计年鉴》中获取了失业率、第一产业就业规模和劳动参与率的相关数据，并分别从《中国检察年鉴》和《中国能源统计年鉴》获取了腐败和能源消耗增长率的相关数据。表 3－6 是本书所采用的变量名称、度量方式以及描述性统计。

表 3－6　　　　隐性经济测算的相关变量描述

变量名称	变量说明	观测值	均值	标准差	最小值	最大值
原因变量：						
ttax	税收负担：税收总额占 GDP 的百分比	660	14.19	9.42	4.54	71.36
hhi	税收集中度：税收 Herfindahl－Hirschman 指数	660	0.25	0.06	0.12	0.44
tstr	税制结构：直接税与间接税比值的百分数	660	43.30	24.55	10.97	213.62
gove	政府规模：财政支出占 GDP 的百分比	660	17.26	9.44	4.68	57.56
lreg	劳动管制力度：公共部门就业人员占就业总人数的百分比	660	2.04	0.73	0.98	5.05
fa	财政自主度：财政收入占财政支出的百分比	660	53.94	18.51	14.83	112.01
unemp	失业率：城镇失业率	660	3.49	0.88	0.40	7.40
Ln(empa)	农业劳动人口：农业就业人数占就业总人数百分比的自然对数	660	3.63	0.60	1.19	4.40
Ln(cor)	腐败：每万公务员所涉贪污渎职案件数的对数	660	3.32	0.34	1.89	4.16
trade	贸易依存度：进出口贸易总额占 GDP 的百分比	660	37.44	55.89	0.53	546.64
fdipc	人均 FDI（单位：元）	660	521.49	749.67	4.60	4822.07
incs	收入水平：人均收入占人均 GDP 的比值	660	8.49	0.69	7.06	10.23
指标变量						
ener	能源消费增长率（单位:%）	660	6.71	7.67	－25.1	50.56
gdpr	GDP 增长率（单位:%）	660	10.95	2.65	－2.50	23.80
lpr	劳动参与率：就业总人口占劳动总人口的百分比与城镇失业率之和	660	76.74	10.50	53.74	98.22
ineur	收入差距：城乡居民人均收入的比值	660	2.84	0.60	1.60	4.76

最后，采用 MIMIC 模型进行面板数据的分析，还需要对各可观测变量的原始值进行转换，使各可观测变量成为0期望（均值）的序列，即，E(SE) = E(X) = E(Y) = 0，其中，"SE"表示隐性经济，X 和 Y 则分别表示原因变量和指标变量。考虑了对各变量均值的偏离之后再来计算协方差矩阵，可以更好地适应 MIMIC 模型对面板数据的分析要求。具体转换方式为：

$$x_{jit}^{*} = (x_{jit} - \overline{x}_{ji}); y_{jit}^{*} = (y_{jit} - \overline{y}_{ji}) \quad (3.54)$$

其中，j 表示变量个数，j = 1，2，…，6；i 表示省份，i = 1，2，…，30；t 表示年份，t = 1995，1999，…，2016。

2. 测算隐性经济的 MIMIC 模型实证分析结果。

在对各变量进行去中心化处理之后，利用 Stata 14.0 软件对本书构建的 MIMIC 模型进行运算，表 3 - 7 汇报了相关回归模型。

表 3 - 7　　隐性经济测算的 MIMIC 模型实证结果

Variables	M2 - 4 - 1	M2 - 4 - 2	M2 - 4 - 3	M2 - 4 - 4	M2 - 4 - 5
Causal variables					
ttax 税收负担	0.4911 *** (8.04)	0.5165 ** (8.39)	0.5362 *** (8.58)	0.4312 *** (7.74)	0.5616 *** (9.67)
hhi 税收集中度	0.8458 *** (3.33)	0.7030 *** (2.84)	0.7265 *** (2.83)	1.1485 *** (4.13)	0.5207 * (1.92)
tstr 税制结构	-0.1423 *** (-8.37)	-0.1417 *** (-8.40)	-0.1474 *** (-8.64)	-0.1385 *** (-8.27)	-0.1285 *** (-7.83)
lreg 劳动管制					1.9939 ** (2.33)
gove 政府规模	0.1270 *** (2.68)	0.0966 ** (2.07)	0.1075 ** (2.24)	0.2425 *** (5.07)	
fa 财政自由度	-0.0680 *** (-2.56)	-0.0855 *** (-3.17)	-0.0875 *** (-3.14)	-0.0985 *** (-3.37)	-0.1669 ** (-5.98)
unemp 失业率	1.2149 *** (4.71)	1.1707 *** (4.63)	1.2074 *** (4.67)	1.5523 *** (5.50)	1.6256 *** (5.79)
Ln(empa) 农业就业人数	9.4201 (7.33) ***	11.2040 *** (7.95)	10.6903 *** (7.75)	9.8955 *** (7.22)	9.6667 *** (6.97)

续表

Variables	M2 - 4 - 1	M2 - 4 - 2	M2 - 4 - 3	M2 - 4 - 4	M2 - 4 - 5
Causal variables					
incs 相对收入水平	-0.2000*** (-5.68)	-0.2158*** (-6.04)	-0.2234*** (-6.09)		
Ln(cor) 腐败	0.8783 (1.20)	0.9652 (1.34)			
fdi 外商直接投资		0.0021*** (4.08)	0.0022*** (4.11)	0.0018** (3.25)	0.0023*** (3.61)
ftd 外贸依存度	0.0095** (2.17)				
Indicators					
ener 能源消耗增长率	1	1	1	1	1
gdpr GDP 增长率	0.4453*** (9.37)	0.4513*** (9.43)	0.4356*** (9.35)	0.4231*** (9.38)	0.4031*** (9.12)
lpr 劳动参与率	-0.7783*** (-6.56)	-0.8097*** (-6.68)	-0.7763*** (-6.71)	-0.7679*** (-6.65)	-0.3849*** (-7.24)
ineur 收入差距	0.0636*** (8.38)	0.0638*** (8.50)	0.0609*** (8.78)	0.0570*** (8.63)	0.0453*** (9.18)
Fitness Statistics					
Chi - Square (p)	58.716 (0.000)	51.559 (0.000)	51.501 (0.000)	42.921 (0.000)	18.383 (0.190)
RMSEA	0.052	0.049	0.053	0.053	0.022
CFI	0.960	0.967	0.965	0.969	0.995
SRMR	0.017	0.015	0.017	0.015	0.011

注：本表为运用 Stata 14.0 软件对 MIMIC 模型进行修正之后所得的实证结果，表中圆括弧中数字为 z 统计值，***、**、*分别表示在 1%、5% 和 10% 的显著性水平。

①Chi2 为卡方值，卡方值越小，p 值越大，模型的拟合程度越高。当 $p > 0.05$ 时，模型拟合度可接受。

②RMSEA 为近似误差均方根，其取值在 0 ~ 1，一般认为，RMSEA 在 0.05 ~ 0.08，模型拟较好，RMSEA 小于 0.05 则表示拟合度非常好。

③CFI 为比较拟合指数（Comparative fit index），当 $CFI > 0.9$ 时，表示模型拟合程度较好。

④TLI 为塔克尔—勒威斯指数（Tucker - Lewis index），当 $TLI > 0.95$ 时，表示模型拟合程度较好。

⑤SRMR 为标准化残差均方根，其取值在 0 ~ 1 之间，$SRMR < 0.05$，模型拟合程度较好。

表3-7中，模型M2-4-1为基准回归模型，虽然该模型的拟合程度未能达到相关要求，但所有原因变量和指标变量与隐性经济之间的关系都符合理论预期，而且都至少在5%的水平上显著，关于隐性经济原因与结果的13个理论假设都得到了验证，这说明了模型设置的合理性。在模型M2-4-2中，用FDI代替FTD作为地区经济开放程度的度量指标，各变量与隐性经济之间的关系仍然符合预期，但腐败的影响不显著。为了进一步提高模型的拟合程度，模型M2-4-3和模型M2-4-4分别提出了腐败和相对收入水平，并在模型M2-4-5中用劳动管制代替政府规模作为政府管制力度的度量指标，拟合指标显示，模型M2-4-5中的各项拟合指标都符合预期，且所有变量都至少在10%的显著水平上显著，这说明模型M2-4-5较好地拟合了我国各地区隐性经济规模，可以选择用该模型来对各地区隐性经济规模进行测算。

通过对以上分析可以看出，在原因变量中，税收负担、税收HHI指数、政府管制力度、失业率、农业劳动人口、腐败以及经济开放度都与隐性经济有显著的正相关，而税制结构、财政自主度和正规收入水平等变量都与隐性经济有显著的负相关。由指标变量可以看出，隐性经济会显著增加地区能源消耗、促进经济增长和扩大收入差距，同时降低地区劳动参与率。值得关注的是，在我国，经济开放程度与隐性经济之间存在显著的正相关关系，这主要是因为我国对外开放还处于不断探索阶段，制度建设还不健全，在外商投资和国际贸易方面仍然存在大量的管制措施，而在经济开放度较高的地区，资金和货物往来规模更大，为规避政府相关管制，转入隐性部门的经济活动也更多。此外，隐性经济对我国正规经济发展存在一定的促进作用，这主要是因为我国从1992年才开始正式建设社会主义市场经济，政府管制在较长一段时间内仍将继续存在，隐性经济可以弥补正规经济不便经营的领域，而大量隐性经济部门的产品最终会流入正规经济部门进行交易，且劳动者从隐性经济部门获得收入也会在正规经济部门形成购买力，促进消费增长。

（三）基于MIMIC模型的隐性经济测算结果

根据前面的MIMIC实证分析结果，本书选择模型M2-4-5来构建我国地区隐性经济测算模型，具体如式（3.55）所示：

$$SE = 0.5616 \times ttax + 0.5207 \times hhi - 0.1285 \times tstr + 1.9939 \times lreg - 0.1669 \times fa + 1.6256 \times unemp + 9.6667 \times Lnempa + 0.0023 \times fdi \quad (3.55)$$

利用式（3.55）所示的公式便可对1995～2016年全国各省（直辖市、自治区）的隐性经济规模进行测算，但利用该模型只能获得一个隐性经济指数，要获取各地区历年隐性经济规模的具体值还需要借鉴其他研究成果对隐性经济指数进行校准，本书选择由麦地那和施奈德（Medina & Schneider，2017）[①] 所测算的中国1999年隐性经济规模进行校准，即 $SE_{1999}=13.5\%$。具体方法如式（3-56）所示：

$$SE_{i,t}=\eta_{i,t}\frac{SE^{*}_{1999}}{\eta^{*}_{1999}} \tag{3.56}$$

其中，t（t=1995，…，2016）为年份，i为省份（i=1，2，…，30），$SE_{i,t}$为隐性经济规模具体值，$\eta_{i,t}$为由式（3.55）所测算的隐性经济指数，SE^{*}_{1999}为Medina和Schneider（2017）所测算的中国1999年的隐性经济规模，η^{*}_{1999}为由式（3.56）所测算的中国各省区市1999年隐性经济指数的平均值。

具体测算结果如图3-7所示，由图可以看出，我国隐性经济平均规模总体上呈现出先缓慢上升再下降的趋势，由1995年的13.42%缓慢上升到2009年的14.18%后，再下降至2016年的12.24%，1995～2015年的总体平均值为13.55%。我国东、中、西部地区的隐性经济规模和全国平均规模均呈现出相似的变化趋势，但东、中、西部地区隐性经济的具体规模差异明显，其中东部

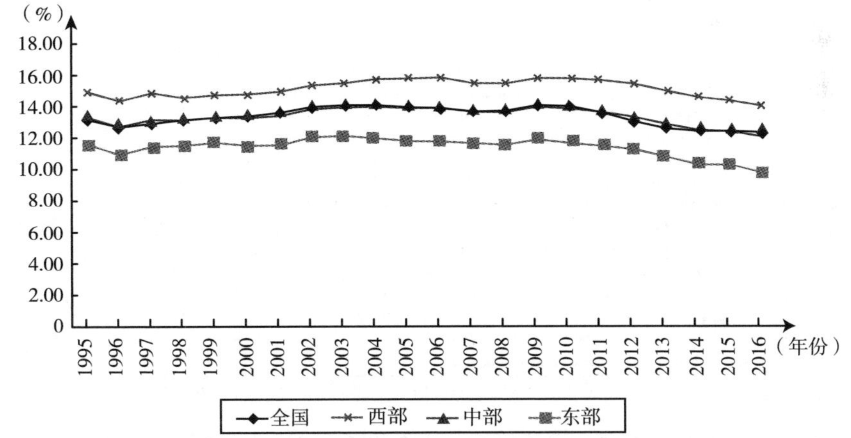

图3-7　基于MIMIC模型测算的全国及地区隐性经济规模变化趋势

① 该研究为国际货币基金组织资助的关于世界各国隐性经济规模测算的最新成果。

地区的隐性经济规模最小，历年平均值为 11.62%，中部地区次之，历年平均值为 13.62%，西部地区最大，历年平均值为 15.43%。

为了进一步了解我国隐性经济规模的空间分布情况，本书根据 1995～2016 年各省区市隐性经济规模平均值绘制了全国隐性经济分布地图，如图 3－8 所示。由图可见，北京、上海、浙江和福建是我国隐性经济平均规模最小的四个省级行政区，其中，浙江隐性经济平均规模最小，仅为 9.57%，新疆、宁夏、贵州和云南则是我国隐性经济平均规模最大的四个省级行政区，其中，新疆隐性经济平均规模最大，占 GDP 比重的 17.35%。表 3－8 为基于 MIMIC 模型法测算的 1995～2016 年全国各省区市历年的隐性经济规模（见表 3－8）。

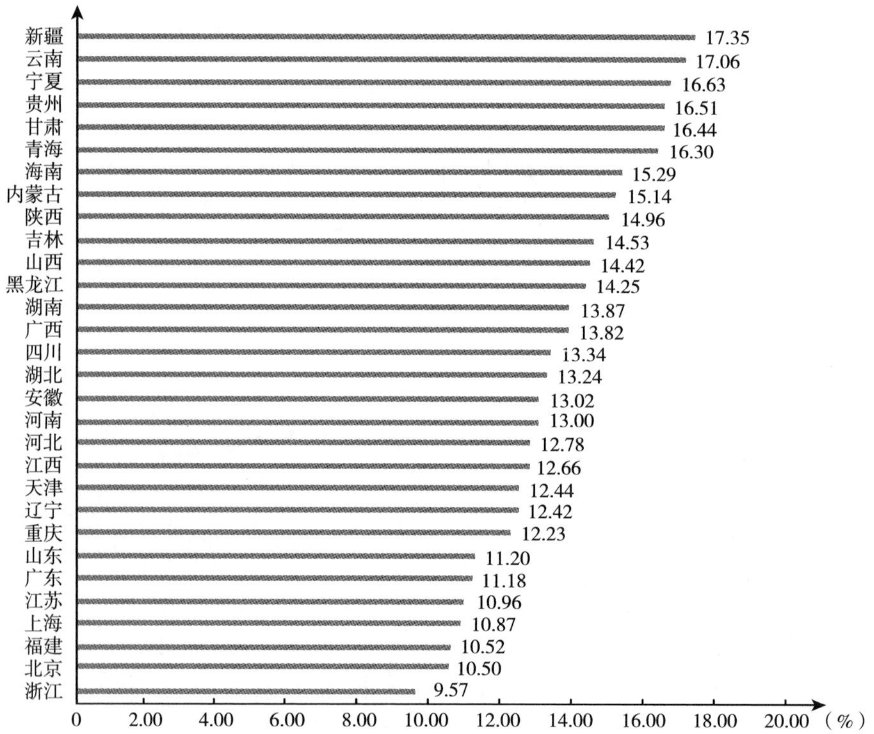

图 3－8　基于 MIMIC 模型法测算的各省区市 1995～2016 年隐性经济规模历年平均值

表 3－8　基于 MIMIC 模型法测算的各省区市历年隐性经济规模　单位：%

年份	北京	天津	河北	山西	内蒙古	辽宁	吉林	黑龙江	上海	江苏	浙江	安徽	福建	江西	山东
1995	9.74	11.40	12.86	13.61	15.51	12.18	14.22	14.91	9.72	12.07	11.55	13.03	10.60	10.90	12.93
1996	8.48	11.12	11.77	13.23	14.43	11.84	13.89	14.39	9.17	11.16	11.40	12.43	10.29	10.48	12.36
1997	10.14	11.36	12.33	13.64	14.71	12.09	14.36	13.74	10.29	11.38	11.82	12.73	9.61	10.87	12.39
1998	10.75	11.01	12.13	13.74	14.60	11.84	14.64	14.02	9.92	11.70	11.22	12.60	11.74	12.42	12.09
1999	12.05	11.90	12.44	13.83	14.83	11.97	14.77	14.45	10.72	11.58	10.97	12.80	11.53	12.53	11.80
2000	11.02	12.69	12.38	14.14	15.13	12.12	14.66	14.61	10.64	11.37	10.14	13.10	11.62	12.75	11.34
2001	10.98	12.97	12.48	14.59	15.26	11.79	14.72	15.07	11.43	11.39	9.55	13.24	11.58	12.74	10.89
2002	10.20	13.09	13.08	15.13	15.53	13.57	15.13	15.10	11.98	12.28	10.71	13.78	12.25	13.36	11.50
2003	10.58	12.78	13.45	15.00	16.72	14.12	15.67	14.92	12.86	11.62	10.60	14.03	12.01	13.30	10.49
2004	9.81	12.98	13.69	15.25	17.07	13.88	15.72	15.00	11.93	11.88	9.18	13.88	11.91	13.11	11.57
2005	9.97	13.10	13.47	15.38	16.78	13.21	15.36	14.53	11.66	11.50	9.71	13.92	11.36	12.95	11.13
2006	10.71	13.64	13.42	14.79	16.84	13.32	15.23	14.62	11.01	11.21	9.47	13.97	11.00	13.07	11.12
2007	11.17	13.67	13.09	15.09	15.97	12.44	14.85	14.35	11.27	10.86	8.97	13.40	10.67	13.03	10.97
2008	10.51	13.87	13.27	15.82	15.87	12.17	14.80	14.23	10.72	10.80	9.10	13.10	10.43	13.16	11.05
2009	11.33	13.84	13.66	16.04	15.58	12.97	15.06	14.52	11.43	11.07	9.31	13.46	10.40	13.92	11.27
2010	10.95	13.93	13.47	15.79	15.57	13.07	15.05	14.51	10.76	10.63	8.74	13.43	10.27	13.99	11.35
2011	11.11	13.59	13.31	14.38	15.29	12.66	14.78	14.11	11.03	10.64	8.27	13.50	9.70	13.68	11.03
2012	11.17	13.11	12.91	13.78	14.67	11.97	13.92	13.80	11.72	10.45	8.14	12.63	9.48	12.71	10.71
2013	10.57	12.26	12.35	12.84	14.15	11.72	13.81	13.23	11.54	9.91	8.08	12.08	8.90	12.52	10.53
2014	9.85	11.74	11.93	13.47	12.93	11.29	13.12	13.09	10.50	9.47	7.77	11.81	8.67	12.34	10.10
2015	10.26	10.94	11.87	13.79	12.73	11.40	12.96	13.07	10.34	9.22	8.44	11.78	8.84	12.35	9.95
2016	9.73	8.70	11.83	13.90	12.86	11.62	12.94	13.13	8.46	8.88	7.38	11.63	8.65	12.39	9.72

年份	河南	湖北	湖南	广东	广西	海南	重庆	四川	贵州	云南	陕西	甘肃	青海	宁夏	新疆
1995	13.78	13.03	13.92	12.68	14.14	14.42	9.77	14.32	16.48	17.88	14.59	15.75	17.30	16.17	15.74
1996	13.25	12.53	13.36	11.29	13.77	13.79	7.16	13.94	15.73	17.21	14.54	15.43	16.89	15.95	15.99
1997	13.39	13.20	13.45	12.40	14.17	14.67	11.15	13.62	16.05	17.02	15.18	15.68	16.91	16.44	16.04
1998	13.39	12.78	13.63	12.28	13.51	14.45	11.99	13.19	15.50	16.95	14.27	15.02	15.41	16.47	16.46
1999	13.43	12.77	13.80	12.46	13.46	13.81	13.08	13.47	15.87	17.44	14.25	14.99	15.48	16.09	16.42
2000	13.22	12.73	13.94	11.99	13.23	13.85	13.65	13.52	15.83	17.10	14.44	15.30	15.28	16.01	16.38
2001	13.04	13.46	14.09	11.95	13.21	14.37	13.40	13.62	16.51	17.24	14.82	15.29	16.26	15.55	16.60
2002	13.51	13.67	14.30	12.32	13.87	14.23	12.75	13.98	16.37	17.85	15.40	16.06	16.94	16.36	17.13

续表

年份	河南	湖北	湖南	广东	广西	海南	重庆	四川	贵州	云南	陕西	甘肃	青海	宁夏	新疆
2003	13.78	13.88	14.19	12.30	13.56	15.25	13.42	13.72	16.57	17.93	15.23	16.37	16.93	16.00	17.40
2004	13.59	13.97	14.31	11.34	14.03	16.05	14.01	13.76	16.81	18.09	15.57	16.40	16.95	16.49	17.52
2005	13.35	13.98	14.18	11.26	13.79	15.94	13.81	13.58	17.27	17.85	15.57	16.83	17.08	16.75	17.67
2006	13.34	14.22	14.10	10.70	13.84	16.34	13.49	13.83	17.16	17.73	15.77	17.41	17.18	16.54	17.86
2007	13.15	13.55	13.98	10.95	14.15	16.60	12.67	13.45	17.01	17.07	15.15	17.17	16.48	16.57	17.87
2008	13.14	13.56	13.98	10.63	14.06	16.96	12.70	14.08	17.01	17.15	15.07	16.67	16.07	16.86	17.91
2009	13.36	14.04	14.37	10.85	14.35	17.16	13.15	14.21	17.29	17.37	15.61	17.73	16.49	17.02	18.42
2010	13.06	14.06	14.28	10.65	14.24	16.88	12.96	13.70	17.21	17.25	15.62	17.68	16.72	17.36	18.79
2011	12.92	13.47	14.02	10.60	14.40	16.69	12.92	12.98	17.28	17.07	15.25	17.60	16.65	17.18	19.01
2012	12.45	13.20	13.72	10.52	14.19	16.13	12.16	12.41	16.87	16.82	15.04	17.56	16.41	17.82	19.09
2013	11.89	12.70	13.58	10.08	13.75	14.94	11.85	12.38	16.66	16.43	14.66	16.94	15.82	17.51	18.01
2014	11.83	12.29	13.35	9.65	13.50	14.41	11.29	12.11	16.32	16.17	14.33	16.79	15.42	17.02	17.72
2015	11.72	12.35	13.27	9.36	13.47	14.54	11.14	11.65	15.94	15.79	14.39	16.73	15.05	16.97	17.03
2016	11.43	11.90	13.30	9.66	13.36	14.84	10.49	11.99	15.54	13.93	14.36	16.41	14.85	16.63	16.69

三、DGE 模型法

为进一步验证隐性经济测算结果的稳健性，本书还将利用 DGE 模型法对各省（直辖市、自治区）隐性经济规模进行测算。利用各省区市相关数据对前面所构建的 DGE 模型中的参数进行校准，通过对式 $SE_{i,t} = y^m_{i,t}/y^u_{i,t} = A_{i,t}(h^m_{i,t})^{1-\alpha}(k^m_{i,t})^{\alpha}/B_{i,t}(h^u_{i,t})^{\theta}$进行求解，即可对 1995～2016 年我国各省区市隐性经济规模进行测算，其中，i 表示省份，t 表示年份。

（一）参数校准

与测算全国隐性经济规模相似，要测算各省区市隐性经济的规模也需要对 8 个与代表性厂商相关的参数（$A_{i,t}$、$B_{i,t}$、α、θ、δ、$k^m_{i,t}$、$h^m_{i,t}$，q）以及 3 个与政府相关的参数（$\tau_{i,t}$、p、s）进行校准，本书将采取与前面类似的方法对各参数进行校准。

首先，借鉴金戈（2016）的研究结果，将各省区市历年正规经济部门的资本折旧率取值为10%，并利用永续盘存法，通过公式$k^m_{i,t+1} = I_{i,t} + (1-\delta)k^m_{i,t}$计算我国各省区市历年资本存量规模。其中，$I_{i,t}$用正规经济中每年固定资产实际形成总额表示（以1995年为基年），$K_{i,1995} = I_{i,1995}/(\gamma_i + \delta)$，$\gamma_i$为i省在1995～2016年固定资本形成总额年均实际增长率，即：$\gamma_i = \left(\frac{I_{i,2016}}{I_{i,1995}}\right)^{\frac{1}{22}} - 1$。假设各省区市正规经济部门的资本产出弹性相等，将$h^m_{i,t}$取值为各省区市正规经济中实际就业总人数，$y^m_{i,t}$为实际GDP，根据式（3.35）构建计量模型：$\ln(y^m_{i,t}/h^m_{i,t}) = c_0 + \varphi\ln(t) + \alpha\ln(k^m_{i,t}/h^m_{i,t}) + \varepsilon_{i,t}$，即可利用我国各省区市1995～2016年的面板数据进行回归分析获取正规经济部门的资本产出弹性α，利用固定效应模型进行回归分析得到α为0.517。获取正规经济部门的产出规模、资本存量、就业总人数以及资本产出弹性后，便可求取各省区市历年的正规经济部门全要素生产率$A_{i,t}$。

其次，借鉴埃尔金和奥祖纳利（Elgin & Öztunali，2012）、埃尔金和施耐德（Elgin & Schneider，2012）的研究，将隐性经济部门的劳动产出弹性θ取值为0.425，并假定各省区市隐性经济部门历年的全要素生产率每年的增长率等于正规经济部门全要素生产率增长率和资本存量增长率的平均值。借鉴前面用MIMIC模型法测算的各省区市1999年隐性经济规模，并利用式（3.36）便可以计算出各省区市历年隐性经济部门的全要素生产率$B_{i,t}$。此外，根据张抗私等（2018）的研究，将单位时间内正规经济部门与隐性经济部门的劳动力工资水平之比取值为1.365。

最后，用宏观税负水平来表示各地区的总体税率水平，即用地区实际税收总额占实际GDP总额的比重来表示$\tau_{i,t}$；用税务机关每年检查的企业户数占税务登记户数的比例来衡量逃税被查处的概率，并借鉴孙刚（2013）的研究，将p取值为0.06；此外，根据我国税法相关规定，逃税行为一旦被发现，不仅要补缴税款，还要被处以逃税金额的50%到5倍的罚金，本书将处罚力度取值为3，即s取值为4。

（二）基于DGE模型法的隐性经济测算结果

图3－9为利用DGE模型法测算的全国及三大地区隐性经济规模变化趋势图。由图可见，由DGE模型法测算的隐性经济规模呈现出更加明显的下降趋

势，且同样呈现出西高东低的空间分布特点。具体来说，全国各省区市隐性经济规模平均值从 1995 年的 14.54% 下降到 2016 年的 11.33%，历年平均值为 12.32%；东部地区各省区市隐性经济规模平均值从 1995 年的 13.66% 下降到 2016 年的 9.15%，历年平均值为 10.59%；中部地区各省区市隐性经济规模平均值从 1995 年的 14.49% 下降到 2016 年的 12.27%，历年平均值为 12.67%；西部地区各省区市隐性经济规模平均值从 1995 年的 15.45% 下降到 2016 年的 12.82%，历年平均值为 13.81%。

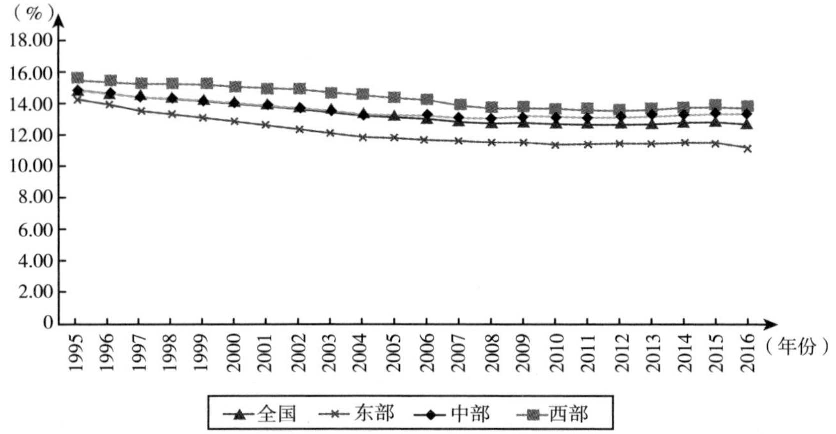

图 3-9　基于 DGE 模型测算的全国及地区隐性经济变化趋势

图 3-10 则是根据 DGE 模型法所测算的 1995~2016 年各地区隐性经济规模平均值所绘制的全国隐性经济分布地图。如图所示，我国隐性经济平均规模最低的四个省级行政区为上海、江苏、浙江和广东，其中，上海的隐性经济平均规模最低，为 8.63%。新疆、宁夏、云南和贵州则是我国隐性经济平均规模最高的四个省级行政区，其中，云南的隐性经济平均规模最高，为 16%。这一结果与 MIMIC 模型法分析的结果非常相似，虽然北京市的隐性经济规模测算结果变大，但其他地区的测算结果及排名比较接近，尤其是隐性经济规模最高的四个地区完全一样，这也说明测算结果的稳健性。表 3-9 为利用 DGE 模型法测算的 1995~2016 年全国各省区市历年的隐性经济规模。

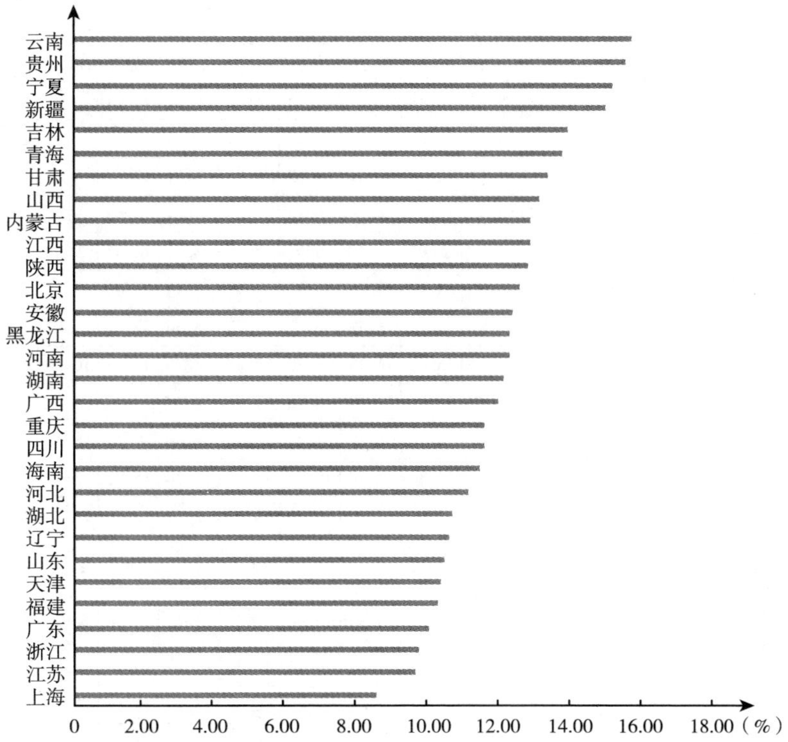

图 3－10　基于 DGE 模型法测算的各省 1995～2016 年隐性经济平均规模历年平均值

表 3－9　　基于 DGE 模型法测算的各省区市历年隐性经济规模　　单位：%

年份	北京	天津	河北	山西	内蒙古	辽宁	吉林	黑龙江	上海	江苏	浙江	安徽	福建	江西	山东
1995	13.57	13.47	12.90	15.75	17.56	14.87	17.76	15.02	13.04	12.95	12.14	13.40	12.80	13.23	12.88
1996	12.91	12.71	12.66	15.06	16.55	14.10	16.73	14.73	12.59	12.54	11.83	13.26	12.44	13.07	12.58
1997	12.23	12.21	12.52	14.40	15.87	12.97	16.03	14.62	11.80	12.16	11.46	13.06	11.85	12.63	12.24
1998	12.08	12.12	12.53	14.02	15.21	12.43	15.13	14.74	11.35	11.92	11.22	13.16	11.75	12.62	12.01
1999	12.05	11.90	12.44	13.83	14.83	11.97	14.77	14.45	10.72	11.58	10.97	12.80	11.53	12.53	11.80
2000	11.64	11.50	12.24	13.40	14.26	11.55	14.65	14.06	10.31	11.19	10.90	12.55	11.32	12.37	11.62
2001	11.57	11.00	12.03	13.13	13.72	11.12	14.41	13.68	9.51	10.82	10.82	12.27	11.08	12.30	11.34
2002	11.49	10.54	11.72	12.67	13.51	10.65	14.27	13.12	9.08	10.50	10.73	12.13	10.73	12.47	10.97
2003	11.27	10.18	11.26	12.39	12.82	10.12	14.02	12.61	8.83	10.23	10.45	12.05	10.31	12.60	10.85
2004	11.49	9.71	10.85	12.09	12.70	9.89	13.53	12.25	8.41	9.76	10.01	11.79	9.95	12.69	10.57
2005	12.02	9.65	10.57	12.32	12.41	9.84	13.43	11.93	8.15	9.53	9.98	11.90	9.79	12.89	10.46
2006	12.69	9.69	10.36	12.48	12.40	9.71	13.39	11.65	7.81	9.20	9.69	12.08	9.60	13.02	10.29
2007	13.16	9.85	10.17	12.17	11.97	9.49	13.39	11.32	8.54	8.93	9.41	12.10	9.43	13.01	10.02

续表

年份	北京	天津	河北	山西	内蒙古	辽宁	吉林	黑龙江	上海	江苏	浙江	安徽	福建	江西	山东
2008	13.65	9.89	10.24	12.50	11.64	9.44	13.40	11.11	7.65	8.66	9.18	12.34	9.32	12.98	9.82
2009	14.36	9.54	10.58	13.19	11.54	9.51	13.64	11.09	7.22	8.51	9.07	12.74	9.33	13.41	9.68
2010	12.35	10.27	10.68	13.07	11.57	9.53	13.69	10.49	7.02	8.36	8.71	12.89	9.28	13.77	9.59
2011	13.30	10.56	10.63	12.95	11.47	9.41	13.23	11.13	6.86	8.23	8.54	12.67	9.45	13.58	9.45
2012	13.97	10.36	10.74	13.13	11.39	9.61	13.05	11.30	6.51	8.10	8.51	12.58	9.58	13.54	9.39
2013	14.35	10.03	10.92	13.21	11.52	9.75	13.16	11.53	6.12	7.98	8.44	12.61	9.57	13.53	9.28
2014	14.53	9.92	11.06	13.66	11.95	9.91	13.32	11.71	6.27	7.93	8.56	12.72	9.81	13.53	9.23
2015	13.87	9.18	11.14	14.23	11.70	9.93	13.40	11.38	6.30	7.86	8.70	12.78	10.20	13.55	9.41
2016	13.12	7.68	11.18	14.42	11.34	9.40	13.42	11.03	5.86	7.75	8.35	12.71	9.95	13.61	9.19

年份	河南	湖北	湖南	广东	广西	海南	重庆	四川	贵州	云南	陕西	甘肃	青海	宁夏	新疆
1995	13.24	13.10	14.46	15.22	14.00	16.43	12.80	13.70	15.26	17.98	15.78	15.95	13.79	16.74	16.41
1996	13.05	13.09	14.29	14.48	13.98	16.16	12.63	13.55	15.36	17.57	15.41	15.50	14.30	16.18	16.65
1997	13.15	12.78	14.01	13.39	13.82	15.59	12.51	13.32	15.51	17.01	14.95	15.37	14.83	16.13	16.72
1998	13.45	12.79	13.99	12.89	13.61	14.53	12.89	13.30	15.92	17.61	14.55	15.25	15.25	15.97	16.49
1999	13.43	12.77	13.80	12.46	13.46	13.81	13.08	13.47	15.87	17.44	14.25	14.99	15.48	16.09	16.42
2000	13.38	12.54	13.49	12.06	13.22	13.14	12.90	13.41	16.12	17.20	13.85	14.62	15.81	15.81	15.98
2001	13.02	12.34	13.32	11.66	12.94	12.59	12.72	13.26	17.17	16.85	13.49	14.35	15.84	15.64	15.78
2002	12.65	12.07	13.13	11.02	12.38	11.95	12.53	13.00	17.62	16.64	13.41	14.30	15.83	15.49	15.67
2003	12.35	11.70	12.90	10.44	11.99	11.46	12.46	12.68	17.79	16.28	13.17	13.96	15.40	15.42	15.26
2004	11.89	11.29	12.59	9.85	11.68	11.15	12.33	12.18	17.65	15.87	12.93	13.54	14.89	15.52	15.03
2005	11.68	10.90	12.41	9.63	11.47	10.76	12.35	11.86	16.72	16.09	12.79	12.72	14.54	15.52	15.00
2006	11.66	10.57	12.15	9.16	11.37	10.22	12.35	11.50	16.48	15.96	12.80	12.41	14.28	15.22	14.76
2007	11.65	9.91	11.70	8.88	11.18	9.50	11.81	11.06	15.49	15.44	12.32	11.95	13.47	14.84	14.28
2008	11.72	9.57	11.31	8.60	11.08	9.39	11.50	10.85	15.16	15.46	11.97	11.82	12.81	14.49	13.98
2009	12.12	9.43	11.22	8.48	11.20	9.45	11.33	10.84	14.98	15.34	12.10	12.22	12.88	14.85	13.90
2010	12.20	9.26	11.04	8.27	11.41	9.32	11.10	10.62	14.62	15.41	12.13	12.31	12.40	14.88	14.12
2011	12.04	9.07	10.91	8.05	11.43	9.46	10.69	10.16	14.40	15.01	11.95	12.29	12.28	14.91	14.36
2012	12.05	9.10	10.92	7.87	11.26	9.86	10.42	9.93	14.66	14.75	11.84	12.26	12.35	15.12	14.54
2013	12.19	9.18	10.99	7.74	11.32	10.11	10.26	9.87	14.96	14.50	11.72	12.40	12.54	15.37	14.87
2014	12.26	9.25	11.04	7.68	11.48	10.51	10.31	9.88	15.40	14.65	11.83	12.75	12.76	15.70	15.08
2015	12.38	9.31	11.22	8.22	11.65	10.64	10.02	9.85	15.60	14.50	11.66	13.13	12.92	15.86	15.21
2016	12.62	9.32	11.06	7.46	11.82	10.72	9.79	9.81	15.72	14.48	11.48	13.36	12.92	15.01	15.32

第四章

政府分权对隐性经济的影响

政府分权作为国家治理中的重要制度安排，确立了中央政府和地方政府在权、责、利等方面的分配关系。自从1994年分税制改革以来，我国政府分权的特点主要表现为政治集权体制下的财政分权和行政分权，即中央政府主要通过立法和人事任免实现对地方政府的政治控制，同时，为调动地方政府在经济建设和社会治理中的积极性和主动性，逐步扩大地方政府在财政支出、经济建设和社会事务管理等方面的权力。

已有研究表明，中国式政府分权对中国各地区的公共产品供给、生产要素配置以及经济社会发展都产生了重要影响。例如，田侃和亓寿伟（2013）发现，财政分权显著促进了我国各地区的基础设施建设水平，但却抑制了民生领域的财政支出；邓晓兰等（2019）利用我国地级市的面板数据研究发现，我国的财政分权与地方政府竞争通过强化地方保护和扭曲要素配置显著降低了地区全要素生产率；储德银等（2017）则发现我国的财政收入分权有利于降低地区收入差距，而财政支出分权则会扩大地区收入差距。由前面分析可知，隐性经济的形成主要受三个方面的影响：一是由政府管制、税收负担以及政府质量等因素带来的制度成本；二是受政府公共产品供给水平影响的企业和居民税收遵从意愿；三是正规经济发展水平决定的投资和就业机会。因而，从理论上来看，中国式政府分权也将会对地区隐性经济发展产生一定的影响。此外，相关研究也表明，政府分权可以通过“效率效应”和“威慑效应”抑制地区隐性经济发展，即，一方面，政府分权有利于缩短政府与民众之间的距离，减少信息不对称并加强民众对政府的监督，提高政府质量与公共产品供给效率，从而有利于降低地区隐性经济规模（效率效应）；另一方面，政府分权使地方政府与地区企业和居民之间的联系更加密切，有利于加强政府监管机构与税务部门对企业及居民的监管，对他们的逃税行为产生威慑效应，从而有利于降低地区隐性经济规模（威慑效应）（Alexeev & Habodaszova，2007；Dell'Anno & Teobaldelli，2015）。

中国式政府分权内涵丰富，影响广泛，揭示了中国式政府分权与地区隐性经济规模之间的关系及其作用机制，对于治理隐性经济、减少税收流失以及调节收入分配有着重要意义。首先，本章将在总结中国式政府分权主要特点的基础上，聚焦财政分权与行政分权，选择合适的指标对我国财政分权和行政分权的程度进行度量；其次，利用我国1995～2016年的省级面板数据就政府分权对隐性经济的影响进行实证分析；最后，还将对政府分权对隐性经济影响的异质性进行分析，以全面揭示政府分权对隐性经济的影响。

第一节 政府分权度量指标的选择

一、财政分权度量指标构建

财政分权是世界各国实施分权化改革的重要方式，通过合理划分政府间的财政收入和财政支出责任，既能为约束地方政府行为提供经济激励，又能保证中央政府对各地方政府的控制和协调。随着财政联邦主义理论的兴起，大量分析财政分权影响效应的实证研究不断出现，财政分权的度量指标也得以不断发展和完善。

目前国内外对财政分权的度量也主要是从财政收入分权、财政支出分权以及财政管理等维度来构建相关指标度量财政分权程度。艾哈迈德等（Ahmad et al.，2005）构建了一个分权体系下政府责任关系框架，并从权责关系分配的角度指出财政分权应该从四个维度来定义：一是中央和地方各政府层级在支出责任上的分配；二是各级政府之间税收征收权力的分配；三是政府间的奖励补贴体系设计；四是不同政府层级之间的财政预算和监管体系。伊万娜和沙阿（Ivanyna & Shah，2010）认为财政分权主要度量了地方政府的财政自主权，并从地方政府财政支出占政府支出总额比例、从其他地区或层级政府获得的转移支付占地方财政收入的比例、地方政府税收自主权以及转移支付是否含有约束条件四个维度对财政分权进行了测量。菲奥雷诺等（Fiorino et al.，2015）则从转移支付收入以及地方税收两个维度度量了政府收入分权，为避免同时使用税收收入和财政支出两个变量可能产生的共线性问题，专门构建一个财政支出分权虚拟变量来度量政府财政支出的分权程度。此外，根据研究目的和内容的需要，部分学者仅选取其中一个或几个方面来对财政分权进行度量。德雷赫和埃菲舍尔（Dreher & Fishicher，2010）在研究政府分权与恐怖袭击之间关系时，从财政支出的角度用地方各级政府财政支出额度占中央与地方各级政府财政支出总额的比重度量了全球 168 个国家财政分权程度。亚历克塞耶夫和哈博达佐娃（Alexeev & Habodaszova，2012）在对财政分权与腐败之间关系进行跨国研究时，仅从地方政府财政收入占各级政府财政总收入的比重对全球主要国家的财政分权程度进行了度量。

国内相关研究也基本上沿袭了国外财政分权度量指标的构建方法。龚锋和雷欣（2010）指出中国式财政分权并非严格意义上的法律分权，而是一种事实分权，并且选取财政收入自治率、财政收入占比、财政收入自觉率、财政支出占比、税收管理分权度与行政管理分权度 6 个指标对中国式财政分权进行了全景式评估。罗也骁等（2015）指出，财政分权的常用测量方法有收入法、支出法和自主法三类常用的方法，自主法则可以较好地反映地方政府的实际财力水平与分权条件下的行为偏向。徐永胜和乔宝林（2012）指出财政分权自身及其经济效应主要受收入水平的分权、收入决定权的分权、支出水平的分权与支出支配权的分权四个方面因素的影响，并构建了一个以加权的地方自治水平来衡量财政分权程度的理论模型。张晏和龚六堂（2005）指出中国不同地区实际的财政分权程度呈现明显差异，单一分权指标无法准确度量中国的“事实分权”，应该从预算内本级政府财政收入指标、预算内本级政府财政支出指标、扣除净转移支付的财政支出指标以及预算内外总收支指标四个方面对财政分权程度进行全面度量。陈硕和高琳（2012）发现收入指标与财政自主度指标均适用于同一中央政府与地方政府在不同时间段的分权程度，但对于同一中央政府与不同地方政府之间财政分权程度的变化则只有财政自主度指标有效。潘春阳等（2011）指出中国财政分权体制具有“支出分权，收入集权”的特点，因而从支出的角度利用各省人均预算内财政支出与全国人均财政支出的比值来衡量地区财政分权程度更加精确。

依据前面对我国财政分权体制改革历程的梳理可知，我国财政分权存在明显的“财政收入集权、财政支出分权”的特点，随着我国政治经济体制改革的演进，我国政府对财政分权体制也进行了变革，在财政收入方面，以1994年实施的分税制改革为主要依据，基本上构建了中央和地方政府之间的收入划分体系，而且这一体系基本上保持稳定；在财政支出方面，则让地方政府承担更多的财政支出责任和支出权限，以扩大地方政府在基础设施建设和公共服务供给方面的自主权，相比于财政收入分权的稳定性，财政支出分权程度一直处于变化之中，且地方政府承担更多财政支出责任的趋势更加明显。由此可见，单纯的财政收入分权和财政支出分权都难以真正体现出我国财政分权程度，财政分权的另一指标——财政自由度，综合考虑了地方政府的财政收入情况和财政支出情况，可能是更好地度量地方政府财政分权总体水平的指标。

结合前面对财政分权的度量方式以及中国财政分权的特点，此处共构建了四个变量度量：（1）财政自由度（fiscal autonomy，fa），即，用地区财政收入占财政支出的比重度量地区财政自主程度，反映地方政府财政分权的总体力度，同时，也能用该指标反映地方政府财权与事权不匹配程度对隐性经济规模的影响；（2）财政支出分权（fiscal expenditure decentralization，fed），即，用地区人均财政支出与全国人均财政支出的比重度量各地方政府在财政支出方面的自主权，同时，这也能在一定程度上反映地方政府与中央政府之间的事权划分；（3）财政收入分权（fiscal revenue decentralization，frd），即，用地区人均财政收入与全国人均财政收入的比重度量各地方政府在财政收入方面划分情况；（4）税收分权（tax decentralization，taxde），即，用地区人均地税收入与全国人均税收收入的比值度量地方政府与中央政府税收分成情况。

二、行政分权度量指标构建

行政分权是度量我国政府分权的重要维度，但目前运用定量研究方法来对行政分权进行实证分析的研究还不多。国外相关研究大多从政治体制、行政区划以及政府机构的设置等维度来度量行政分权。特雷斯曼等（Treismen et al.，2009）在跨国研究中从是否为联邦制国家、政府层级、底层行政区划平均面积、地方自治权以及基层政府负责人是否由选举产生等指标对全球主要国家的政治和行政分权进行了度量。布恩等（Buehn et al.，2011）在研究中沿用了上述分权度量方法，也从联邦体制、政府垂直层级、基层政府负责人产生方式以及自治权等角度来进行研究，但同时，还指出应该将是否存在专属于中央的部分决策权授予地方政府作为地方政府自治权的一个重要标志。诺伊多弗（Neudorfer，2014）则认为政府分权应突出地方政府自治权，这主要通过地方政府拥有的自有权力和分享权力来度量，其中，自有权力是指地方政府所独立拥有的政策制定权、财政支配权以及机构管理权；分享权力则是指地方政府与中央政府所共有的相关权力。国内部分学者从公共管理的视角以行政审批为切入点对纵向政府间职权划分进行了理论研究。李振和鲁宇（2015）指出中国目前的行政分权模式属于选择性分权模式，即存在分权与集权并举的现象，通过加强对职能机构的垂直管理加强集权，通过取消和下放行政审批事项进行分权。董建新和李叶兰（2010）指出行政审批是纵向政府间事权划分的主要标准，并对“中央——广东——中山”三级政府间行政审批改革进行了研究。陈天祥和李倩婷（2015）指出行政审批是政府间职能划分的重要标志，通过对我国行政审批改革现状进行分析发现，目前我国仍然是一个行政集权程度较高的国家。

从实践层面来看，我国行政分权改革主要可从三个方面来进行分析：(1) 以行政审批权限划分为抓手的行政分权改革，主要改变对经济社会管控权限在各级政府间的划分情况，党的十八大以来，我国政府以行政审批改革为突破点，大力推行简政放权，通过分批次取消和下放行政审批事项，在加大政府间行政分权的同时，也逐渐放松对市场和社会的管制力度。(2) 调整政府行政组织结构及人员分配，一方面，我国通过实施多次大部制改革，减少中央部门的机构数量，减轻政府管理中的条块分割，从而避免中央政府对经济社会各领域的管控过细；另一方面，扩大基层政府的组织和人员配备，随着我国经济社会发展，政府在公共管理和社会服务中承担的职能也越来越多，而基层政府作为各项职能的主要承担者和直接履行者，也势必要履行更多的行政职能。(3) 改革行政区划和行政体制，在我国，地方政府的行政职权与其行政级别有着密切的关系，行政级别越高，地方政府的行政职权也越大，一方面，我国在多地实行“撤县设市”，提高基层政府的行政级别和行政职权，从而扩大政府间的行政分权力度；另一方面，通过实行省直管县体制，减少政府层级，扩大基层政府的行政职权，提高政府间的行政分权程度。

由于本书主要是利用省级面板数据进行研究，结合行政分权的理论研究和实践现状，本书构建两个变量来度量地区行政分权程度：(1) 公共部门就业人员指标（gwy）：我国公共部门实行严格的编制管理制度，因事设岗、以编定人的公务员编制设定原则使公共部门就业规模能在一定程度上反映出政府部门的职能与权限，因此，可以用地区每万人中公共部门就业人数与全国平均每万人中公共部门就业人数的比值来度量行政分权的总体程度；

$$公共部门就业人数分权指标(gwy)=\frac{地方公共部门就业人数/地方总人口}{全国公共部门就业人数/全国总人口}$$

（2）行政审批分权（shenpi）：行政审批代表了政府对经济社会事务的管理权限，尤其是对一些投资项目的审批权限，对地区经济社会发展有重要影响，行政审批权力的下放便是政府对行政管理权力的调整和重新分配，本书用如下公式构建行政审批分权指标：

$$行政审批分权(shenpi)=\frac{省级行政审批事项数目}{省级行政审批事项数目+国务院行政审批事项数目}$$

第二节 政府分权影响隐性经济的实证分析

一、财政分权对隐性经济的影响

本节将从不同维度对财政分权的程度进行度量，并构建相关计量模型，利用 1995～2016 年的省级面板数据（西藏、港澳台除外）分析财政分权对隐性经济的影响及其作用机制。

（一）模型设定、变量选取与数据分析

虽然前面在利用 MIMIC 模型对地区隐性经济规模进行测算时，已经将地方政府财政自主度（fiscal autonomy）纳入隐性经济的原因变量进行分析，并发现，财政自主度与隐性经济之间存在显著的负相关，但考虑到中国的财政分权特点，本书还将从财政收入分权维度、财政支出分权维度以及税收分权维度对财政分权与隐性经济之间的关系进行进一步识别。本书结合相关理论和已有研究，构建如式（4.1）所示的基准计量模型：

$$SE_{i,t}=\alpha_0+\alpha_1 tax_{i,t}+\alpha_2 tstr_{i,t}+\alpha_3 lreg_{i,t}+\alpha_4 unemp_{i,t}+\alpha_5 lnempa_{i,t}+\alpha_6 incs_{i,t}+\alpha_7 fd_{i,t}+\mu_{i,t} \tag{4.1}$$

其中，i（i＝1，2，…，30）代表省份，t（t＝1995，1996，…，2016）

代表年份，α_0为常数项，$\mu_{i,t}$为误差项。该模型中的因变量、核心解释变量和控制变量选择如下：

1. 因变量（SE：shadow economy）。

本书分别用微观收支差异法、MIMIC 模型法和 DGE 模型法三种方法对我国各省区市历年隐性经济规模进行了测算，在三种测算方法中，微观收支差异法测算结果波动幅度最大，这很可能是因为微观统计数据存在一定误差，此外，由于 MIMIC 模型法是当前国内外测算隐性经济规模中应用最广的方法，DGE 则是隐性经济测算的前沿方法，两者理论基础都较为坚实，因此，本书选择用 MIMIC 模型法测量结果作为因变量，并用 DGE 模型法的测算结果进行稳健性检验。

2. 核心解释变量（Fd：Fiscal decentralization）。

结合前面对财政分权的度量方式以及中国财政分权的特点，此处共构建了四个变量度量：(1) 财政自由度（Fa：Fiscal autonomy），即，用地区财政收入占财政支出的比重度量地区财政自主程度，反映地方政府财政分权的总体力度，同时，也能用该指标反映地方政府财权与事权不匹配程度对隐性经济规模的影响；(2) 用财政支出分权（Fed：Fiscal expenditure decentralization），即用地区人均财政支出与全国人均财政支出的比重度量各地方政府在财政支出方面的自主权，同时，这也能在一定程度上反映地方政府与中央政府之间的事权划分；(3) 财政收入分权（Frd：Fiscal revenue decentralization），即用地区人均财政收入与全国人均财政收入的比重度量各地方政府在财政收入方面划分情况；(4) 税收分权（Taxde：Tax decentralization），即用地区人均地税收入与全国人均税收收入的比值度量地方政府与中央政府税收分成情况。

3. 控制变量。

结合前面对隐性经济成因的分析，本书在模型中还控制了以下变量：(1) 税收负担（tax）：逃避税收负担是隐性经济的主要动力，已有研究分别从税收总负担、直接税、间接税、企业所得税以及个人所得税等不同视角检验了税收负担和隐性经济之间的关系，且发现，无论是何种税负，都与隐性经济之间存在正向关系（Torgler，2010；Buehn & Schneider，2012；Wiseman，2013；Kuehn，2014）；(2) 税制结构（tstr）：虽然不同类型税收负担的增加都会导致隐性经济规模扩大，但不同种类税收负担对隐性经济的影响程度并不相同，这就导致税制结构的变化也会影响隐性经济规模，例如，直接税更易于征管，扩大直接税占比有利于减少偷税漏税，减少隐性经济规模（孙群力和李永海，2016）；（3）政府管制（lreg）：逃避政府管制负担（如劳动管制、安全管制和环保管制等）也是隐性经济的主要动因之一，一般而言，政府管制力度越大，资本和劳动力转入隐性经济部门的动力也越强，隐性经济规模也越大；（4）失业率（unemp）：地区失业率越高，劳动力在正规经济部门就业机会越小，转向隐性经济部门寻求就业机会的动力也就越强；（5）农业部门就业规模（empa）：农业部门的自我就业率较高，且农民就业及收入状况难以准确统计和监测，因而，农业部门就业人数越多，隐性经济规模越大；（6）居民收入水平（incs）：正规经济部门可获得的收入水平越高，劳动力进入隐性经济部门的机会成本也就越大，因此，正规经济部门收入水平越高，地区隐性经济规模越小。

隐性经济规模的相关数据由本书分别用 MIMIC 模型和 DGE 模型测算所得；税收负担和税制结构的相关数据则由对应年份的《中国税务年鉴》中所得；其他变量的数据则由对应年份的《中国统计年鉴》中所得。表 4 – 1 为所有变量的定义、度量方式与描述性统计值。

表 4 – 1　　变量度量方式与描述性统计值

变量	度量方式	观测值	平均值	标准差	最小值	最大值
SE_{mimic}	隐性经济与 GDP 比值（MIMIC 模型法测算）	660	0.1355	0.0233	0.0716	0.1909
SE_{dge}	隐性经济与 GDP 比值（DGE 模型法测算）	660	0.1232	0.0230	0.0586	0.1798
tax	税收总额占 GDP 的比值	660	0.1420	0.0944	0.0454	0.7136
tstr	直接税与间接税的比值	660	0.4328	0.2457	0.1097	2.1362
lreg	公共部门就业人数与就业总人数的比值	660	0.0205	0.0079	0.0098	0.0505
unemp	城镇统计失业率	660	0.0349	0.0094	0.0040	0.0740
lnempa	第一产业就业人数所占百分比的自然对数	660	8.4858	0.6890	7.06	10.23
Fa	地方财政收入与地方财政支出比值	660	0.5393	0.1851	0.1483	1.1201
Fed	地方人均财政支出与全国人均财政支出比值	660	0.9617	0.6786	0.3594	4.6648
Frd	地方人均财政收入与全国人均财政收入比值	660	0.6155	0.6761	0.1880	4.3050
Taxde	地方人均税收与全国人均税收比值	660	0.4312	0.4871	0.0544	2.7782
incs	人均实际可支配收入的自然对数	660	3.6348	0.6012	1.9	4.4

注：所有税收、人均收入与 GDP 相关数据都用 1994 年价格计算。

（二）实证结果分析

表4－2为利用 Stata 15.0 对式（4.1）进行回归分析的结果。在模型M4－2－1至模型M4－2－4中，将利用MIMIC模型对隐性经济规模的测算结果作为因变量，先后用财政自由度（Fa）、财政支出分权（Fed）、财政收入分权（Frd）和税收分权（Taxde）作为度量财政分权的指标来进行实证分析。在进行实证分析之前，先对四个模型进行 Hausman 检验，检验结果强烈建议使用固定效应模型来进行估计。进一步检验结果显示，以上四个模型都存在显著的组内自相关、组间异方差与组内同期相关，因此，应该用全面 FGLS 模型来进行估计。

模型M4－2－1至模型M4－2－4为固定效应模型回归结果，模型M4－2－5至模型M4－2－8为全面FGLS模型回归结果。在所有回归结果中，控制变量与隐性经济之间的关系都与理论分析一致且非常显著，这也说明了模型设定的合理性。对于财政分权的影响，固定效应模型的回归结果显示，财政自由度、财政收入分权和税收分权都显著降低了地区隐性经济规模，财政支出分权扩大了地区隐性经济规模，但这一影响不显著；在全面 FGLS 模型的分析结果中，财政自主度、财政支出分权、财政收入分权与税收分权对隐性经济的影响与固定效应模型回归结果中的方向一致，且财政支出分权的影响也在5%的水平上显著，由于全面 FGLS 模型的估计结果更加准确，因此，本书采用全面 FGLS 模型的回归结果。

模型M4－2－5回归结果显示，在控制其他变量的影响后，地方财政收入与财政支出的比值扩大1，则地区隐性经济规模降低0.0479，这说明从总体上来说，地方财政分权程度越高，越有利于降低地区隐性经济规模，同时，地方政府财权与支出责任之间的矛盾越小，地方政府财政压力越小，越有利于降低地区隐性经济规模，这主要是因为地方政府财政自由度越大，地方政府面临的预算约束就越小，这不仅有助于提高地方政府提供公共产品和服务的积极性，也有利于降低地方政府“增税提费”的冲动，降低企业和居民的税费负担。模型M4－2－6的回归结果显示，在控制其他变量影响后，地方人均财政支出与全国人均财政支出的比值增加1，则地区隐性经济规模增加0.0019，这主要是因为，财政支出分权程度越高，地方政府需要承担的财政支出责任就更大，这在一定程度上有利于提高地方政府在公共财政资金分配方面的主动性和

表 4-2　财政分权对隐性经济影响的实证分析结果

	M4-2-1	M4-2-2	M4-2-3	M4-2-4	M4-2-5	M4-2-6	M4-2-7	M4-2-8
	SE_{mimic}				SE_{mimic}			
Tax 税收负担	0.1472 (19.1)***	0.1072 (24.3)***	0.1088 (12.4)***	0.1686 (26.83)***	0.1606 (60.7)***	0.1192 (35.9)***	0.1184 (24.9)***	0.1243 (26.7)***
Tstr 税制结构	-0.0486 (-22.4)***	-0.0445 (-18.0)***	-0.0462 (-17.9)***	-0.0434 (-23.6)***	-0.0523 (-77.9)***	-0.0468 (-43.9)***	-0.0487 (-45.1)***	-0.0500 (-52.7)***
Lreg 政府管制	0.3625 (6.39)***	0.2607 (4.02)***	0.3222 (4.79)***	0.1842 (3.8)***	0.2066 (9.31)***	0.1785 (7.6)***	0.2391 (9.97)***	0.2531 (10.5)***
Unemp 失业率	0.2513 (8.25)***	0.2851 (8.13)***	0.2410 (6.68)***	0.2253 (8.62)***	0.2055 (16.4)***	0.2035 (12.6)***	0.1946 (14.5)***	0.1942 (14.5)***
Ln(empa) 农业就业	0.0756 (13.24)***	0.0951 (14.6)***	0.0907 (13.2)***	0.0422 (27.2)***	0.0676 (34.1)***	0.0867 (28.9)***	0.0862 (24.7)***	0.0821 (24.3)***
Incs 收入水平	-0.0206 (-4.39)***	-0.0347 (-5.59)***	0.0097 (1.31)	-0.0019 (-0.67)	0.0058 (3.22)***	0.0229 (6.23)***	-0.0346 (-14.2)***	-0.0363 (-12.8)***
Fa 财政自由度	-0.0491 (-19.8)***				-0.0479 (-50.1)***			
Fed 支出分权		0.0012 (1.07)				0.0019 (2.56)**		
Frd 收入分权			-0.0062 (-4.46)***				-0.0057 (-8.96)***	

续表

	M4－2－1	M4－2－2	M4－2－3	M4－2－4	M4－2－5	M4－2－6	M4－2－7	M4－2－8
	SE_{mimic}				SE_{mimic}			
Taxed 税收分权				－0.0028 (－2.5)***				－0.0021 (－5.88)***
常数项	0.1308 (36.85)***	0.0491 (17.42)***	0.0674 (10.55)***	0.0724 (12.1)***	0.1159 (44.7)***	0.0382 (7.65)***	0.0571 (14.5)***	0.0743 (28.7)***
时间效应	YES	YES	YES	YES	YES	YES	YES	YES
省份效应	YES	YES	YES	YES	YES	YES	YES	YES
R^2	0.9099	0.7737	0.7963	0.8160				
F	77.5***	55.6***	49.15***	48.6***				
N	660	660	660	660	660	660	660	660
模型	FE	FE	FE	FE	FGLS	FGLS	FGLS	FGLS

注：括号中的数值为 z 统计值，** 和 *** 分别表示 5% 和 1% 显著性水平。

灵活性，但也增加了地方政府的财政压力，在面临预算约束的情况下，地方政府财政支出往往会偏向可以直接带来经济绩效和 GDP 增长的项目，企业和居民则需要承担更多的医疗、教育和社保支出，这一方面增加了企业和居民的经济负担，使其转入隐性经济部门获取隐性收入的经济动力更加强烈；另一方面也降低了企业和居民的税收遵从意愿（王晓洁和王丽，2015）。模型 M4－2－7 的回归结果显示，在控制其他变量影响时，地方人均财政收入与全国人均收入的比值增加 1，地区隐性经济规模降低 0.0057，其原因与财政自由度具有一定相似之处，即，当财政收入分权程度越高时，一方面，地方政府可支配的财政资金就越多，提供公共产品和服务的动力和能力也就越强；另一方面，地方政府面临的财政压力也越小，对企业和劳动力实施“减税降费”的空间也越大，有利于减轻企业和劳动力的经济负担。模型 M4－2－8 的结果显示，在控制其他变量影响时，地方人均税收收入与全国人均税收收入的比值增加 1，则地区隐性经济规模降低 0.0021，其原因在于，地方税收分成比例提高，地方政府的税收征管动力和效率也会提高，有助于抑制隐性经济规模（吕冰洋和郭庆旺，2011）。

（三）稳健性检验

为保证上述实证结果的稳健性，本书将通过更换被解释变量、自变量以及回归模型来进行进一步检验。

1. 更换解释变量。

税收负担增加会扩大隐性经济规模，但不同种类税收的变化对隐性经济的影响程度并不相同，因此，本书在模型 M4－2－9 至模型 M4－2－12 中用企业所得税负担（ctax）代替税收总负担，并在模型 M4－2－13 至模型 M4－2－16 中用间接税税负（idtax）代替税收总负担。表 4－3 为相关回归结果，结果显示，企业所得税税负与间接税税负都与隐性经济规模之间存在显著的正相关，且在所有模型中，财政自主度、财政支出分权、财政收入分权与税收分权与隐性经济之间的关系都与前面分析结果一致，这在一定程度上验证了上述实证结果的稳健性。

表 4-3　财政分权对隐性经济影响的稳健性检验（一）

	M4-2-9	M4-2-10	M4-2-11	M4-2-12	M4-2-13	M4-2-14	M4-2-15	M4-2-16
	SE_{mimic}				SE_{mimic}			
ctax 企业所得税	0.1821 (46.6)***	0.1439 (30.2)***	0.1448 (31.9)***	0.1496 (31.6)***				
idtax 间接税					0.2841 (46.4)***	0.3260 (40.5)***	0.3009 (41.1)***	0.2879 (44.9)***
Fa 财政自由度	-0.0659 (-32.4)***				-0.0448 (-39.7)***			
Fed 财政支出分权		0.0025 (3.4)***				0.0029 (3.9)***		
Frd 财政收入分权			-0.0045 (-6.3)***				-0.0034 (-4.3)***	
Taxed 税收分权				-0.0018 (-2.9)***				-0.0016 (-2.9)***
控制变量	YES	YES	YES	YES	YES	YES	YES	YES
时间效应	YES	YES	YES	YES	YES	YES	YES	YES
省份效应	YES	YES	YES	YES	YES	YES	YES	YES
N	660	660	660	660	660	660	660	660

注：括号中的数值为 z 统计值，*** 表示 1% 显著性水平。

2. 更换被解释变量。

由于 MIMIC 模型测算结果是根据各变量与隐性经济之间的因果关系构建测量指数后校准所得，这也就导致了在后续回归分析中，部分自变量与因变量之间的关系高度显著。为进一步验证估计结果的稳健性，本书还用 DGE 模型测算结果作为因变量来进行回归分析，表 4 - 4 为相关回归结果。结果显示，财政自主度、财政收入分权与税收分权都有利于降低隐性经济规模，而财政支出分权则会导致隐性经济规模扩大，这一结果与前面分析一致。除税收分权外，其他三个变量都在至少 5% 的水平上显著，且税收分权对隐性经济的影响也接近显著标准，因此，可以认为，当使用 DGE 模型测算结果作为因变量时，财政分权对隐性经济的影响依然稳健。

表 4 - 4　　财政分权对隐性经济影响的稳健性检验（二）

	M4 - 2 - 17	M4 - 2 - 18	M4 - 2 - 19	M4 - 2 - 20
	SE_{dge}			
Fa 财政自由度	-0.0042 (-1.65)*			
Fed 财政支出分权		0.0034 (2.87)***		
Frd 财政收入分权			-0.0038 (-2.41)**	
Taxed 税收分权				-0.0013 (-1.67)*
控制变量	YES	YES	YES	YES
时间效应	YES	YES	YES	YES
省份效应	YES	YES	YES	YES
N	660	660	660	660

注：括号中的数值为 z 统计值，*、** 和 *** 分别表示 10%、5% 和 1% 显著性水平。

3. 内生性处理。

虽然本书在模型中包含影响隐性经济的主要变量，但隐性经济的成因是多样的，为了避免由遗漏变量而产生内生性问题，本书将度量财政分权的各个变量的滞后一期作为工具变量，并利用 2SLS 模型来进行回归，进一步检验上述回归结果的稳健性，表 4 - 5 为相关回归结果。实证结果表明，财政自主度、财政分权与税收分权与地区隐性经济之间存在显著的负相关，而财政支出分权则显著扩大了地区隐性经济规模，这与上述分析结果一致。

表 4－5　　财政分权对隐性经济的影响的稳健性检验（三）

	M4－2－21	M4－2－22	M4－2－23	M4－2－24
	SE_{mimic}			
Fa 财政自由度	－0.0511 （－14.2）***			
Fed 财政支出分权		0.0068 （3.44）***		
Frd 财政收入分权			－0.0080 （－4.67）***	
Taxed 税收分权				－0.0068 （－3.24）***
控制变量	YES	YES	YES	YES
时间效应	YES	YES	YES	YES
省份效应	YES	YES	YES	YES
R^2	0.9250	0.4744	0.8102	0.8346
F	14.3***	40.41***	26.31***	30.33***
N	630	630	630	630

注：括号中的数值为 z 统计值，*** 表示 1% 显著性水平。

二、行政分权对隐性经济的影响

国务院于 2002 年颁布了《国务院关于取消第一批行政审批项目的决定》（国发〔2002〕24 号），因此，本书从中央及各省级政府网站、中国法律法规信息库以及各门户网站中手动搜集和整理了 2002～2016 年中央及各省级政府历次取消和下放行政审批事项的相关文件，并以 2016 年国务院网站公布的中央及各省级政府权力清单中行政审批许可事项作为基础，计算出中央及各省级政府 2001～2016 年历年行政审批事项数目①，构建 2001～2016 年各省级行政

① 本书以中央及各省级政府年初行政审批事项数目为准。

审批分权指标（Shenpi）。此外，为与行政审批分权指标保持一致，本书从历年《中国劳动统计年鉴》中整理了全国及各地区历年公共部门就业人数的相关数据，构建了2001～2016年公共部门就业人数分权指标（GWY）。

此处选择和分析财政分权对隐性经济影响时的计量模型来进行实证检验，表4－6即为检验行政分权对隐性经济影响的相关实证结果。

模型M4－2－25至模型M4－2－28为将MIMIC模型测算结果作为因变量的实证分析结果。由于模型中存在组内自相关、组间异方差与组间同期相关，先利用FGLS模型来进行回归分析，模型M4－2－25和模型M4－2－26显示，行政分权的两个指标对隐性经济都产生了显著的正相关，即，行政分权程度越高，地区隐性经济规模越大。为减小内生性问题产生的估计偏误，将行政分权指标滞后一期，对模型M4－2－27和M4－2－28用2SLS估计方法对模型进行进一步估计，结果显示，指标GWY和Shenpi与隐性经济之间仍然存在正相关，但显著性水平有所下降。模型M4－2－29至模型M4－2－32则用DGE模型测算结果作为因变量来进行进一步回归，四个模型的回归结果显示，公务员分权指标（GWY）和行政审批分权指标（Shenpi）与隐性经济之间都存在显著的正相关，这与模型M4－2－25至模型M4－2－28的回归结果一致，这也说明了行政分权与隐性经济之间存在稳健的正相关。

由上述实证结果可以看出，我国行政分权并没发挥理论分析中的“效率效应”和“威慑效应”来抑制隐性经济，反而扩大了隐性经济规模。其原因在于：一方面，行政分权意味着地方政府需要承担更多的公共服务和社会管理职能，地方政府公务员人数的增多也意味着政府规模的扩大，这将增加地方政府的财政压力，与财政支出分权对隐性经济的影响相似，在面临人员和资金约束时，地方政府的选择往往具有明显的偏向效应和避责倾向，地方政府会优先考虑风险较小、资金需求较少和直接经济绩效较强的项目，而对于一些基础性和民生性公共产品供给则缺乏动力，这抑制了行政分权效率效应的发挥（陶鹏和童星，2016；倪星和王锐，2018）；另一方面，自上而下的内部监督是我国政府的主要监督形式，行政分权程度越大，地方政府的自由裁量权越大，内部监督成本越高，规范政府行为的难度也越大，这可能使通过行政分权提高公共服务供给效率、降低市场经营制度成本的目的难以实现，同时，政企合谋的存在使行政分权程度越大，企业逃避监管和征税的空间也就越大，这些因素都会导致地区隐性经济规模扩大（聂辉华和张雨潇，2015；田彬彬和范子英，2018）。

表 4－6　行政分权对隐性经济影响的实证分析结果

	M4－2－25	M4－2－26	M4－2－27	M4－2－28	M4－2－29	M4－2－30	M4－2－31	M4－2－32
	SE_{mimic}				SE_{dge}			
GWY 行政分权	0.0213 (9.8)***		0.0136 (2.67)**		0.0080 (3.34)***		0.0186 (3.05)***	
Shenpi 审批分权		0.0042 (1.72)*		0.0032 (1.07)		0.0053 (2.31)**		0.0143 (2.20)**
控制变量	Yes	Yes	Yes	Yes	Yes	Yes	Yes	Yes
时间效应	Yes	Yes	Yes	Yes	Yes	Yes	Yes	Yes
省份效应	Yes	Yes	Yes	Yes	Yes	Yes	Yes	Yes
常数项	0.0442 (2.36)**	0.0890 (7.15)***	0.0859 (4.06)***	0.1858 (11.02)***	0.1861 (9.1)***	0.2152 (10.2)***	0.1238 (4.31)***	0.1707 (6.81)***
R^2			0.8487	0.7080			0.4017	0.4335
F			25.8***	54.8***			31.48***	30.43***
N	480	480	450	450	480	480	450	450
模型	FGLS	FGLS	2SLS	2SLS	FGLS	FGLS	2SLS	2SLS

注：括号中的数值为 z 统计值，*、** 和 *** 分别表示 10%、5% 和 1% 显著性水平。

第三节

政府分权对隐性经济影响的异质性分析

由前面理论分析可知，政府分权对隐性经济的影响受到地区监管制度、政府质量以及经济社会发展水平的影响，因此，为了更加全面地了解政府分权对隐性经济的影响，从而为完善抑制隐性经济的政府分权体制提出有效建议，本节将从地区异质性、政府质量异质性和经济发展水平的异质性来进行相关研究。

一、基于不同时段和地区的异质性检验

本书所使用的数据从1995年延续至2016年，时间跨度较长，同时，30个省区市的经济社会发展状况也有较大差异，为了更加全面地揭示政府分权对隐性经济的影响，本书将就政府分权对隐性经济的影响在不同时段和不同地区之间的异质性进行检验。

（一）政府分权对隐性经济影响的时间异质性分析

由于2008年世界经济形势及国内经济形势都发生了较大变化，为了检验政府分权对隐性经济的影响在不同时段的异质性，选择将2008年作为分界点，对1995～2007年及2008～2016年两个时间段的数据分别进行回归，具体实证结果如表4-7所示。模型M4-3-1至模型M4-3-4的实证结果表明，1995～2007年，财政自由度和财政收入分权对隐性经济产生了显著的抑制效应，而财政支出分权则显著增加了地区隐性经济规模，税收分权的影响不显著。模型M4-3-5至模型M4-3-8的实证结果则表明，财政自由度和税收分权显著降低了地区隐性经济规模，但财政支出分权和财政收入分权都显著扩大了隐性经济规模。由此可见，财政自由度和财政支出分权对隐性经济的影响在不同时间段内并不存在异质性，但税收分权和财政收入分权的影响存在时间异质性，财政收入分权在1995～2007年显著抑制了隐性经济规模，但在2008～2016年显著扩大了隐性经济规模，税收分权在1995～2007年对隐性经济规模没有产生显著影响，但在2008～2016年显著抑制了隐性经济规模。

表 4－7 财政分权对隐性经济的影响的时间异质性检验

	M4－3－1	M4－3－2	M4－3－3	M4－3－4	M4－3－5	M4－3－6	M4－3－7	M4－3－8
	1995～2007 年				2008～2016 年			
Fa 财政自由度	－0.0416*** (－16.5)				－0.0146* (－1.7)			
Fed 支出分权		0.0053** (2.00)				0.0108*** (4.13)		
Frd 收入分权			－0.0124*** (－7.9)				0.0090*** (3.01)	
Taxed 税收分权				0.0010 (1.53)				－0.0062* (－1.68)
控制变量	YES	YES	YES	YES	YES	YES	YES	YES
时间效应	YES	YES	YES	YES	YES	YES	YES	YES
省份效应	YES	YES	YES	YES	YES	YES	YES	YES
N	390	390	390	390	270	270	270	270

注：括号中的数值为 z 统计值，*、** 和 *** 分别表示 10%、5% 和 1% 显著性水平。

表4－8为行政分权对隐性经济的影响的时间异质性检验结果，模型M4－3－9和模型M4－3－11的回归结果显示，以公务员数量度量的行政分权总体水平在这两个时间段都显著扩大了隐性经济规模，不具有时间异质性。由于行政审批相关数据仅从2001～2016年，因此，将其划分为2001～2007年和2008～2016年两个时间段，模型M4－3－10和模型M4－3－12的结果表明，行政审批分权在这两个时间段内都显著扩大了隐性经济规模，并不具有时间异质性。

表4－8　　行政分权对隐性经济的影响的时间异质性检验

	M4－3－9	M4－3－10	M4－3－11	M4－3－12
	1995～2007年		2008～2016年	
GWY 行政分权	0.0109*** (4.37)		0.0219*** (2.6)	
Shenpi 审批分权		0.0208*** (2.02)		0.0108*** (4.13)
控制变量	YES	YES	YES	YES
时间效应	YES	YES	YES	YES
省份效应	YES	YES	YES	YES
N	390	210	270	270

注：括号中的数值为z统计值，***表示1%显著性水平。

（二）政府分权对隐性经济影响的地区异质性分析

为进一步检验公共治理对隐性经济影响的地区异质性，本书借鉴陈海林和孙群力（2020）的研究，对东、中、西部地区分别设置三个地区虚拟变量：East（当该省份属于东部地区时，East等于1，否则等于0）、Central（当该省份属于中部地区时，Central等于1，否则等于0）和West（当该省份属于西部地区时，West等于1，否则等于0），并分别构建地区与财政分权、行政分权的交互项，具体实证回归结果如表4－9所示。由交互项分析结果可知，在东、中、西部地区财政分权对隐性经济仍然呈现出显著的抑制效应，但中部地区财政分权对隐性经济的抑制效应最强，西部次之，东部最低。

采取同样的方法构建行政分权与地区虚拟变量之间的交互项，进一步检验行政分权对隐性经济影响的地区异质性，具体结果如表4－10所示。由三个模型可以看出，行政分权在东、中、西部地区都扩大了隐性经济规模，但进一步比较可以看出，这一影响在西部地区最强，中部次之，东部最小，这与东、中、西部地区的政府质量及经济社会发展水平有关，东部地区政府质量最高，经济社会发展水平也较高，对行政分权实施后地方政府行为约束力更强，而西部地区政府质量与经济发展水平都较弱，对实施行政分权之后的地方政府行为约束力相对较差。

表 4－9　　财政分权对隐性经济的影响的地区异质性检验

	M4－3－13	M4－3－14	M4－3－15
Fa × East 东部财政分权	－0.0211*** (－10.5)		
Fa × Central 中部财政分权		－0.0350*** (－14.9)	
Fa × West 西部财政分权			－0.0240*** (－8.2)
控制变量	YES	YES	YES
时间效应	YES	YES	YES
省份效应	YES	YES	YES
N	660	660	660

注：括号中的数值为 z 统计值，*** 表示 1% 显著性水平。

表 4－10　　行政分权对隐性经济的影响的地区异质性检验

	M4－3－16	M4－3－17	M4－3－18
GWY × East 东部行政分权	0.0044*** (2.93)		
GWY × Central 中部行政分权		0.0068** (2.45)	
GWY × West 西部行政分权			0.0109*** (5.57)
控制变量	YES	YES	YES
时间效应	YES	YES	YES
省份效应	YES	YES	YES
N	660	660	660

注：括号中的数值为 z 统计值，** 和 *** 分别表示 5% 和 1% 显著性水平。

二、基于政府质量差异的异质性检验

由前面理论分析可知，政府分权在抑制隐性经济方面的“威慑效应”和“效率效应”是否能有效发挥的关键在于能否有效地对地方政府行为进行监督和制约，在扩大地方政府自主权的同时不断提高地方政府质量，否则，分权反而会因为扩大腐败规模而增加隐性经济规模。在已有相关研究中，一般利用政府腐败水平来度量政府质量，为进一步验证在不同政府质量水平下，政府分权对隐性经济影响的异质性，本书构建政府分权不同指标与政府腐败水平（zffb）的交互项来进行实证分析，具体实证结果如表 4-11 所示。

表 4-11　　基于政府质量差异的异质性检验

	M4-3-19	M4-3-20	M4-3-21	M4-3-22	M4-3-23	M4-3-24
Fa 财政自由度	-0.0644*** (-25.8)					
Fa × zffb	0.0063*** (9.6)					
Fed 财政支出分权		-0.0042** (-2.4)				
Fed × zffb		0.0016*** (4.1)				
Frd 财政收入分权			-0.0061*** (-3.4)			
Frd × zffb			0.0013*** (2.9)			
Taxde 税收分权				-0.0090*** (-4.85)		
Taxde × zffb				0.0027*** (4.41)		
GWY 行政分权					0.0073*** (3.93)	
GWY × zffb					0.0008* (1.89)	

续表

	M4－3－19	M4－3－20	M4－3－21	M4－3－22	M4－3－23	M4－3－24
Shenpi 行政审批						0.0097 (1.29)
Shenpi × zffb						－0.0017 (－0.98)
控制变量	YES	YES	YES	YES	YES	YES
时间效应	YES	YES	YES	YES	YES	YES
省份效应	YES	YES	YES	YES	YES	YES
N	660	660	660	660	660	480

注：括号中的数值为 z 统计值，*、** 和 *** 分别表示 10%、5% 和 1% 显著性水平。

由表 4－11 可以看出，当加入政府分权与政府腐败的交互项后，模型 M4－3－19 的结果表明，地方政府财政自由度对隐性经济有显著的抑制效应，但在腐败水平更高的地区，财政自由度对隐性经济的抑制效应将显著降低；模型 M4－3－20 的结果表明，地方政府财政支出分权可以显著降低地区隐性经济规模，但政府腐败将显著削弱这一效应，当政府腐败水平提高 1%，财政支出分权对隐性经济的抑制效应将下降 0.0016，且当 zffb 大于 2.6 时，财政支出分权对隐性经济的抑制效应将转变成扩张效应，由于变量 zffb ∈[1.86，4.16]，因此，从总体上看，财政支出分权会扩大隐性经济规模，这也与前面实证结果相一致；模型 M4－3－21 和模型 M4－3－22 的结果则表明，财政收入分权和税收分权都对隐性经济有显著的抑制效应，但政府腐败会降低这一抑制效应；模型 M4－3－23 表明，行政分权对隐性经济具有显著的扩张效应，同时在政府腐败较高的地区，这一效应会更加明显；模型 M4－3－24 结果显示，当加入行政审批分权和政府腐败的交互项后，变量行政审批及行政审批与腐败的交互项对隐性经济的影响都不显著。

三、基于经济发展水平差异的异质性检验

地区正规经济发展水平与隐性经济规模之间有着密切的联系，一方面，正规经济发展水平越高，在正规经济市场中的投资和就业机会越多，资本和劳动力流向隐性经济部门的动力将会减小；另一方面，在经济越发达的地区，地方

政府的税收来源越充足，因而，即便在财政分权的背景下，地方政府也无须通过提高税率水平来获得财政收入，同时，从我国经济社会发展实践来看，在经济越发达的地区，公共治理水平越高，企业和民众对政府的监督意愿也更强烈，这有利于保证在实施政府分权的情况下监督和制约地方政府行为，有利于抑制隐性经济规模。沿用前面研究方法，构建政府分权与经济发展水平（用人均 GDP 的自然对数度量）的交互项，具体实证结果如表 4-12 所示。由实证结果可以看出，在人均 GDP 水平更高的地区，财政自由度、财政收入分权和税收分权对隐性经济的抑制效应更加明显，同时，也可以减弱财政支出分权、行政分权以及审批分权对隐性经济的扩张效应。

表 4-12　　基于经济发展水平差异的异质性检验

	M4-3-25	M4-3-26	M4-3-27	M4-3-28	M4-3-29	M4-3-30
Fa 财政自由度	-0.0107 (-1.37)					
Fa × gdppc	-0.0040*** (-4.7)					
Fed 支出分权		0.0448*** (9.3)				
Fed × gdppc		-0.0043*** (-8.8)				
Frd 收入分权			-0.0054* (-1.9)			
Frd × gdppc			0.0010** (-2.2)			
Taxde 税收分权				-0.0177*** (-2.7)		
Taxde × gdppc				-0.0020*** (-2.9)		
GWY 行政分权					0.0444*** (6.6)	
GWY × gdppc					-0.0037*** (-5.3)	

续表

	M4 -3 -25	M4 -3 -26	M4 -3 -27	M4 -3 -28	M4 -3 -29	M4 -3 -30
Shenpi 行政审批						0.0590*** (2.8)
Shenpi × gdppc						-0.0066*** (-3.1)
控制变量	YES	YES	YES	YES	YES	YES
时间效应	YES	YES	YES	YES	YES	YES
省份效应	YES	YES	YES	YES	YES	YES
N	660	660	660	660	660	480

注：括号中的数值为 z 统计值，*、** 和 *** 分别表示 10%、5% 和 1% 显著性水平。

第五章

公共治理对隐性经济的影响

公共治理是指由开放的公共管理与广泛的公众参与两者整合而成的公共领域治理模式，其特点是打破传统的公共权威部门（即政府）对公共事务的垄断，基于公平、效率和法治等原则，让政府、市场和社会等部门的组织和个体广泛参与对公共事务的管理（竺乾威，2018）。公共治理水平则是指整合政府、市场和社会力量，管理公共事务、解决公共问题、提供公共产品以及维护公共利益的能力和效果。“善治”是现代公共治理追求的目标，西方治理理论认为实现善治的基本原则包括合法性、透明性、责任性、法治、回应性、有效性、参与、稳定、廉洁和公正（何增科，2008；World Bank，2018），而善治的具体目标一般包括促进经济社会发展、减少贫困与失业、维持法律和秩序、确保社会公平与正义、促进人类持续发展以及增进公共福利（Haque，2000）。由此可见，无论是从善治的原则来看，还是从善治的目标来看，对公共治理水平的评价都应该包括政府的治理、市场的治理和社会的治理三大方面。

公共治理作为一种制度因素对经济社会发展有重要影响，已有研究表明，提高地方政府治理水平对于降低制度成本、提高资源配置效率与企业生产率都有重要促进效应（周建和许为宾，2016；徐茗丽等，2016；俞俊丽和金鑫，2019），同时，地方政府治理能力和治理水平也是影响地区收入不平等的重要原因（徐海东和倪鹏飞，2020）。已有研究大多关注公共治理对正规市场和正规经济的影响，直接分析公共治理对隐性经济影响的研究还很少，相关研究主要利用单一指标对公共治理进行度量，并对两者关系进行分析。德雷赫和施耐德（Dreher & Schneider，2010）、亚历克塞耶夫和哈博达佐娃（Alexeev & Habodaszova，2007）以及孙群力（2016）都从政府腐败的视角对政府治理质量与隐性经济之间的关系进行了实证分析。Bayar（2016）则从政府责任感、政治稳定性、政府效率、管制质量、法治水平和腐败治理六个方面度量公共治理水平，并利用11个中欧和东欧国家的数据对每一个指标与隐性经济之间的关系分别进行实证分析。

科学测算地区公共治理水平是准确分析公共治理对隐性经济影响的关键，然而已有研究大多利用腐败、法治以及政府效率等单一指标对两者之间的关系进行分析，难以准确度量地区公共治理水平，也就不能全面、准确地分析公共治理对隐性经济的影响。基于此，本章将结合公共管理学、制度经济学与公共经济学等领域的相关理论知识，对地区公共治理水平的决定因素和影响效应进行全面分析，并构建度量地区公共治理水平的MIMIC模型，对1995～2016年我国各省区市公共治理水平进行测算，在此基础上，对我国地区公共治理水平影响隐性经济的效应进行实证分析。

第一节

基于MIMIC模型的公共治理指数构建

与隐性经济类似，地区公共治理水平也难以直接观测和度量，虽然已有研究中大多通过使用单一指标或构建多维指标体系来对公共治理进行度量，但都存在一定的缺点，本节将首次使用MIMIC模型来对地区公共治理水平进行分析，并构建公共治理指数对我国各省区市1995～2016年的公共治理水平进行测算。

一、地区公共治理水平的决定因素与影响效应

（一）公共治理水平的决定因素（原因变量）

公共治理水平评价是一项系统性的工作，其水平由多种因素共同决定。本书从政治、经济和社会三个维度来选取决定地区公共治理水平的关键因素，其中，政府规模、政府分权和政府质量是影响地区公共治理水平的主要政治因素；市场化水平、对外开放水平和经济增长程度是影响地区公共治理水平的主要经济因素；媒体监督力度、社会组织发展水平与居民受教育程度是影响地区公共治理水平的主要社会因素。

1. 政府规模。

政府规模既能度量政府对经济社会的管制强度，也反映了政府的职能范

围，而政府职能、政府体制以及政府行为是影响政府治理能力的关键因素（施雪华和方盛举，2010）。一种观点认为，政府规模过大会挤占社会资源，抑制市场机制和社会力量发挥作用，而“政府失灵”的存在限定了政府作用的空间，单纯依靠政府的力量难以实现善治，此外，政府规模扩大也会增加政府官员的自由裁量权，如果缺乏有效的监督机制，就会扩大政府官员的“寻租”空间，扩大腐败规模，不利于提高政府治理效率和治理水平（Afonso & Furceri，2008；张淑翠，2013；邓雪琳和孙宗锋，2018）。另一种观点则认为，政府规模代表了政府的履职范围，在保证财政支出效率和不断提高政府对公共利益回应程度的前提下，扩大政府规模可以显著改善地区民生状况（吕方和程名，2016），同时，在经济发展水平较低的地区，市场和社会力量有限，扩大政府规模有利于改善地区基础设施、维护市场体系以及促进地区协调发展（Su & Bui，2016；郑尚植等，2019），因而，有利于提高地区公共治理水平。由此可见，政府规模对地区公共治理水平的影响并不确定，由于目前我国仍然处于社会主义初级阶段，且受我国特殊的政治体制影响，政府在社会治理体系中仍然占据主导地位，发挥重要作用，“有为政府”仍然是提高地区公共治理水平的重要保证，基于此，本章用地方政府财政支出规模占地区 GDP 的百分比度量地区政府规模，并假设：

假设 1：扩大政府规模有利于提高地区公共治理水平。

2. 政府分权。

政府分权是度量政府治理体制和政府结构的变量，自蒂布特（Tiebout，1956）提出政府分权理论以来，政府分权对腐败、经济增长以及公共产品供给的影响已经获得了广泛的关注。一般认为，分权化的政府治理体制使地方政府更加贴近民众，不仅有利于政府更好地了解民众需求，及时了解地区变化，制定科学合理的公共政策，也有利于减少政府层级、增加政府透明度，使民众更好地监督政府官员及其行为，从而提高政府效率、减少政府腐败以及提高公共产品供给水平（Dell'Anno & Teobaldelli，2015；Kyriacou et al.，2017；Thanh & Canh，2019；潘春阳，2011；郑浩生和李东坤，2016）。但也有部分研究发现，在政治、经济发展水平相对落后的地区，尤其是对地方政府缺乏有效监督机制的国家和地区，政府分权会加剧地方政府与其他利益集团勾结，滋生腐败，反而降低地区公共治理水平（Triesmen，1999；万广华和吴一平，2012）。我国实行的政府分权体制，在不断扩大地方政府对经济社会管理权限的同时，中央政府通过绩效考核、官员晋升以及腐败治理等方式不断加强对地方政府的监督强度，这就确保了地方政府在获得更大自主权限的同时，也必须接受中央政府和民众的监督和制约，从而确保在分权治理体系下的地方政府能够执行中央政府政策，维护地区公共利益。基于此，本章用地方政府财政自主度度量政府分权程度，并假设：

假设 2： 提高政府分权程度有利于提高地区公共治理水平。

3. 政府质量。

政府质量指政治过程中公共权力合法公正行使的状态，其核心价值包括公正性、回应性、廉洁性和代表性等，其中政府的公正性和廉洁性又被视为政府质量的核心评价指标（Rosthstein & Teorell，2008）。高质量的发展需要高质量的政府，政府质量是政府履职能力的保证，是影响政府对政治、经济和社会各领域治理能力和治理水平的重要因素。从政府内部治理层面来看，政府质量直接体现了政府部门在行使公共权力过程中的公正合法程度，不仅关系到政府治理绩效，同时也会影响民众对政府内部治理水平的主观感受，影响居民对政府的信任度（孟天广和李锋，2017）。从经济治理层面来看，政府质量越高，政府在经济监管和宏观调控方面的能力也越强，不仅可以减少腐败“寻租”，还有利于更好地根据经济发展需求制订科学合理的经济政策，降低市场主体的制度成本，提高资源配置能力（陈德球等，2012）。从社会治理层面来看，提高政府质量一方面有利于保证政府始终将公共利益最大化作为施政追求目标，以建设高质量政府促进社会高质量发展；另一方面，通过全面提升政府质量，优化政府服务流程，从多中心、多层面、全周期角度促进公共服务供应链体系优质高效运转，提高公共服务供给水平（詹国辉和张国磊，2019）。政府腐败水平集中反映了政府质量，本章用政府腐败来度量政府质量，并假设：

假设 3： 政府腐败水平越低，政府质量越高，地区公共治理水平也越高。

4. 经济增长。

经济增长为提升地区公共治理水平提供了物质基础和客观需求，是影响地区公共治理水平的重要经济因素。一方面，地区经济快速增长，可以为政府提供更多的财政收入用于完善基础设施、提供公共产品和服务，为促进经济发展和提高居民生活水平创造更好的环境；另一方面，地区经济快速增长，不仅有利于丰富市场主体、完善市场机制，而且客观上也会对政府治理能力提出更高的要求，促使政府提高自身质量，提升对经济社会治理能力（Stilwell，2004；

李建伟和王伟进，2019）。虽然部分研究发现，我国经济高速增长在一定程度上也带来了高廉政风险（陈国权和孙韶阳，2019）、引发了环境污染（孙攀等，2019），但总体来说，改革开放40年以来我国经济持续高速增长创造了巨大的物质财富，为我国基础设施建设、人力资本积累、技术创新与改造以及改善民生水平提供了坚实的物质基础，本章用GDP来衡量经济增长，基于此，本章假设：

假设4：经济增长速度越快，越有利于提高地区公共治理水平。

5. 市场化水平。

市场化水平也是反映地区制度环境的重要变量，在一定程度上反映了地区经济体制和经济结构，市场化制度的建立和完善是我国制度变革的重要内容（王竣鹤和黄小勇，2019）。市场化水平越高，地区法治水平越高，市场机制越完善，市场主体也越丰富，越有利于提高地区经济治理能力和治理水平（杜晓燕和马瑞光，2016）。市场化作为一种重要的制度因素，对现代政府部门的管理方式、服务流程和治理效率都有重要影响，随着公共服务市场化已成为现代政府提供公共产品和服务的重要方式，市场主体在承接政府公共服务供给中发挥的作用也越来越大，因而，地区市场化水平越高，越有利于提高公共产品和服务的供给水平（沈志荣和沈荣华，2016）。此外，市场化水平提高带来的就业效应和收入效应有利于为居民提供更多的就业机会，提高居民收入水平，缩小居民收入差距，从而改善居民的生活质量（刘精明和朱美静，2020）。近年来，我国不断健全社会主义市场经济体制，加强法治化营商环境建设，市场化程度不断提高，市场微观主体活力不断增强，本章利用固定资产投资中非国有和非集体资本所占比重来度量地区市场化水平，并假设：

假设5：市场化水平越高，越有利于提高地区公共治理水平。

6. 对外开放水平。

在经济全球化和贸易自由化的背景下，对外开放是驱动地区制度变革、技术进步和生活方式转变的重要因素。从政府治理层面来看，扩大对外开放水平有利于政府学习国外先进制度和政策，加速制度变革与创新，同时，扩大对外开放程度也意味着面临更加激烈的国际竞争，这将促使政府部门优化管理流程与管理方式、注重自身质量建设以及提高公共服务效率，从而增强自身制度优势，有利于提高政府治理能力和治理水平；从经济治理层面来看，对外开放有利于政府学习国外先进的经济管理体制和方法，加速经济体制变革，提高资源配置效率，提高政府部门的经济治理能力，同时，也有利于本地企业广泛地参与国际交流与合作，提升管理能力和技术水平，增强企业活力；从社会治理层面来看，扩大对外开放除了可以促使政府提高公共服务供给水平之外，还有利于民众了解和学习先进的思想观念和生活方式，提高社会自我治理能力。实行对外开放也是我国近年来取得一系列发展成就的重要原因，对我国政治、经济和社会各个领域都产生了积极的影响，本章利用地区进出口贸易总额占 GDP 的比重来度量地区对外开放水平，并假设：

假设 6：对外开放水平越高，越有利于提高地区公共治理水平。

7．社会组织数量。

社会组织作为参与社会治理的第三种力量，与政府、市场共同构建现代化的多元公共治理体系。受“政府失灵”和“市场失灵”的制约，政府和市场都不能完全满足社会对公共产品和服务的需求，社会组织作为第三种力量可通过组织民众开展自我服务和自我治理可以有效弥补政府和市场的缺陷（Ostrom，2000）。社会组织在我国公共治理过程中也发挥了重要作用，具体体现在：一是社会组织有效提高了民众的组织程度，为政府有效实施公共政策提供组织保障；二是社会组织作为公共服务社会化的承接主体，通过与政府开展合作协助政府开展公共治理活动、提供公共产品与服务，可有效提升地区公共治理水平；三是社会组织作为一种嵌入型社会治理组织，能够及时发现相关领域治理中存在的问题，及时对政府和市场主体提出建议或予以监督（谢岳和葛阳，2006）。伴随着我国国家治理体系的不断健全和完善，社会组织也必将在公共治理中发挥重要作用，因此，本章用地区每万人所拥有的社会组织数量来度量地区社会组织活跃程度，并假设：

假设 7：地区社会组织数量越多，越有利于提高公共治理水平。

8．媒体监督力度。

在西方治理理论中，新闻媒体被视为立法、行政和司法之外的“第四种权力”，是监督政府和市场行为的重要力量（Norris & Pippa，2010）。在我国，媒体不仅是政府和企业的监督者，而且是政府的重要合作对象，一方面，媒体承担“监督者”的角色，通过披露政府管理和企业运营的相关信息，提高政府和企业的透明度，对其产生监督和威慑效应，促使政府依法行政、企业合规经营（赵合云，2018）；另一方面，媒体承担“合作者”的角色，不仅可以通过对政府在公共治理过程中颁布的相关政策措施进行宣传，提高政府治理的效果，而且可以及时关注和披露政治、经济和社会治理过程中存在的各种问题，引发政府和社会的关注，有利于加速政府对相关政策议程的设置，及时解决公共问题（刘文富，2017）。本章利用每万就业人员中从事新闻、媒体和出版行业的工作人数来度量媒体监督力度，并假设：

假设 8：媒体监督力度越强，越有利于提高地区公共治理水平。

9．教育发展水平。

广大民众既是公共治理的对象，也是参与公共治理的重要主体，民众受教育程度对于地区公共治理水平高低有重要影响。一方面，民众受教育程度越高，对于公共事务的关注程度越高，参与公共事务管理的主动意识也就越强，不仅可以丰富公共治理的参与主体，还能对政府和企业行为进行监督，提高地区公共治理水平（Eicher et al.，2009）；另一方面，提高广大民众的受教育程度，不仅有利于更好地使民众理解和执行政府相关政策措施，确保实现相关公共政策目标，而且可以使民众更好地了解公共治理的相关目标、程序、方法以及制度体系，提高其自身参与公共治理的能力。广泛地开展教育普及活动、提高居民受教育程度一直以来都是我国的一项基本国策，也对我国经济社会发展产生了重要影响，本章用高等教育在校学生数（包括大专和普通高等院校学生）占本地区居民总数的比重来度量地区教育发展水平，并假设：

假设 9：地区教育发展水平越高，越有利于提高地区公共治理水平。

（二）公共治理水平的影响效应（指标变量）

公共治理的评价应该要聚焦于人民群众的获得感，哈克（Haque，2000）指出，政府公共治理应该服务于这些目标：促进经济社会发展、减少贫困与失业、维持法律和秩序、确保社会公平与正义、促进人类持续发展以及增进公共福利。本书认为，公共治理水平的评价应该聚焦治理结果和居民获得感，并结合中国国情，主要从经济发展环境、政府质量与法治水平、社会公平与和谐、可持续发展等维度来进行评价，并选取外商直接投资、公共产品供给、收入不平等以及环境污染作为度量指标。

1. 外商直接投资。

外商直接投资规模是反映地区经济发展环境的重要指标，反映了地区经济治理情况。经济发展环境与经济发展、居民生活和就业紧密相关，长期以来，优化经济发展环境、吸引外来投资都是我国政府治理中的重点。除自然环境外，经济发展环境还受诸多制度性因素影响，考夫曼和尚克曼（Kaufmann &

Schankerman，2003）通过对经济转轨国家的企业进行问卷调查发现，企业在选择投资对象时会综合考虑地区微观经济管理水平（税收和管制）、宏观经济管理水平（政策稳定性、汇率以及通货膨胀）、法治状况（司法公正、腐败水平、犯罪率）和基础设施建设等因素，而这些都是公共治理的要素。优化经济发展环境同样也能促进内资企业投资，但是相关研究表明，我国内资企业的投资除了受经济发展环境的影响外，还受到政治关联、历史传统以及文化观念等非经济因素的影响，FDI 对于经济发展环境的变化更加敏感（邢春玉等，2016）。因此，本书将 FDI 流入水平作为反映地区经济发展环境的度量指标，用人均 FDI 水平来度量地区 FDI 流入规模，并假设：

假设 10：地区公共治理水平越高，经济发展环境越好，地区外商直接投资规模也越大。

2. 公共产品供给。

公共产品供给水平不仅是地方政府履职能力与政府质量的集中体现，也反映出政府对民众诉求与公共利益的回应程度，是地区公共治理水平的集中体现。社会管理和公共服务是政府职能中的重要内容，政府的公正性、廉洁性、法制性以及回应性对于公共产品供给水平都有重要影响，同时，地区公共产品供给水平又是影响经济发展和民生水平的重要因素，经济性公共产品是地区经济发展的必要基础，民生性公共产品则与民众生活息息相关。此外，在政治晋升和经济激励的双重驱动下，我国地方政府对经济性公共产品供给具有较强的内生动力，对于民生性公共产品的供给动力较弱。因此，地方政府对民生性公共产品的供给情况更能体现出当地政府维护公共利益的主动性，本书用地区医院病床数增长率来度量地区公共产品改善情况，并假设：

假设 11：地区公共治理水平越高，公共产品改善速度越快，医院病床数增长率也就越高。

3. 收入不平等。

收入不平等程度是反映社会公平与和谐的重要指标，在一定程度上可以反映出经济发展不平等和机会不平等程度，体现了经济资源在不同地区、行业以及阶层之间分配的公平程度，同时，收入不平等也是引发社会犯罪、影响社会和谐的重要因素（陈屹立，2010）。已有研究表明，当政府内部治理水平较低时，政府腐败行为往往较多，权力拥有者通过“寻租”可以获得正常工资以外的高额收入，同时，高收入群体在腐败市场拥有更强的竞争力，可以通过行贿攫取更大经济利益，加剧收入不平等（Dincer & Gunalp，2011）；经济治理水平越高，劳动力在区域间和部门间自由流动、从事商业和生产活动的障碍越少，越有利于增加普通劳动者的就业机会和就业收入（Adams & Atsu，2015）；当社会治理水平较高时，各类基础设施和公共产品供给较为充足，居民可以获得充分的教育、医疗以及养老服务，有利于降低收入不平等（张小芳等，2020）。由此可见，无论是政府内部治理、经济治理还是社会治理水平都会对地区收入不平等程度产生一定影响，本章用城乡收入比来度量地区收入不平等程度，并假设：

假设 12：地区公共治理水平越高，收入不平等程度越低。

4. 环境污染。

可持续发展水平体现了政府在公共治理过程中对地区长远利益与代际公平的重视程度，是政府治理方式的有效性与公平性的表现。在 2015 年联合国发布的《2030 可持续发展议程》中，发展经济、消除贫困与不平等、保护环境被作为实现可持续发展的三大支柱。而随着经济社会的发展，资源开发和环境污染程度成为决定我国可持续发展最重要的因素，环境治理也成为我国政府公共治理的重要内容（董亮和张海滨，2016）。一般而言，地区公共治理水平越高，政府对公共利益和长远利益更加重视，有利于减少因片面追求经济利益而导致高污染、高能耗的行为，同时，公共治理能力越高，政府制订相关环境规制政策，并确保政策执行的能力也越强，防治污染的能力也越强。本章用地区人均工业废水排放量作为环境污染的度量指标，并假设：

假设 13：公共治理水平越高，越有利于降低环境污染。

二、地区公共治理水平的 MIMIC 实证分析

（一）模型、变量与数据

根据前面的分析，本书为地区公共治理水平选择了 9 个原因变量和 4 个指标变量来构建 MIMIC 分析模型。图 5 - 1 为地区公共治理水平评价的 MIMIC 模型路径，且在图中标注了各变量与营商环境之间的假设关系。

上述变量所对应的数据均来自《中国统计年鉴》（1996 ~ 2017 年）、《中国劳动与就业统计年鉴》（1996 ~ 2017 年）、《中国检察年鉴》（1996 ~ 2017 年）以及《中国环境统计年鉴》（1996 ~ 2017 年），为了让数据更适应于估

计，我们还对部分变量数据采用其自然对数值，并用 Ln(X) 表示，并对城乡收入差距进行了一阶差分处理，并用 D（X）表示。表 5－1 为本书中所使用变量的名称、定义和度量方式，表 5－2 则是各变量的描述性统计特征值。

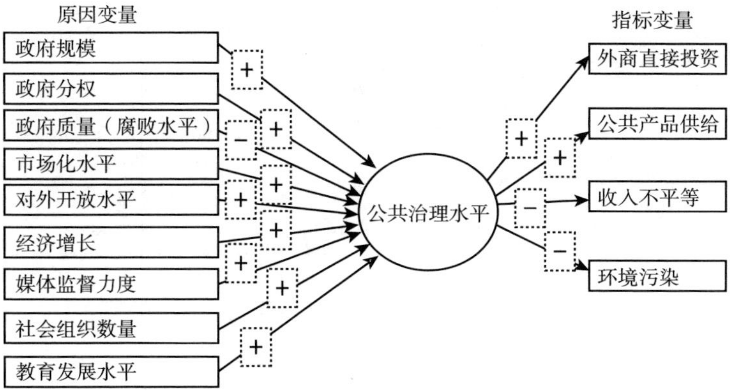

图 5－1　地区公共治理水平分析的 MIMIC 模型路径

表 5－1　变量名称及度量方式

序号	变量名称	定义	度量方式
1	ZFGM	政府规模	财政总支出占 GDP 的百分比
2	Ln(ZFFQ)	政府分权	财政总收入占财政总支出的百分比（取自然对数）
3	ZFFB	政府质量	平均每万人公务员中因为贪污、渎职被逮捕数量
4	JJZZ	经济增长	GDP 实际增长率
5	SCHSP	市场化水平	固定资产投资中非国有集体资本所占比例
6	Ln(DWKF)	对外开放水平	进出口贸易总额占 GDP 比重（取自然对数）
7	D(MTJD)	媒体监督力度	新闻、媒体和出版行业从业人员占就业总人数比重（取一阶差分）
8	SHZZ	社会组织数量	每万人拥有的社会组织数量
9	JYFZ	教育发展水平	高等教育在校学生数占总人数的比重
10	Ln(FDI)	外商直接投资	人均外商直接投资规模（取自然对数）
11	GGCP	公共产品供给	地区医院病床数增长率
12	D(SRBPD)	收入不平等	城镇人均收入与农村人均收入比（取一阶差分）
13	HJRW	环境污染	人均工业废水排放量（单位：吨）

表 5-2　　各变量描述性统计分析

序号	变量名称	样本数	均值	标准差	最小值	最大值
1	ZFGM	660	17.26	9.44	4.68	57.56
2	Ln(ZFFQ)	660	3.93	0.36	2.70	4.72
3	ZFFB	660	29.32	9.73	6.60	64.36
4	JJZZ	660	10.95	2.65	-2.50	23.80
5	SCHSP	660	59.12	15.60	15.58	88.57
6	Ln(DWKF)	660	2.95	1.07	-0.63	6.30
7	D(MTJD)	660	-0.16	0.96	-3.88	6.72
8	SHZZ	660	2.58	1.66	0.55	10.51
9	JYFZ	660	1.20	0.87	0.04	3.66
10	Ln(FDI)	660	5.33	1.49	1.53	8.48
11	GGCP	660	0.04	0.05	-0.23	0.29
12	D(SRBPD)	660	-0.01	0.15	-0.90	0.65
13	HJRW	660	16.47	9.34	3.25	82.06

最后，采用 MIMIC 模型进行面板数据的分析，还需要对各可观测变量的原始值进行转换，使各可观测变量成为 0 期望（均值）的序列，即 E(PUB) = E(x) = E(y) = 0，其中，“PUB”（PublicGovernment，PUB）表示地区营商环境。考虑了对各变量均值的偏离之后再来计算协方差矩阵，可以更好地适应 MIMIC 模型对面板数据的分析要求。具体转换公式如（5.1）式所示：

$$x_{jit}^{*} = (x_{jit} - \bar{x}_{ji});\ y_{jit}^{*} = (y_{jit} - \bar{y}_{ji}) \tag{5.1}$$

其中，j 表示变量个数，j = 1，2，…，6；i 表示省份，i = 1，2，…，30；t 表示年份，t = 1995，1999，…，2016。

（二）MIMIC 模型的实证分析结果

根据前面分析，利用 Stata 15.0 对各省区市 1995 ~ 2016 年公共治理水平进行实证分析，并根据 MIMIC 模型的拟合指标对其原因变量和指标变量进行调整，从而获取能有效反映地区公共治理水平的 MIMIC 分析模型，具体结果如表 5-3 所示。

表 5-3　　公共治理水平的 MIMIC 实证分析结果

	M5-1-1	M5-1-2	M5-1-3	M5-1-4	M5-1-5
原因变量					
ZFGM 政府规模	0.0219*** (5.82)	0.0118** (2.42)	0.0169*** (4.31)	0.0178*** (4.59)	0.0021*** (6.36)
Ln(CZFQ) 财政分权	0.0071*** (2.99)	0.0122*** (3.97)	0.0044* (1.78)	0.0089*** (4.58)	0.0003 (1.32)
ZFFB 政府腐败	-0.0135*** (-5.09)	-0.0059* (-1.68)	-0.0109*** (3.92)	-0.0123*** (-5.30)	-0.0015*** (-6.51)
JJZZ 经济增长	0.0278*** (4.04)	0.0242*** (2.69)	0.0300*** (4.18)	0.0355* (5.75)	0.0022*** (3.55)
SCHSP 市场化水平	0.0085*** (3.45)	0.0104*** (3.29)	0.0080*** (3.12)	0.0202*** (6.28)	0.0001 (0.67)
Ln(DWKF) 对外开放水平	0.2247*** (4.16)	0.2704*** (3.91)	0.2275*** (4.08)	0.0820*** (2.73)	0.0066 (1.39)
D(MTJD) 媒体监督	0.0340** (2.13)	0.0277 (1.34)	0.0390** (2.35)	0.0343** (2.31)	0.0019 (1.33)
SHZZ 社会组织数量	0.0097 (1.5)	0.0099 (1.19)	0.0047 (0.71)	0.0780*** (3.56)	0.0008 (1.43)
JYFZ 教育发展水平	0.3400*** (6.85)	0.4516*** (7.15)	0.4411*** (8.34)	0.1850*** (3.59)	0.0153*** (3.54)
指标变量					
Ln(FDI) 外商直接投资	1	1	1	1	
GGCP 公共产品供给	0.0598*** (17.33)		0.0558*** (17.3)	0.0769*** (6.52)	1
D (SRBPD) 收入不平等	-0.0631*** (-5.55)	-0.0613*** (-5.23)		-0.2320*** (-5.34)	-1.1328*** (-6.11)
HJWR 环境污染	-1.5346*** (-3.55)	-1.7937*** (-3.71)	-1.6060*** (-3.84)		-20.8427*** (-2.73)

续表

	M5 -1 -1	M5 -1 -2	M5 -1 -3	M5 -1 -4	M5 -1 -5
拟合指标					
χ^2（p）	160.58 (0.000)	132.57 (0.000)	124.77 (0.000)	14.54 (0.2043)	119.61 (0.000)
RMSEA	0.083	0.098	0.095	0.022	0.000
CFI	0.868	0.804	0.884	0.996	0.816
TLI	0.809	0.673	0.807	0.990	0.693
SRMR	0.040	0.040	0.036	0.007	0.041

注：括号中的数值是 z 统计值，*、**、*** 分别表示 z 统计值满足 10%、5%、1% 的显著性水平。

①卡方值越小，p 值越大，模型的拟合程度越高。一般认为，当 p >0.05 时，模型具有较好拟合度。

②RMSEA 为近似误差均方根，其取值在 0 ~1，一般认为，RMSEA 在 0.05 ~0.08，模型拟较好，RMSEA 小于 0.05 则表示拟合度非常好。

③CFI 为比较拟合指数（Comparative fit index），当 CFI >0.9 时，表示模型拟合程度较好。

④TLI 为塔克尔—勒威斯指数（Tucker – Lewis index），当 TLI >0.95 时，表示模型拟合程度较好。

⑤SRMR 为标准化残差均方根，其取值在 0 ~1 之间，一般认为，当 SRMR <0.05 时，模型拟合程度较好。

模型 M5 -1 -1 为分析地区公共治理水平的基准模型，虽然模型 M5 -1 -1 的拟合指标未能符合 MIMIC 模型要求，但从模型 M5 -1 -1 中可以看出，所有原因变量、指标变量与公共治理（潜变量）之间的关系都与前面理论分析中的研究假设一致，且除社会组织数量这一变量以外，其他变量都至少在 5% 的水平上显著，这也说明了前面对公共治理水平的原因变量与指标变量所做的分析与假设是合理的。模型 M5 -1 -2 至模型 M5 -1 -5 则根据拟合指标对指标变量进行了进一步的选择，实证分析结果显示，当选择外商直接投资、收入不平等以及公共产品供给三个变量作为公共治理水平的指标变量时，MIMIC 分析模型的拟合程度较高，各项拟合指标都符合要求，具体回归结果如模型 M5 -1 -4 所示。

从模型 M5 -1 -4 的分析结果可以发现，政府规模、政府分权、经济增长、市场化水平、对外开放水平、媒体监督、社会组织数量以及教育发展水平的提高都有利于提高地区公共治理水平，而政府腐败程度提高则会降低公共治理水平。外商直接投资、公共产品供给情况以及收入不平等是反映地区公共治理水平的重要指标变量，公共治理水平的提高可显著增加地区外商直接投资和公共产品供给，同时降低收入不平等程度。根据模型 M5 -1 -4 的结构模型，即可构建度量公共治理水平的测量模型如式（5.2）所示：

$$PUB = 0.0178 \times ZFGM + 0.0089 \times Ln(CZFQ) - 0.0123 \times ZFFB + 0.0335 \times JJZZ + 0.0202 \times SCHSP + 0.082 \times Ln(DWKF) + 0.0343 \times D(MTJD) + 0.078 \times SHZZ + 0.185 \times JYFZ \quad (5.2)$$

三、我国地区公共治理水平的评价指数

利用式（5.2）所示的公式即可构建出地区公共治理指数对我国各地区公共治理水平进行度量和比较。为便于比较，本书还利用如式（5.3）所示的公式将公共治理指数转换为［0，100］的标准化指数。

$$PUB^{*} = 100 \times (PUB - PUB_{min}) / (PUB_{max} - PUB_{min}) \quad (5.3)$$

在式（5.3）中，PUB^{*}表示标准化之后的公共治理指数，PUB 表示由式 5.2 所计算出的各地区公共治理指数，PUB_{max}和 PUB_{min}分别表示由式（5.2）计算出的公共治理指数中的最大值和最小值。图 5－2 为我国全国及东中西部各地区历年公共治理指数平均值的分布情况。

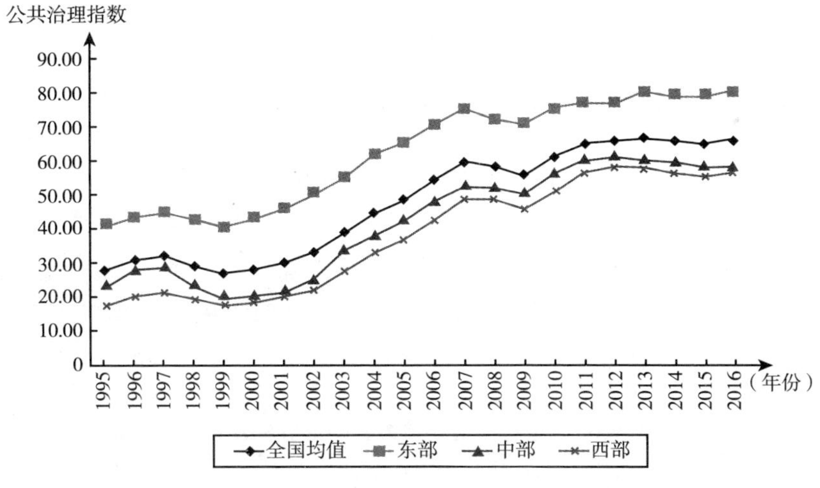

图 5－2　1995～2016 年全国及东中西地区公共治理水平分布情况

由图 5－2 可以看出，1995～2016 年，我国全国及东中西部各地区历年均值总体上都呈现出上升趋势，但不同地区之间的公共治理水平也存在明显的差异，东部地区公共治理水平最高，中部地区次之，西部地区公共治理水平最

低，且中西部地区公共治理水平都明显低于全国公共治理水平平均值。具体来说，1995~2016年，全国公共治理指数的平均值从27.57上升到66.58，东部地区公共治理指数的平均值从41.50上升到81.43，中部地区公共治理指数的平均值从23.25上升到58.73，西部地区公共治理指数的平均值从16.77上升到57.44。

为进一步分析我国各省区市公共治理水平差异，本书还对各省区市1995~2016年的公共治理水平平均值进行了对比，具体结果如图5-3所示。

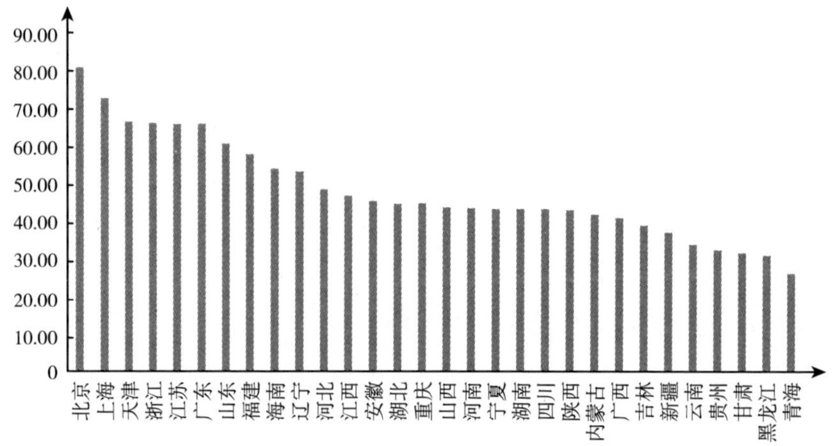

图5-3　我国各省区市1995~2016年公共治理水平平均值分布情况

从图5-3可以看出，东部地区各省级行政区的得分排名靠前，西部地区各省级行政区的得分排名靠后，具体来说，北京、上海、天津和浙江是公共治理水平平均得分排名前四的省市，贵州、甘肃、黑龙江和青海则是公共治理水平平均得分排名靠后的四个省份。表5-4为利用MIMIC模型测算的我国各省区市1995~2016年的历年公共治理指数得分。

表5-4　基于MIMIC模型计算的我国各省区市历年公共治理指数

年份	北京	天津	河北	山西	内蒙古	辽宁	吉林	黑龙江	上海	江苏	浙江	安徽	福建	江西	山东
1995	53.35	39.08	33.84	21.43	11.70	27.51	17.16	12.23	38.86	45.86	47.94	28.77	47.25	33.47	36.55
1996	50.32	43.44	39.17	22.83	21.06	32.54	22.33	14.79	46.57	44.24	46.78	35.20	50.47	39.43	39.26
1997	52.73	44.79	38.49	23.16	21.92	34.20	22.10	15.45	48.32	46.65	44.05	39.49	56.30	37.09	40.64
1998	55.43	46.85	34.57	20.07	22.50	31.57	17.06	8.99	47.28	42.81	44.48	34.06	47.11	20.56	35.18

续表

年份	北京	天津	河北	山西	内蒙古	辽宁	吉林	黑龙江	上海	江苏	浙江	安徽	福建	江西	山东
1999	55.93	36.91	29.31	18.66	21.14	26.40	14.13	7.05	48.06	37.95	43.41	28.92	43.73	19.12	34.36
2000	65.28	48.07	28.36	18.06	22.55	26.07	16.62	10.64	54.81	39.81	46.64	23.04	42.49	21.26	34.15
2001	66.53	52.38	29.88	21.62	23.31	32.26	16.68	16.80	61.62	39.67	50.45	19.86	44.37	19.92	36.76
2002	78.09	54.50	31.96	30.70	25.48	40.75	25.92	17.94	68.80	42.18	54.07	24.36	44.09	23.92	43.18
2003	77.65	55.96	38.99	40.59	30.79	44.67	32.14	20.08	78.66	50.51	59.41	32.40	49.83	36.81	45.43
2004	91.09	64.33	44.60	48.14	40.93	53.35	37.32	29.75	80.21	61.52	64.63	37.62	52.78	35.51	60.06
2005	89.87	67.86	49.17	46.58	50.37	58.52	37.73	33.03	78.01	68.81	67.70	43.46	56.62	44.79	67.24
2006	93.72	76.49	55.47	55.47	52.22	65.40	45.03	41.02	82.26	75.27	76.45	49.76	58.06	47.31	78.57
2007	99.26	79.57	60.94	60.70	55.79	71.04	52.40	42.00	86.04	82.44	81.01	52.38	60.94	54.03	81.19
2008	94.33	79.88	58.67	53.45	57.64	70.97	54.69	43.14	76.84	81.50	75.89	54.58	60.42	56.60	78.80
2009	86.61	77.97	54.96	45.73	56.83	71.68	50.55	42.50	75.36	82.17	75.62	53.83	59.39	57.56	78.38
2010	94.46	79.06	58.48	57.29	58.74	72.44	51.89	46.57	84.91	83.95	81.07	62.00	66.26	64.13	78.14
2011	98.09	81.59	62.43	61.20	61.80	74.34	58.27	50.10	87.39	82.54	79.30	64.37	69.27	66.51	78.12
2012	93.59	84.24	64.28	62.03	59.79	73.97	58.34	49.65	84.33	84.46	79.05	64.12	68.29	71.48	77.25
2013	97.84	90.07	63.23	63.11	56.93	74.12	52.96	50.10	92.50	89.72	82.84	62.56	74.00	69.16	75.97
2014	94.00	84.78	61.19	63.16	54.31	69.81	54.14	44.09	92.09	88.50	84.01	61.34	73.40	69.95	77.07
2015	100.00	86.02	59.57	58.57	54.34	61.16	52.09	42.30	93.77	91.10	84.95	60.16	70.97	73.72	76.44
2016	97.25	88.06	61.10	62.54	50.42	59.13	48.54	41.56	98.83	93.31	85.83	65.33	74.62	69.99	73.31

年份	河南	湖北	湖南	广东	广西	海南	重庆	四川	贵州	云南	陕西	甘肃	青海	宁夏	新疆
1995	23.69	25.18	24.10	48.82	32.04	37.48	23.40	30.74	10.69	18.92	20.67	12.83	1.76	13.91	7.82
1996	32.31	28.04	29.22	48.75	31.04	37.25	32.54	33.63	14.28	22.83	24.01	20.24	0.00	13.55	4.40
1997	33.58	32.21	30.28	50.65	34.26	38.28	30.37	31.07	19.18	21.07	28.26	17.51	1.80	14.63	10.92
1998	28.57	25.85	27.08	50.32	34.37	35.12	24.55	26.83	15.33	19.02	24.40	15.63	2.15	16.87	7.85
1999	21.80	23.34	23.75	51.92	26.77	40.66	20.22	23.70	13.68	15.90	23.45	13.44	2.53	20.53	10.01
2000	22.24	24.81	23.70	54.18	24.30	37.06	19.45	26.71	12.94	15.49	18.54	11.48	8.74	22.25	19.08
2001	22.57	23.91	26.79	58.69	21.86	38.97	23.41	27.02	11.73	12.32	22.05	15.89	14.40	24.40	25.68
2002	22.56	24.96	27.58	61.83	21.67	38.36	28.65	29.82	19.74	20.86	24.05	16.22	14.11	21.08	29.33
2003	29.99	33.22	47.14	55.11	24.40	49.88	33.16	32.03	21.12	21.74	30.75	20.85	15.48	37.12	33.83
2004	38.52	40.00	35.42	68.02	32.87	48.63	36.37	38.23	21.17	33.55	33.27	23.83	21.31	41.14	38.17
2005	44.73	46.52	43.31	68.70	38.72	46.80	40.59	43.05	26.54	34.62	39.74	26.09	26.79	38.77	41.85
2006	49.84	48.85	46.77	72.59	47.15	49.80	50.11	47.50	34.23	38.90	45.96	31.17	31.88	48.68	43.92

续表

年份	河南	湖北	湖南	广东	广西	海南	重庆	四川	贵州	云南	陕西	甘肃	青海	宁夏	新疆
2007	54.15	53.76	52.38	75.83	46.80	59.17	57.15	53.13	41.43	43.77	53.56	38.98	39.21	59.58	52.05
2008	53.14	52.38	51.17	71.89	46.54	52.64	54.70	47.97	37.70	41.97	56.30	43.99	38.34	62.25	51.25
2009	51.81	54.86	48.37	67.93	48.80	55.94	50.03	49.07	38.10	40.69	53.44	39.04	32.31	58.43	42.19
2010	56.53	58.45	54.37	72.35	52.10	68.22	54.38	53.34	44.72	43.43	59.12	43.65	42.60	61.98	51.89
2011	58.77	65.93	59.17	74.96	54.15	68.42	61.98	60.68	53.64	50.56	67.93	45.82	43.07	65.42	60.96
2012	60.37	67.53	59.28	77.11	56.51	68.94	62.94	61.62	58.04	52.72	66.89	51.19	45.53	71.49	60.48
2013	62.80	65.23	58.79	79.50	57.64	76.67	62.82	60.26	58.01	54.23	62.01	50.44	50.07	63.18	61.90
2014	62.10	64.31	60.72	80.19	57.26	75.55	64.13	58.25	54.90	50.56	65.44	48.43	53.73	62.50	58.64
2015	63.66	62.04	59.06	79.23	55.80	76.50	63.94	55.71	53.51	47.05	63.69	46.52	50.42	63.14	54.40
2016	61.19	60.46	60.20	81.46	56.73	82.87	82.13	57.78	65.09	46.00	57.04	56.29	36.80	73.21	50.30

第二节

公共治理对隐性经济的影响：基于公共治理评价指数的分析

前面利用 MIMIC 模型构建了度量地区公共治理水平的评价指数，本节将利用这一评价指数，构建相关计量模型，利用 1995～2016 年的省级面板数据（西藏、港澳台除外）分析地区公共治理水平对隐性经济的影响及其作用机制。

一、模型设定、变量选取与数据分析

从理论上来说，公共治理也是一种重要的制度因素，提高公共治理水平不仅有利于减少正规经济部门的制度成本，也有利于提高企业和居民的税收遵从意愿，因而，有利于抑制地区隐性经济规模。由前面分析可知，隐性经济主要受到税收负担、政府管制以及劳动力市场等因素的影响，因此，本节在考虑隐性经济主要成因的基础上，将利用 MIMIC 模型构建的公共治理指数作为影响隐性经济的自变量加入模型，构建分析地区公共治理水平影响隐性经济的计量模型，具体模型如式（5.4）所示：

$$SE_{i,t}=\alpha_0+\alpha_1 SSFD_{i,t}+\alpha_2 SZJG_{i,t}+\alpha_3 ZFGZ_{i,t}+\alpha_4 \ln(ZFFQ)_{i,t}+\alpha_5 SYL_{i,t}+\alpha_6 \ln(NYJY)_{i,t}+\alpha_7 \ln(PUB)_{i,t}+\mu_{i,t} \tag{5.4}$$

在式（5.4）中，i（i = 1，2，…，30）代表省级行政区，t（t = 1995，1996，…，2016）代表年份，α_0为常数项，α_1，…，α_7为各变量的回归系数，$\mu_{i,t}$为误差项。因变量$SE_{i,t}$为利用 MIMIC 模型测算的我国各省区市 1995～2016 年隐性经济规模，此外，还将利用由 DGE 模型法测算的隐性经济规模来进行稳健性检验；核心自变量$\ln(PUB)_{i,t}$为前面利用 MIMIC 模型法测算得到的我国各省区市 1995～2016 年的公共治理指数，此处，对公共治理指数进行了取对数处理，此外，由于 PUB 为［0，100］的标准化数据，为了便于取对数，对所有公共治理指数都进行了加 1 处理；$SSFD_{i,t}$和$SZJG_{i,t}$分别表示税收负担和税制结构，用以控制税收因素对隐性经济的影响；$ZFGZ_{i,t}$和$\ln(ZFFQ)_{i,t}$分别表示政府管制和政府分权，用以控制政府管制负担和政府结构对隐性经济的影响，其中，对变量政府分权还进行了取自然对数处理；$SYL_{i,t}$和$\ln(NYJY)_{i,t}$分别表示失业率和第一产业就业人数占就业总人数的比重，用以控制劳动力市场变化对隐性经济的影响，其中，对变量第一产业就业人数占总就业人数的比重进行了取自然对数处理。

隐性经济规模的相关数据是由本书分别用 MIMIC 模型和 DGE 模型测算所得；税收负担和税制结构的相关数据则由对应年份的《中国税务年鉴》中所得；其他变量的数据则是由对应年份的《中国统计年鉴》中所得。表 5－5 为本节所使用的所有变量的定义、度量方式与描述性统计值。

表 5－5　　变量度量方式与描述性统计值

变量	度量方式	观测值	平均值	标准差	最小值	最大值
SE_{mimic}	隐性经济与 GDP 比值（MIMIC 模型法测算）	660	0.1355	0.0233	0.0716	0.1909
SE_{dge}	隐性经济与 GDP 比值（DGE 模型法测算）	660	0.1232	0.0230	0.0586	0.1798
SSFD	税收总额占 GDP 的比值	660	0.1420	0.0944	0.0454	0.7136
SZJG	直接税与间接税的比值	660	0.4328	0.2457	0.1097	2.1362
ZFGZ	政府财政支出占 GDP 的比值	660	0.1725	0.0943	0.05	0.58
SYL	城镇统计失业率	660	0.0349	0.0094	0.0040	0.0740
Ln(NYJY)	第一产业就业人数所占百分比的自然对数	660	8.4858	0.6890	7.06	10.23
Ln(ZFFQ)	地方财政收入与地方财政支出比值的自然对数	660	0.5393	0.1851	0.1483	1.1201
Ln(PUB)	公共治理指数的自然对数	660	3.7728	0.5561	0	4.6151

注：所有税收、人均收入与 GDP 相关数据都用 1994 年价格计算。

二、实证结果分析

表5－6为利用Stata 15.0对式（5.4）进行回归分析的结果。在表5－6中的四个模型中，因变量均为利用MIMIC模型测算的隐性经济规模，其中，模型M5－2－1至模型M5－2－3为利用固定效应模型进行回归的结果，模型M5－2－1将公共治理视为一种制度因素，并将同属制度因素的政府管制和政府分权纳入模型中进行回归，结果显示，提高公共治理水平可以显著降低地区隐性经济规模，具体而言，地区公共治理指数提高1%，隐性经济规模占GDP的比重将降低－0.0044个百分点；模型M5－2－2将劳动力市场中的失业率和第一产业就业规模占就业总人数的比重加入模型中，结果显示，地区公共治理水平依然对隐性经济的规模呈现出显著的负向影响，即，地区公共治理指数提高1%，隐性经济占GDP的比重降低0.0055个百分点；模型M5－2－3将税收负担和税制结构因素加入模型中，实证回归结果显示，地区公共治理水平依然对隐性经济呈现出显著的负向影响，地区公共治理指数提高1%，隐性经济占GDP的比重降低0.0023个百分点。为保证实证结果的稳健性和有效性，本书还对模型M5－2－3的组内自相关、组间异方差和组内同期相关进行了进一步检测，结果显示，模型M5－2－3存在显著的组内自相关、组间异方差与组内同期相关，因此，应该用全面FGLS模型来进行估计。模型M5－2－4则利用FGLS模型法对模型M5－2－3进行了重新回归，实证分析结果依然显示，提高地区公共治理水平可以有效降低地区隐性经济规模，具体而言，地区公共治理指数提高1%，隐性经济占GDP的比重将降低0.0013个百分点。此外，在所有模型中，其他控制变量对隐性经济的影响都至少在10%的水平显著，而且与前面的理论分析一致，这也在一定程度上说明了模型设置的有效性以及实证分析结果的稳健性。

表5－6　公共治理对隐性经济影响的实证分析（因变量：SE_{mimic}）

	M5－2－1	M5－2－2	M5－2－3	M5－2－4
Ln(PUB) 公共治理水平	－0.0044*** （－3.04）	－0.0055*** （－3.99）	－0.0023*** （－2.68）	－0.0013*** （－3.66）
ZFGZ 政府管制	0.0919*** （9.62）	0.1008*** （11.12）	0.0103* （1.65）	0.0170*** （4.86）

续表

	M5 - 2 - 1	M5 - 2 - 2	M5 - 2 - 3	M5 - 2 - 4
Ln(ZFFQ) 政府分权	-0.0109*** (-4.17)	-0.0050** (-1.98)	-0.0204*** (-12.57)	-0.0177*** (-21.54)
SYL 失业率		0.3195*** (7.81)	0.2510*** (10.21)	0.2507*** (23.93)
Ln(NYJY) 第一产业就业占比		0.0189*** (8.2)	0.0327*** (22.06)	0.0332*** (49.44)
SSFD 税收负担			0.1917*** (30.76)	0.1836*** (64.25)
SZJG 税制结构			-0.0462*** (-26.93)	-0.0426*** (-53.85)
常数项	0.1348*** (29.36)	0.0607*** (6.95)	-0.0175*** (-2.84)	0.0022 (0.85)
时间效应	YES	YES	YES	YES
省份效应	YES	YES	YES	YES
N	660	660	660	660
R^2	0.7805	0.7646	0.9134	
F 检验	44.67 (0.000)	44.14 (0.000)	35.44 (0.000)	
模型	FE	FE	FE	FGLS

注：括号中的数值为 z 统计量，*** 和 * 分别表示在 1% 和 10% 显著性水平。

三、稳健性检验

为了进一步验证上述实证分析结果的稳健性，本节还将通过更换因变量、进行内生性处理以及检验不同时段和不同地区异质性来对地区公共治理水平就隐性经济影响的稳健性情况进行验证，相关回归结果如表 5 - 7 所示。

表 5－7　公共治理影响隐性经济的稳健性检验

	M5－2－5	M5－2－6	M5－2－7	M5－2－8	M5－2－9	M5－2－10	M5－2－11
Ln(PUB) 公共治理水平	－0.0137*** (－23.79)	－0.0026** (－2.00)	－0.0021* (－1.68)	－0.0094* (－1.94)			
Ln(PUB)*EAST 东部地区交互项					－0.0033*** (－4.93)		
Ln(PUB)*Central 中部地区交互项						－0.0025*** (－4.8)	
Ln(PUB)*WEST 西部地区交互项							－0.0007*** (－3.84)
ZFGZ 政府管制	0.0046 (0.67)	0.0169*** (2.29)	0.0093 (1.56)	0.0201 (1.43)	0.0101*** (3.86)	0.0083** (2.37)	0.0118*** (9.87)
Ln(ZFFQ) 政府分权	－0.0023 (－1.53)	－0.0168*** (－9.49)	－0.0207*** (－8.73)	－0.0061 (－0.97)	－0.0214*** (－36.7)	－0.0184*** (－23.88)	－0.0200*** (－45.68)
SYL 失业率	0.1402*** (7.43)	0.2524*** (9.40)	0.2901*** (10.97)	0.0962* (1.66)	0.2414*** (28.81)	0.2532*** (26.57)	0.2404*** (52.38)
Ln(NYJY) 第一产业就业占比	0.0302*** (36.13)	0.0326*** (20.99)	0.0350*** (14.56)	0.0303*** (5.13)	0.0330*** (49.74)	0.0341*** (44.91)	0.0318*** (73.74)
SSFD 税收负担	0.1571*** (26.82)	0.1847*** (27.66)	0.1661*** (30.60)	0.1667*** (7.19)	0.1867*** (52.41)	0.1831*** (63.06)	0.1870*** (80.89)

续表

	M5 - 2 - 5	M5 - 2 - 6	M5 - 2 - 7	M5 - 2 - 8	M5 - 2 - 9	M5 - 2 - 10	M5 - 2 - 11
SZJG 税制结构	-0.0096 *** (-6.22)	-0.0456 *** (-24.79)	-0.0448 *** (-44.48)	-0.0381 *** (-7.33)	-0.0431 *** (-62.25)	-0.0417 *** (-49.28)	-0.0440 *** (-85.75)
常数项	0.0568 *** (13.92)	0.0081 (-1.2)	0.0108 * (1.70)	0.0131 (0.67)	-0.0467 *** (-5.11)	-0.0050 ** (-1.95)	-0.0314 *** (-4.79)
时间效应	YES	YES	YES	YES	YES	YES	YES
省份效应	YES	YES	YES	YES	YES	YES	YES
N	660	630	390	270	660	660	660
模型	FGLS	2SLS	FGLS	FGLS	FGLS	FGLS	FGLS

注：括号中的数值为 z 统计量，***、** 和 * 分别表示在 1%、5% 和 10% 显著性水平。

（一）更换因变量

首先，使用前面由 DGE 模型法测算而得到的 1995～2016 年我国各省区市隐性经济规模（SE_{dge}）作为因变量进行实证检验，具体结果如模型 M5－2－5 所示。结果显示，地区公共治理水对隐性经济仍然具有显著的抑制效应，地区公共治理指数提高 1%，隐性经济占 GDP 的比重将下降 0.0137 个百分点。此外，虽然模型中的政府管制和政府分权变量的显著性水平不高，但其他变量都在 1% 的水平上显著，且所有变量对隐性经济的影响方向都符合理论预期，这也说明实证结果是比较稳健的。

（二）内生性处理

由于公共治理水平与政府管制、政府分权以及税收负担等因素存在多重共线性，因而有可能产生内生性问题，会影响回归结果的准确度，因此本书利用滞后一期的公共治理水平作为工具变量，并利用 2SLS 模型来进一步检验公共治理对隐性经济的影响，具体结果如模型 M5－2－6 所示。结果显示，公共治理水平对隐性经济影响的显著性水平有所降低，但仍然在 5% 的水平上呈现出显著的负向效应，公共治理指数提高 1% 时，地区隐性经济规模占 GDP 的比重将下降 0.0026 个百分点。

（三）时间异质性分析

由于 1995～2016 年，我国经济社会发展形势都发生了巨大变化，虽然在各实证回归模型中都已经对时间固定效应进行了控制，但为了进一步检验实证回归结果的时间异质性，本节选择 1995～2007 年和 2008～2016 年两个时间段进行分段回归，具体结果分别如模型 M5－2－7 和模型 M5－2－8 所示。结果显示，在这两个时间段内，公共治理对隐性经济都具有显著的抑制效应，但与 2008～2016 年这一时间段相比，1995～2007 年的公共治理对隐性经济的影响在显著性和影响力度方面都要略小，具体而言，1995～2007 年地区公共治理指数提高 1%，隐性经济占 GDP 的比重下降 0.0021 个百分点，而 2008～2016 年，地区公共治理指数提高 1%，隐性经济占 GDP 的比重下降 0.0094 个百分点，这主要是因为 1995～2008 年，我国各项政治经济制度尚不健全，相比于公共治理水平，各种制度性因素对隐性经济的影响更大，而 2008 年以后，伴随着我国各项改革的加快，我国政治经济制度逐渐完善，此时，地区公共治理水平对隐性经济的影响更加突出，但总体来说，公共治理对隐性经济的抑制效应在两个时间段内都是一致且稳健的。

（四）地区异质性分析

为进一步检验公共治理对隐性经济影响的地区异质性，本节借鉴陈海林和孙群力（2020）的研究，对东、中、西部地区省级行政区分别设置三个地区虚拟变量：East（当该省级行政区属于东部地区时，East 等于 1，否则等于 0）、Central（当该省级行政区属于中部地区时，Central 等于 1，否则等于 0）和 West（当该省级行政区属于西部地区时，West 等于 1，否则等于 0），并分别构建地区与公共治理的交互项，具体实证回归结果如模型 M5－2－9、模型 M5－2－10 和模型 M5－2－11 所示。结果显示，在东、中、西部地区，地区公共治理水平对隐性经济规模都呈现出显著的抑制效应，而且无论是从显著性程度还是从抑制效应来看，东部地区最强、中部次之，西部地区最小。具体而言，在东部地区，公共治理指数提高 1%，则隐性经济占 GDP 的比重下降 0.0033 个百分点；中部地区的公共治理指数提高 1%，隐性经济占 GDP 的比重下降 0.0025 个百分点；西部地区公共治理指数提高 1%，隐性经济占 GDP 比重下降 0.0007 个百分点。其原因从政治经济制度的健全程度来看，东部地区最好、中部次之、西部最差，当其他政治经济制度较为完善时，公共治理对隐性经济的影响就会更加突出，因而，东部地区公共治理水平对隐性经济的抑制效应要高于中西部地区。

第三节

公共治理对隐性经济的影响：基于单项评价指标的分析

已有研究从政府治理、市场治理和社会治理等维度选择指标对公共治理进行度量，并进行相关实证分析，虽然使用单一指标难以全面反映地区公共治理水平，但通过使用多个单一指标分别进行实证分析，可以更加全面地了解公共治理各个维度对隐性经济的影响。本节将从政府治理、市场治理和社会治理这三个维度选取多种指标来进一步探讨公共治理细分指标对隐性经济的影响。

一、政府治理对隐性经济的影响

（一）政府治理的度量指标选择

政府治理水平主要体现在政府对自身质量和行为的规范及提升上，目前已有的公共治理度量指标也多集中在对政府治理的度量上，如“善治”理论中的合法性、透明性、责任性、法治、回应性、有效性、参与、稳定、廉洁和公正都是反映政府治理水平的重要指标。

在具体实证分析过程中，相关研究往往会依据不同的侧重点选取一个或几个指标来对政府治理水平进行度量。辛格等（Singh et al.，2012）和巴亚尔（Bayar，2016）从政府责任感、政治稳定性、政府效率、管制质量、法治水平和腐败治理六个方面度量政府治理水平，并利用跨国数据分析了政府治理对隐性经济的影响。托格拉和施耐德（Torglar & Schneider，2007）利用腐败水平和私有财产保护两个指标来度量政府治理水平，戈尔等（Geol et al.，2013）则利用腐败和政府效率来度量政府治理水平，并利用中东和北非的跨国数据分析了政府治理水平对环境污染的影响。在国内研究中，高学德和赵静（2019）利用政府腐败、法治水平和政府效率三个指标对政府质量及公共权力行使过程的规范程度进行度量；叶满城和刘爽（2020）认为，政府透明度是反映现代政府治理水平的重要指标；庄明明等（2019）则直接用政府腐败程度来度量地区公共治理水平。

本节基于度量指标的科学性及数据可得性两大原则，从政府自身质量以及政府在行使公共权力过程中的规范性、合法性出发，选择政府腐败水平、法治水平以及政府透明度三个指标来度量政府治理水平：

（1）政府腐败（ZFFB）：每万公务员中的贪污腐败立案案件数量；

（2）法治水平（FZSP）：用执法力度来体现地区法治水平，用公检法等部门的财政支出占地区财政总支出的比值来度量地区执法力度；

（3）政府透明度（ZFTMD）：用上海财大公布的2009～2016年的各省区市财政透明度来度量政府透明度。

（二）政府治理影响隐性经济的实证分析

用政府治理各分项指标替代地区公共治理水平，对式（5.4）所示模型进行实证分析，结果如表 5－8 所示。首先，使用由 MIMIC 模型法测算得到的隐性经济规模作为因变量进行实证检验，模型 M5－3－1 表明，政府腐败程度加深会显著增加隐性经济规模；模型 M5－3－2 表明，提高地区法治水平有利于显著降低地区隐性经济规模；模型 M5－3－3 则表明，提高政府透明度也可以显著降低地区隐性经济规模。提高政府法治水平、降低政府腐败规模不仅有利于提高政府提供公共产品和服务的效率水平，提高企业和劳动力的税收遵从意愿，而且能优化正规经济部门的制度环境，降低市场主体开展正常经营活动的制度成本，因而有利于降低隐性经济。提高政府透明度有利于加强社会对政府行使公共权力和分配公共资源的监督力度，提升政府行为的合法性，提高政府效率，增强企业和劳动力的税收遵从意愿，从而减少隐性经济活动，降低隐性经济规模。为进一步验证实证结果的稳健性，还使用由 DGE 模型法测算获得的地区隐性经济规模作为因变量进行进一步检测，模型 M5－3－4、模型 M5－3－5 和模型 M5－3－6 的实证回归结果所示，政府腐败、法治水平和政府透明度对隐性经济的影响依然保持不变。

表 5－8　　政府治理各项指标对隐性经济的影响

	M5－3－1	M5－3－2	M5－3－3	M5－3－4	M5－3－5	M5－3－6
	因变量：SE_{mimic}			因变量：SE_{dge}		
Ln(ZFFB) 政府腐败	0.0010*** (6.06)			0.0002** (2.07)		
FZSP 法治水平		－0.0246** (－1.97)			－0.1708** (－2.26)	
Ln(ZFTMD) 政府透明度			－0.0021* (－1.87)			－0.0017* (－1.68)
常数项	0.0718*** (34.45)	0.0607*** (6.95)	－0.0888*** (－2.90)	0.1850 (0.91)	0.0588*** (4.77)	0.0094 (0.36)
控制变量	YES	YES	YES	YES	YES	YES
时间效应	YES	YES	YES	YES	YES	YES
省份效应	YES	YES	YES	YES	YES	YES
N	660	660	240	660	660	240
模型	FGLS	FGLS	FGLS	FGLS	FGLS	FGLS

注：括号中的数值为 z 统计量，***、** 和 * 分别表示在 1%、5% 和 10% 显著性水平。

二、市场治理对隐性经济的影响

（一）市场治理的度量指标选择

在现代公共治理体系中，市场是公共治理的重要对象，同时，市场主体也是公共治理的重要力量。市场治理水平主要体现在市场主体在生产经营过程中所需要承担的制度性成本，例如，世界银行提出的营商环境主要测度私营企业在申请开设、生产经营、贸易活动、纳税、关闭以及执行合约等方面所需要承担的时间和成本（World Bank，2019）。

目前我国国内市场治理实践主要体现在以国际化、法治化和市场化为目标的营商环境建设上，国内相关研究也主要从这三个方面来选择相关指标对市场治理水平进行度量。市场化水平度量指标主要有两种：一种是从市场主体活跃程度来进行度量，刘精明和朱美静（2020）利用工业企业中非国有企业所占比重以及固定资产投资中非国有投资所占比重两个指标对地区市场化水平进行度量；另一种则是通过构建多维评价指标体系，并进行赋分构建的市场化评价指数，其中，王小鲁等编制的《中国省份市场化指数报告》中编制的市场化指数在实证研究中被广泛应用，例如，张世伟和韩笑（2019）利用该指数研究了市场化对最低工资的就业效应；王凌飞和陈小辉（2020）利用该指数研究了地区市场化水平对涉农贷款的影响。

虽然目前直接研究市场治理对隐性经济影响的研究还很少，但由前面的理论分析可知，提高地区市场治理水平有利于降低企业在正规经济部门开展经济活动的成本，为劳动力提供更多的就业机会，可有效降低企业和劳动力转向隐性经济部门的动力，从而降低隐性经济规模。结合我国市场治理实践，本节从国际化、法治化和市场化三个维度来选择市场治理的度量指标，此外，由于在政府治理中已经分析过地区法治化水平对隐性经济的影响，因此，本节仅选择地区经济开放程度与市场化水平相关指标进行分析，具体如下：

（1）经济开放程度（JJKFD）：地区进出口贸易总额与GDP的比值；

（2）市场化水平（SCHSP）：固定资产投资中非国有资本所占比值；

（3）市场化指数（SCHZS）：王小鲁等人发布的《中国省份市场化指数报告》中各省区市1998～2016年的市场化水平。

（二）市场治理影响隐性经济的实证分析

本书分别使用由 MIMIC 模型法和 DGE 模型法测算得到的各省区市隐性经济规模作为因变量，并利用上述三个度量指标检验市场治理对隐性经济的影响，具体结果如表 5－9 所示。模型 M5－3－7 表明，提高地区经济开放水平，增加与其他国家和地区的经济贸易往来，会显著增加地区隐性经济规模，实证回归结果与理论预期相反，这主要是因为，随着我国经济开放程度不断提高，我国各地区与国外的经济贸易往来也越来越密切，但由于我国建立社会主义市场经济体制的时间还不长，各项市场机制尚不健全，随着对外经贸活动的增加，逃避贸易管制和税收的经济活动也会增加，因而，经济开放度提高反而增加了地区隐性经济规模。模型 M5－3－8 表明，提高地区市场化水平，扩大民营经济规模有利于降低地区隐性经济规模，这是因为提高市场化水平降低了民营企业开展生产经营活动的制度成本，同时，市场主体活跃程度越高，越有利于发挥市场在资源配置中的主体作用，为资本劳动力提供更多的投资和就业机会，从而减少隐性经济规模。为了进一步验证市场化水平对隐性经济的影响，本书还利用王小鲁等人历年公布的《中国省份市场化指数报告》中的“市场化指数”数据来进行进一步验证。模型 M5－3－9 的实证结果表明，提高市场化指数也可以显著降低地区隐性经济规模。模型 M5－3－10、模型 M5－3－11 和模型 M5－3－12 则利用由 DGE 模型法测算获得的隐性经济规模数据作为因变量对上述实证分析结果进行了进一步验证，结果表明，上述实证分析结果依然稳健。

表 5－9　　市场治理各项指标对隐性经济的影响

	因变量：SE_{mimic}			因变量：SE_{dge}		
	M5－3－7	M5－3－8	M5－3－9	M5－3－10	M5－3－11	M5－3－12
JJKFD 经济开放度	0.0003*** (6.21)			0.0006** (1.98)		
SCHSP 市场化水平		－0.0017* (－1.86)			－0.0023*** (－2.86)	
SCHZS 市场化指数			－0.0054** (－2.08)			－0.0069*** (－3.7)

续表

	因变量：SE_{mimic}			因变量：SE_{dge}		
常数项	-0.0580*** (-8.16)	-0.0546*** (-6.89)	-0.0574*** (-4.9)	0.0469 (1.24)	0.0621*** (3.8)	0.0123 (1.07)
控制变量	YES	YES	YES	YES	YES	YES
时间固定效应	YES	YES	YES	YES	YES	YES
省份固定效应	YES	YES	YES	YES	YES	YES
N	660	660	570	660	660	570
模型	FGLS	FGLS	FGLS	FGLS	FGLS	FGLS

注：括号中的数值为 z 统计量，***、** 和 * 分别表示在 1%、5% 和 10% 显著性水平。

三、社会治理对隐性经济的影响

（一）社会治理水平度量指标选择

地区社会治理水平与居民生活息息相关，对社会治理水平的评价应该聚焦于居民的获得感，“和谐社会”和“幸福中国”一直都是我国社会治理实践追求的目标，这也说明我国社会治理的目标主要在于保证社会安定和谐并不断提升居民生活的幸福感，而要实现这两个目标一方面已要求减少社会违法犯罪活动，另一方面则要求不断提升公共产品和公共服务的供给水平。在已有研究中，公共安全和公共产品供给也经常被用于作为地区社会治理的度量指标。例如，田发和周琛影（2016）、张欢和胡静（2014）以及南锐和汪大海（2017）在研究中都将这两个指标纳入了地区社会治理水平评价指标体系。结合已有研究中关于社会治理评价指标的选择，考虑到隐性经济的成因，本书认为，可以从社会安全与稳定和公共产品供给两大维度选择相关指标来进行评价：

（1）犯罪率（FZL）：用以反映地区社会安全与稳定程度，用平均每万人中被逮捕人数量来度量犯罪率，并假设犯罪率越低，隐性经济越低。

（2）公共产品供给（GGCP）：用每千人所拥有的病床数年度增长速度来度量地区公共产品供给，并假设公共产品供给改善水平越快，隐性经济越低。

（二）社会治理水平影响隐性经济的实证分析

本节首先沿用前面使用的模型验证犯罪率与公共产品供给对隐性经济的影

响，具体结果如表 5 - 10 所示。当使用由 MIMIC 模型法测度的隐性经济规模作为因变量时，模型 M5 - 3 - 13 结果表明，加快地区公共产品供给的改进速度、提高地区公共产品供给水平有利于显著降低地区隐性经济规模，但模型 M5 - 3 - 14 的结果表明，地区犯罪活动并未对隐性经济产生显著的影响。当利用由 DGE 模型法测度的隐性经济规模作为因变量时，模型 M5 - 3 - 15 的结果表明，改善地区公共产品供给水平仍然可以显著降低隐性经济规模，犯罪活动增加则会显著扩大地区隐性经济规模。这说明，改善地区公共产品供给水平可以稳健且显著地降低地区隐性经济规模，虽然地区犯罪活动增加对隐性经济的影响并不稳健，但至少可以说明犯罪活动的增加无益于降低隐性经济规模。

表 5 - 10　公共产品供给和犯罪率影响隐性经济的实证分析

	因变量：SE_{mimic}		因变量：SE_{dge}	
	M5 - 3 - 13	M5 - 3 - 14	M5 - 3 - 15	M5 - 3 - 16
GGCP 公共产品供给	-0.0058*** (-3.94)		-0.0133** (-9.35)	
FZL 犯罪率		-0.0001 (-0.11)		0.0002** (2.18)
常数项	-0.0084*** (-2.91)	-0.0546*** (-6.89)	0.0775*** (18.98)	0.0757*** (16.85)
控制变量	YES	YES	YES	YES
时间固定效应	YES	YES	YES	YES
省份固定效应	YES	YES	YES	YES
N	660	660	660	660
模型	FGLS	FGLS	FGLS	FGLS

注：括号中的数值为 z 统计量，***、** 分别表示在 1%、5% 显著性水平。

第六章

政府分权、公共治理与隐性经济

政府分权是我国国家治理中的一种重要制度因素，尤其是1994年以来实施的分税制改革，对我国经济社会发展产生了广泛的影响。同时由前面构建的用于分析地区公共治理水平的MIMIC模型可知，政府分权作为一种政府间的结构安排，对地区公共治理水平产生了显著影响，同时，地区公共治理总体水平及其各分项指标都在一定程度上可以影响隐性经济规模。虽然前面从理论和实证层面分析了政府分权和公共治理对隐性经济的影响，但要检验政府分权的“威慑效应”和“效率效应”，还需要对公共治理的中介效应进行实证检验。为了打开政府分权影响隐性经济的“黑匣子”，本章除了从整体上检验公共治理的中介效应之外，还将通过验证腐败治理的中介效应来检验政府分权的“威慑效应”，通过验证市场治理和社会治理的中介效应来检验政府分权的“效率效应”。

借鉴库尔特和奈特—穆尼（Culter & Liters - Muney，2010）、韩和鲁（Han & Lu，2017）以及鲁元平等（2018）的研究，通过以下步骤来检验中介效应：第一步，设定基准回归模型，检验核心自变量是否对因变量产生显著的影响；第二步，在基本回归模型中加入中介变量，如果加入中介变量之后，核心解释变量的系数变小或者其显著性程度降低，则说明，核心解释变量对因变量的部分影响可能是通过该中介变量进行传导的，如果核心解释变量的系数和显著性没有变化或者变大，则可以直接排除该变量作为中介变量的可能性；第三步，检验核心解释变量对中介变量的影响，如果核心解释变量与中介变量之间也存在着显著的因果关系，则可以判定核心解释变量时通过该中介变量对因变量产生影响。

$$SE_{i,t} = \gamma_0 + \gamma_1 ZFFQ_{i,t} + \gamma_2 Z_{i,t} + \gamma_3 C_{i,t} + \varepsilon_{i,t} \tag{6.1}$$

$$Z_{i,t} = \varphi_0 + \varphi_1 fenquan_{i,t} + \gamma_2 D_{i,t} + \mu_{i,t} \tag{6.2}$$

在式（6.1）中，SE为隐性经济，ZFFQ代表政府分权，Z代表中介变量，

C 代表影响隐性经济的一系列控制变量；式（6.2）中，D 为影响中介变量 Z 的一系列控制变量。首先，在不加入中介变量的情况下，利用式（6.1）估计政府分权对隐性经济的影响；其次，加入中介变量 Z，对式（6.1）进行回归，并对分权指标的系数和显著性进行比较；最后，对式（6.2）进行回归，检验分权指标对中介变量之间是否存在显著的影响。结合前面对政府分权和公共治理的分析，本节将从公共治理总体水平、政府治理水平、市场治理水平和社会治理水平四个维度来检验公共治理在政府分权影响隐性经济的过程中是否存在中介效应。

第一节

政府分权、公共治理总体水平与隐性经济

政府间权力分配是我国经济体制和行政体制改革的重要内容，通过实施财政分权改革，在中央和地方之间合理划分财政收入和财政支出责任，在保证中央对地方的控制和协调能力的同时，为发挥地方政府的积极性提供经济激励和制度安排，而行政改革则通过简政放权进一步扩大地方政府在处理经济社会管理事务中的自主权，为各地方政府探索适合本地发展的政策、提高公共服务效率提供制度保障。由前面分析可知，地区公共治理水平也是影响隐性经济规模的重要因素，因此，从理论上来说，政府分权可以通过提高地方政府公共治理的能力和效率，降低了地区隐性经济规模。为验证这一理论假设，本节将利用前面由 MIMIC 模型法测算获得的地区公共治理指数作为度量公共治理总体水平的指标，并从财政分权和行政分权两个维度来进行相关检验。

一、政府分权对公共治理的影响

自 1994 年实施分税制以来，我国形成了以收入集权和支出分权为特点的财政分权体制，虽然由度量地区公共治理水平的 MIMIC 模型分析结果可知，提高地方政府的总体财政分权水平（财政自由度）有利于提高地区公共治理水平，但财政收入分权、财政支出分权和税收分权等财政分权指标以及行政分权对地区公共治理水平的影响仍然有待于进一步检验。

我们构建如式（6.3）所示的计量模型：

$$PUB_{i,t} = \alpha_0 + \alpha_1 ZFFQ_{i,t} + \alpha_2 ZFGM_{i,t} + \alpha_3 MTJD_{i,t} + \alpha_4 SCHSP_{i,t} + \alpha_5 JJZZ_{i,t} + \alpha_6 JJKFD_{i,t} + \alpha_7 SHZZ_{i,t} + \alpha_8 JYSP_{i,t} + \alpha_9 ZFZL_{i,t} + \mu_{i,t} \quad (6.3)$$

其中，被解释变量 PUB 为公共治理指数，由 MIMIC 模型法测算得到；核心解释变量为政府分权（ZFFQ），它分别由财政总体分权（即财政自由度 FA）、财政支出分权（FED）、财政收入分权（FRD）、税收分权（TAXDE）、行政分权（GWY）以及行政审批分权（Shenpi）等指标构成。

控制变量包括：政府规模（ZFGM）、媒体监督力度（MTJD）、市场化水平（SCHSP）、经济增长（JJZZ）、经济对外开放水平（JJKFD）、社会组织发育程度（SHZZ）、教育发展水平（JYSP）以及政府质量（ZFZL）等自变量。

由于式（6.3）中所包含的所有变量均在前面介绍过，因此，此处不再对各变量的定义与描述性统计特征进行重复介绍。利用固定效应模型对政府分权各指标对公共治理的影响进行实证检验，具体估计结果如表 6－1 所示。

表 6－1　　政府分权对公共治理的影响

	M6－1－1	M6－1－2	M6－1－3	M6－1－4	M6－1－5	M6－1－6
Fa 财政自由度	0.3663*** (67.11)					
Fed 财政支出分权		－0.0099 (－1.44)				
Frd 财政收入分权			0.0611*** (8.24)			
Taxde 税收分权				0.6253 (1.49)		
GWY 行政分权					－3.1358*** (－3.61)	
Shenpi 行政审批分权						0.8068 (0.76)
控制变量	YES	YES	YES	YES	YES	YES
时间效应	YES	YES	YES	YES	YES	YES
省份效应	YES	YES	YES	YES	YES	YES
R^2	0.9814	0.9832	0.9817	0.9814	0.9817	0.9852
F 检验	35.16	35.97	33.55	35.23	35.5	72.67
N	660	660	660	660	660	480

注：括号中的数值为 z 统计量，*** 分别表示在 1% 显著性水平。

在模型 M6 -1 -1 中，提高地方政府财政自由度可以显著地提高地方政府的公共治理水平；模型 M6 -1 -2 的实证结果显示，提高财政支出分权会在一定程度上降低地区公共治理水平，但财政支出分权对公共治理的阻碍效应并不显著；模型 M6 -1 -3 的实证结果显示，提高地方政府财政收入分权水平可以显著地提高地区公共治理水平；模型 M6 -1 -4 的实证结果显示，提高地方税收分权水平有利于提高地区公共治理水平，但这一效应并不显著；模型 M6 -1 -5 的实证结果显示，提高地方政府行政分权的总体水平会显著降低地区公共治理水平；模型 M6 -1 -5 的实证结果则显示，提高地方政府行政审批分权水平并未显著提高地区公共治理水平。由此可见，地方政府财政分权总体水平、财政收入分权总体水平和行政分权总体水平都会对地区公共治理水平产生显著的影响，其中，提高财政分权总体水平和财政收入分权总体水平将显著提高地区公共治理水平，但提高地区行政分权总体水平将显著降低地区公共治理水平。

二、公共治理中介效应检验

由中介效应检验模型可知，由于财政支出分权、税收收入分权以及行政审批分权未对地区公共治理水平产生显著的影响，因而，可以排除公共治理总体水平作为这三种分权指标影响隐性经济的中介效应的可能性。为进一步检验财政分权总体水平、财政支出分权总体水平与行政分权总体水平这三类分权形式是否通过公共治理对隐性经济产生影响，本节将构建如式（6.4）所示的计量模型对公共治理的中介效应进行检验。

$$SE_{i,t} = \alpha_0 + \alpha_1 PUB_{i,t} + \alpha_2 ZFFQ_{i,t} + \alpha_3 SSFD_{i,t} + \alpha_4 SZJG_{i,t} + \alpha_5 GFGZ_{i,t} + \alpha_6 SYL_{i,t} + \alpha_7 CZH_{i,t} + \alpha_8 SRZB_{i,t} + \mu_{i,t} \tag{6.4}$$

在式（6.4）所示的模型中，i 和 t 分别表示省份和年份。因变量为由 MIMIC 模型法测算的隐性经济规模（SE），核心解释变量为公共治理（PUB）和政府分权（ZFFQ），其中政府分权（ZFFQ）指标由一系列分权指标构成。控制变量包括税收负担（SSFD）、税制结构（SZJG）、政府规制（ZFGZ）、失业率（SYL）、城镇化（CZH）、人均收入占人均 GDP 的比重（SRZB）。

利用 FGLS 模型对式（6.4）所示的计量模型进行分别回归，回归结果如表 6 -2 所示，并比较政府分权系数和显著性程度的变化情况。由模型 M6 -1 -7 和模型 M6 -1 -8 的实证回归结果可以看出，地方政府财政自由度和地区公共治理水平都对隐性经济产生了显著的负向影响，且当在模型中加入公共治理水平之后，财政自由度对隐性经济的影响系数明显变小，这说明，公共治理水平在地方政府财政自由度影响隐性经济的过程中发挥了一定的中介效应；由模型 M6-1-9 和模型 M6-1-10 的实证结果显示，当在计量模型中加入公共治理水平之后，财政收入分权对隐性经济影响的系数出现了明显的下降，且财政收入分权对隐性经济的影响由显著变为不显著，这说明，公共治理水平是财政收入分权影响隐性经济过程中最重要的中介变量；模型 M6-1-11 和模型 6-1-12 的实证结果表明，当加入公共治理水平之后，行政分权对隐性经济的影响系数与显著性程度都未发生明显的变化，这说明，行政分权并未通过影响地区公共治理水平来影响隐性经济。

表 6-2　　公共治理总体水平的中介效应检验

	M6-1-7	M6-1-8	M6-1-9	M6-1-10	M6-1-11	M6-1-12
PUB 公共治理		-0.0001* (-1.76)		-0.0002*** (-11.34)		-0.0002*** (-14.03)
FA 财政自由度	-0.0417*** (-23.03)	-0.0381*** (-19.7)				
FRD 财政收入分权			-0.0013* (-1.8)	-0.0002 (-0.14)		
GWY 行政分权					0.0081*** (6.2)	0.0081*** (6.82)
控制变量	YES	YES	YES	YES	YES	YES
时间效应	YES	YES	YES	YES	YES	YES
省份效应	YES	YES	YES	YES	YES	YES
N	660	660	660	660	660	660

注：括号中的数值为 t 统计值，*、*** 分别表示在 10%、1% 的显著性水平。

第二节

政府分权、腐败治理与隐性经济

政府治理是公共治理的三大维度之一，在已有研究中，政府腐败水平一般用来作为政府质量的度量指标，因此，本节将政府清廉程度作为政府治理水平的度量指标，并检验政府腐败治理是否在政府分权各指标影响隐性经济过程中发挥中介效应。

一、政府清廉指数的构建

（一）政府清廉指数构建的方法选择

政府清廉程度是度量政府质量的重要指标，同时也是政府腐败治理水平的体现，虽然政府清廉程度可以通过腐败水平来评价，但由于腐败自身的隐蔽性和复杂性，很难对其进行直接度量。目前，腐败的度量方法主要有主观度量法和客观度量法。腐败的主观度量是通过对被调查者对腐败的感知进行问卷调查，在此基础上统计并构造出来的反映腐败程度的指数（倪星和李珠，2015；倪星和张军，2016）。腐败的客观度量指标则是依据官方所披露的贪污、贿赂案件数、涉案人数、涉案金额等客观数据进行统计，以此来表示腐败的现状及发展趋势（Dong & Torgler，2008；杨灿明和赵福军，2004）。这些指标在众多的研究中得到了广泛的应用，对理解各个国家的腐败程度做出了重要贡献，但也存在诸多不足，例如，腐败水平的主观度量指标都是跨国指数，难以反映一国内部不同地区腐败程度差异；除腐败感知指数（Corruption Perception Index，CPI）之外，其他指数并不是每年都公布，不能形成连续的时间序列；且在指标设置上带有明显的西方政治价值倾向，而且也有诸多学者对其方法的可靠性与数据的有效性提出了质疑。客观度量指标只是实际腐败的极少部分，“腐败黑数”的存在必然导致腐败真实程度的低估，而且这一指标具有明显的“滞后性”，许多腐败行为往往在数年之后才被揭露。

在近期的研究中，德雷尔等（Dreher et al.，2007）采用 MIMIC 模型构建了 106 个国家 1976～1997 年的腐败指数，这一方法将法制、小学入学率以及民主化程度等因素作为影响腐败水平的原因变量，并将人均 GDP 水平、私人信贷以及资本约束等作为腐败的指标变量，对地区腐败水平进行系统性评价。虽然他们在指标设置中仍然存在一些缺陷，但相较于前两种方法的不足，MIMIC 模型为度量政府廉洁度提供了一种可靠的方法，同时还能对政府廉洁度的决定因素及其影响进行全面的分析，因此，本节将继续使用 MIMIC 模型法构建度量地方政府清廉程度的评价指数，用以度量各地区的政府治理水平。

（二）政府清廉程度的决定因素和影响效应分析

1. 政府清廉的决定因素（原因变量）。

政府清廉程度由腐败水平决定，而腐败的成因是多方面的，在本书的研究中，我们根据中国的实际，从政治、经济、社会以及文化等维度，重点分析政府规模、政府分权、执法力度、经济水平、公务员工资水平、公共投资规模、教育文化水平、对外开放程度以及女性在公务员中所占比例等因素对腐败的影响。

（1）政府规模：政府规模越大，政府自由裁量权也就越大，这可以提供更大的“寻租”空间，从而降低政府廉洁程度。

（2）政府分权：政府分权有利于缩短政府与民众之间的“距离”，发挥民众对政府的监督作用，同时，分权也意味着降低政府管制力度（如简政放权与行政审批改革），有助于减少权力“寻租”，提高政府清廉程度。

（3）执法力度：本书认为，执法力度越小，企业和民众对法律的遵从越低，腐败程度越高；相反，司法系统越完善，执法越公正，打击腐败的力度越强，腐败程度则越低。

（4）经济增长：伴随着经济增长，民众对政府质量和公共治理水平的要求更高，对政府腐败的容忍度更低，同时，经济增长带来税收收入增长，可以提高公务员的收入水平，降低“寻租”动机。

（5）公务员工资：提高工资水平可以降低公务员的腐败动机并提高腐败的机会成本，从而有助于减少腐败。

（6）公共投资规模：公共投资项目通常是通过招投标来实现的，政府官员在招投标过程中往往具有决定最终结果的自由裁量权，自由裁量权的滥用加重了地区腐败程度，因此，公共投资规模越大，腐败程度越高，政府廉洁度越低。

（7）教育水平：提高教育水平有助于增强民众辨别是非的能力、维护公共利益的意识、社会责任感和质疑精神，同时，还可以提高民众对腐败危害性的认识，增强识别和监督官员腐败行为的意识和能力，有助于预防和及时发现腐败行为。因此，地区教育发展水平越高，民众对腐败容忍度越低，政府廉洁度越高。

（8）经济开放度：地区经济开放水平越高，对投资和贸易的管制就越少，政府官员的“寻租”机会也越少；同时，经济开放水平的提高将增强地区发展的竞争压力，为吸引流动性生产要素，提高地区经济竞争力，地方政府将被迫提高政府质量和政府廉洁度，因此，经济开放程度越高，政府廉洁程度也就越高。

(9) 公务员中女性比例：地区政治民主和平等程度越高，女性公务员比重越大，且女性参与腐败的动机和机会都要比男性小，因此，女性在公务员中所占比重越高，政府廉洁度也就越高。

2. 政府清廉的公共治理效应（指标变量）。

政府清廉的指标变量选择既要能反映其现实影响，又要能体现我国廉政建设的公共治理目标。郭剑鸣（2017）指出，中国清廉评价最重要的标准是居民的获得感，即是否让民众享受到更多的政治权利、经济实惠、机会公平、法治保障与健康环境。本书选择将公务员贪污渎职立案数、外国直接投资水平、收入差距以及环境污染作为政府清廉在公共治理方面的指标变量。

(1) 公务员贪污渎职立案数：公务员贪污受贿渎职立案数是反映政府质量与法治水平的重要指标。政府越清廉，腐败现象越少，被司法机关侦查的贪污受贿渎职案件也就越少。

(2) 外国直接投资水平：FDI 是反映地区经济发展环境的重要指标，腐败会增加企业的经营成本和不确定性，恶化投资经营环境，从而减少 FDI 流入。改革开放以来，FDI 一直被我国地方政府视为拉动地区经济增长的重要动力，各地方政府也竞相提高政府服务质量，优化投资环境，从而在招商引资的激烈竞争中占据优势地位。因此，本书认为，政府廉洁程度越高，经济发展环境越好，FDI 水平也就越高。

(3) 收入不平等：收入不平等是度量社会公平与和谐程度的重要指标。腐败对收入不平等有重要影响，权力拥有者通过"寻租"可以获得正常工资以外的高额收入，同时，高收入群体在腐败市场拥有更强的竞争力，可以通过行贿获得更多特权，攫取更大的经济利益，而行贿等行为会进一步加重低收入群体的经济负担，从而扩大收入不平等程度。因此，本书认为，政府廉洁度越高，"寻租"活动越少，地区收入差距也就越小。

(4) 环境污染：环境污染程度是地区可持续发展水平的指标。已有研究表明，腐败会扭曲环境保护政策，通过对环境监管部门行贿，企业有可能逃避环境政策管制，导致环境保护政策失效。因此，本书认为，政府廉洁度越高，环境污染程度越低。

（三）模型、变量与数据

由于政府清廉程度的不可观测性以及地区公共治理水平的多维性，本节通过构建 MIMIC 结构方程模型来分析政府清廉程度及其公共治理效应，并且根据政府清廉的原因变量来构建我国各省区市 1995 ~ 2016 年的政府清廉指数。根据前面分析，本书为政府清廉程度的度量选取了 9 个原因变量和 4 个指标变量，具体 MIMIC 模型分析路径如图 6 – 1 所示。

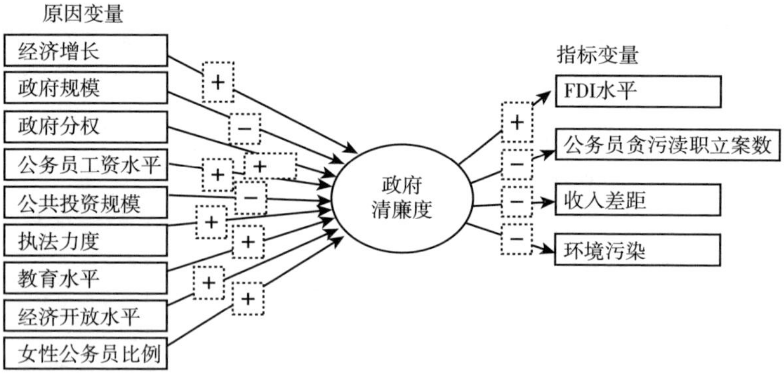

图 6 – 1　政府清廉程度的 MIMIC 模型分析路径

上述变量所对应的数据均来自《中国统计年鉴》（1996 ~ 2017 年）、《中国劳动与就业统计年鉴》（1996 ~ 2017 年）、《中国检察年鉴》（1996 ~ 2017 年）以及《中国环境统计年鉴》（1996 ~ 2017 年），其中，由于隐性经济规模相关数据不能直接获得，本书借鉴陈（Chen et al.，2019）的研究成果。为了让数据更适应于估计，我们还对部分变量数据采用其自然对数值，并用 Ln(x) 表示，并对城乡收入差距进行了一阶差分处理。此外，本书还设置虚拟变量 FFB 来验证 2012 年以来我国严厉打击对政府清廉的影响，即，在 1995 ~ 2011 年取值为 0，2012 ~ 2016 年取值为 1。各变量的变量名、含义及描述性统计结果如表 6 – 3 所示。

表 6 – 3　政府廉洁度的原因变量和指标变量的描述性统计结果

变量名称	观测值	均值	标准差	最小值	最大值	变量解释
原因变量						
JJZZ	660	10.95	2.65	–2.5	23.8	经济增长率
ZFGM	660	14.18	4.45	6.97	34.88	政府消费占 GDP 比重（%）
JYSP	660	1.20	0.86	0.04	3.66	每万人中高等院校在校生
GWYGZ	660	0.94	0.13	0.57	1.48	公务员平均工资与地区平均工资比值

续表

变量名称	观测值	均值	标准差	最小值	最大值	变量解释
FZSP	660	1.34	0.68	0.24	3.74	公检法部门支出占 GDP 比重（%）
Ln(ZFFQ)	660	3.93	0.36	2.7	4.72	财政收入占财政支出百分比的自然对数
Ln(GGTZ)	660	3.63	0.42	2.44	4.44	国有资本投资占总投资百分比的自然对数
Ln(DWKF)	660	2.85	0.96	0.08	5.17	进出口总额占 GDP 百分比的自然对数
Ln(NXGWY)	660	3.31	0.14	2.89	3.67	公务员中女性所占百分比的自然对数
FFB	660	0.23	0.42	0	1	反腐败行动
指标变量						
Ln(FDI)	660	5.32	1.48	1.53	8.48	人均 FDI（按 1994 年价格计算）自然对数
FBAJS	660	29.32	9.73	6.6	64.36	每万公务员所涉贪污渎职案件立案数量
DSRBPD	660	-0.01	0.15	-0.9	0.65	城乡居民收入比的一阶差分
HJWR	660	16.47	9.34	3.25	82.06	人均工业废水排放量（吨）

最后，采用 MIMIC 模型进行面板数据的分析，还需要对各可观测变量的原始值进行转换，使各可观测变量成为 0 期望（均值）的序列，即 E(CLEAN) = E(x) = E(y) = 0，其中，“CLEAN”表示政府廉洁程度。考虑了对各变量均值的偏离之后再来计算协方差矩阵，可以更好地适应 MIMIC 模型对面板数据的分析要求。具体转换公式如（6.5）式所示：

$$x_{jit}^{*} = (x_{jit} - \bar{x}_{ji});\ y_{jit}^{*} = (y_{jit} - \bar{y}_{ji}) \qquad (6.5)$$

其中，j 表示变量个数，j = 1，2，…，6；i 表示省份，i = 1，2，…，30；t 表示年份，t = 1995，1999，…，2016。

（四）分析政府清廉指数的 MIMIC 模型实证回归结果分析

本书利用 Stata 15.0 软件来进行相关的 MIMIC 模型分析，并根据相关拟合指标来对原因变量和结果变量进行调整，选择出最佳估计模型。

表 6-4 是利用 Stata 15.0 软件所估计的标准化系数的 MIMIC 模型结果。我们发现，在模型 M6-2-1 所表示的基准模型中，所有的原因变量和指标变量都呈现出高度显著性，而且与“政府清廉程度”这一潜变量的关系也与前面的假设基本一致，前面所提出的理论假设均得到了验证。通过进一步对模型

修正，我们得到的模型 M6－2－4 的各项拟合度指标都非常理想，这表明实际数据与理论模型的拟合度非常高，模型 M6－2－4 准确地刻画了我国地方政府廉洁程度。模型 M6－2－4 的估计结果显示，FDI 水平和腐败案件数可以作为测量政府廉洁度的重要指标，提高政府廉洁度可以显著提高外资投入水平，并显著降低腐败。我们认为，FDI 水平是反映地区公共治理综合水平的重要指标，直接反映了地区经济繁荣程度，廉洁政府能够实现更高的公共治理水平，创造更加优越的投资经营环境。在模型 M6－2－5 中，我们在模型 M6－2－5 的基础上加入"反腐运动（FFB）"作为原因变量来检验 2012 年以来我国反腐败运动的影响，回归结果显示，加入这一外生变量之后，模型拟合程度尽管略有下降，但仍然处于可接受范围，同时，反腐败运动对提高我国政府清廉程度有显著的作用，而且当政府实施强力反腐时，公务员的工资水平对政府清廉程度的影响减弱。

表 6－4　1995～2016 年政府廉洁度度量的 MIMIC 模型估计结果（样本数＝660）

	M6－2－1	M6－2－2	M6－2－3	M6－2－4	M6－2－5
原因变量					
JJZZ 经济增长	0.0244 (2.97)***	0.0267 (3.25)***	0.0194 (2.37)**	0.0218 (2.66)***	0.0366 (3.92)***
ZFGM 政府规模	－0.0168 (－2.37)**	－0.0207 (－2.96)***	－0.0136 (－1.91)**	－0.0176 (－2.53)**	－0.0154 (－2.19)**
JYSP 教育水平	0.3370 (6.40)***	0.3129 (6.01)***	0.3274 (6.21)***	0.3012 (5.78)***	0.2765 (5.25)***
GWYGZ 公务员工资	0.3408 (2.41)**	0.3198 (2.26)**	0.2508 (1.78)*	0.2271 (1.62)*	0.0939 (0.64)
FZSP 法治水平	0.1526 (2.67)***	0.1735 (3.06)***	0.1560 (2.72)***	0.1785 (3.14)***	0.1553 (2.71)**
Ln(ZFFQ) 政府分权	0.8184 (5.94)***	0.8299 (6.01)***	0.7191 (5.25)***	0.7297 (5.31)***	0.6616 (4.76)***
Ln(GGTZ) 公共投资	－0.5464 (－5.71)***	－0.5583 (－5.83)***	－0.5485 (－5.73)***	－0.5609 (－5.85)***	－0.4587 (－4.65)***

续表

	M6－2－1	M6－2－2	M6－2－3	M6－2－4	M6－2－5
Ln(DWKF) 对外开放水平	0.2371 (4.19)***	0.2411 (4.25)***	0.2473 (4.36)***	0.2516 (4.43)***	0.2927 (5.02)***
Ln(NXGWY) 女性公务员占比	0.9766 (3.13)***	1.0732 (3.45)***	0.9980 (3.19)***	1.1021 (3.54)***	0.9756 (3.11)***
FFB 反腐败					0.2393 (3.36)**
指标变量					
Ln(FDI) 外商直接投资	1	1	1	1	1
FBANS 腐败案件数	－8.9311 (－16.01)***	－8.8696 (－15.99)***	－8.8852 (－15.84)***	－8.8318 (－15.8)***	－8.5739 (－15.65)***
DSRBPD 收入不平等	－0.0690 (－5.82)***	－0.0690 (－5.83)***			
HJWR 环境污染	－1.2374 (－2.71)**		1.2500 (－2.73)**		
拟合指标					
Chi^2 P^1	220.76 0.0000	88.04 0.0000	146.13 0.000	13.50 0.096	31.51 (0.000)
$RMSEA^2$	0.100	0.077	0.104	0.032	0.062
CFI^3	0.803	0.917	0.854	0.993	0.971
TLI^4	0.714	0.8462	0.756	0.982	0.932
$SRMR^5$	0.048	0.038	0.038	0.012	0.012

注：括号中的数据是z统计值，*、**、***分别表示z统计值满足10%、5%、1%的显著性水平。

①卡方值越小，p值越大，模型的拟合程度越高。当 $p>0.05$ 时，模型具有较好的拟合度。

②RMSEA为近似误差均方根，其取值在0～1，RMSEA在0.05～0.08，模型拟较好，RMSEA小于0.05则表示拟合度非常好。

③CFI为比较拟合指数，当 $CFI>0.9$ 时，表示模型拟合程度较好。

④TLI为塔克尔—勒威斯指数，当 $TLI>0.95$ 时，表示模型拟合程度较好。

⑤SRMR为标准化残差均方根，其取值在0～1之间，一般认为，当 $SRMR<0.05$ 时，模型拟合程度较好。

尽管模型M6－2－1～模型M6－2－3的估计结果没能完全满足MIMIC估计的拟合要求，但是这些模型的估计结果一致表明，提高政府廉洁度显著提高了地区 FDI 水平，同时降低了腐败案件数量、缩小了收入不平等程度、有效控制了环境污染程度和隐性经济规模。

此外，MIMIC 模型的估计结果更进一步明确了政府清廉的主要决定因素，表 6－4 中模型 M6－2－4 的估计结果表明，所有原因变量均对政府廉洁程度产生了显著影响，且影响方向都与我们的假设相一致。其中，教育水平、公务员相对工资水平、执法力度、财政分权、经济开放程度以及公务员中女性占比显著提高了政府清廉程度，而政府规模与公共投资规模是诱发腐败、降低政府廉洁度的重要原因。对政府廉洁度成因的分析不仅有利于我们提出有针对性的反腐倡廉措施，同时也让我们可以据此构建政府清廉指数，这也是本书的重要创新。

（五）我国地方政府清廉指数构建与分析

根据模型 M6－2－4 的估计结果，我们可以得到如式（6.6）所示的政府清廉程度（CLEAN）的计算方程：

$$CLEAN = 0.0218 \times JJZZ - 0.0176 \times ZFGM + 0.3012 \times JYSP + 0.2271 \times GWYGZ + 0.1785 \times FZSP + 0.7297 \times Ln(ZFFQ) - 0.5609 \times Ln(GGTZ) + 0.2516 \times Ln(DWKF) + 1.1021 \times Ln(NXGWY) \quad (6.6)$$

图 6－2 显示了 1995～2016 年我国东、中、西部地区以及全国的政府清廉指数平均得分的变化趋势。

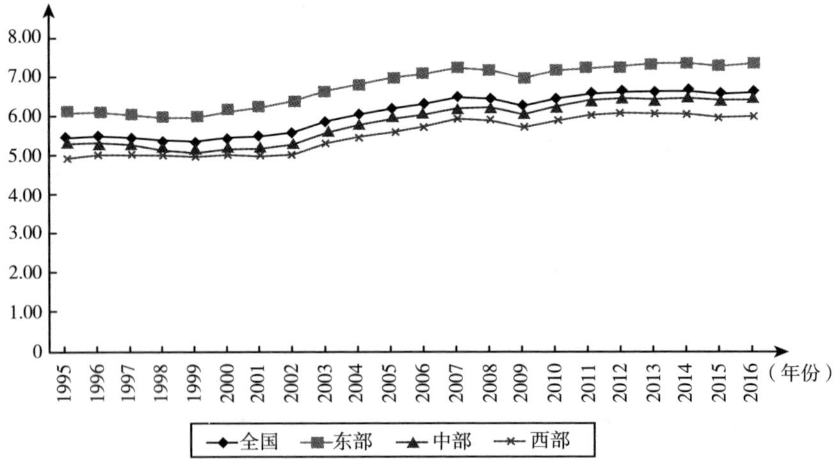

图 6－2　1995～2016 年全国及各地区清廉指数的平均得分

由图6－2可知，1995～2016年全国平均清廉指数介于5.39～6.53，且呈现出逐年缓慢上升的趋势，这说明我国的廉政建设已经取得了一定的成绩。此外，为了比较不同地区政府廉洁程度的差异，图6－2还显示了东、中、西部地区清廉指数平均得分的变化趋势，我们发现，东部地区的清廉指数平均得分最高、中部地区次之、西部地区最低，且都呈现出逐年上升的趋势。其中，东部地区的清廉指数在6.01～7.25，中部地区的清廉指数在5.24～6.35，西部地区的清廉指数在4.87～5.93，这个估计结果还表明，经济越发达的地区，政府廉洁程度越高，反之，经济越落后，政府清廉程度越低。结合我国实际情况，可以发现，我国东部地区的教育、医疗卫生以及公共基础设施等公共产品和服务的供给水平明显优于中、西部地区，这也在一定程度上说明了政府廉洁程度与地区公共治理水平存在着正相关的关系。

此外，我们根据1995～2016年各省区市清廉指数平均得分可以看出，政府清廉程度排名前列的上海、北京和天津和广东等省市在经济发展水平、公共服务供给水平都高于其他地区，而排名最后的青海、甘肃和贵州等省份的经济发展水平和公共服务供给水平则都落后于其他地区。这个结果在一定程度上支持了政府清廉程度越高，地区公共治理水平越高的假设。表6－5为利用MIMIC模型构建的各省（直辖市、自治区）1995～2016年的政府清廉指数。

表6－5　基于MIMIC模型计算的我国各省区市历年政府廉洁指数

年份	北京	天津	河北	山西	内蒙古	辽宁	吉林	黑龙江	上海	江苏	浙江	安徽	福建	江西	山东
1995	6.74	6.37	5.45	5.23	4.9	5.57	5.34	5.32	6.61	5.77	5.97	5.19	6.14	5.25	5.33
1996	6.69	6.27	5.52	5.26	4.96	5.67	5.33	5.32	6.67	5.79	5.85	5.29	6.19	5.29	5.44
1997	6.73	6.24	5.47	5.35	4.97	5.62	5.19	5.15	6.54	5.63	5.75	5.34	6.22	5.18	5.49
1998	6.71	6.16	5.48	5.3	4.99	5.58	5.15	5.01	6.5	5.58	5.71	5.2	5.77	4.77	5.44
1999	6.72	6.01	5.39	5.16	4.99	5.47	5.09	4.89	6.63	5.57	5.74	5.14	5.84	4.81	5.49
2000	6.76	6.34	5.45	5.21	5.09	5.6	5.13	5.1	6.85	5.73	5.95	5.11	5.94	4.94	5.65
2001	7	6.53	5.48	5.25	4.98	5.69	5.13	5.21	7.12	5.79	6.06	5.05	5.93	4.93	5.77
2002	7.18	6.8	5.61	5.49	5.04	5.96	5.35	5.34	7.38	6.03	6.21	5.11	6.01	4.98	5.96
2003	7.52	6.91	5.86	5.77	5.32	6.27	5.64	5.55	7.8	6.36	6.54	5.35	6.15	5.46	6.26
2004	7.74	7.21	5.99	6.07	5.53	6.45	5.71	5.6	7.97	6.57	6.64	5.63	6.28	5.76	6.45
2005	7.92	7.31	6.17	6.09	5.88	6.62	5.85	5.74	7.93	6.95	6.83	5.82	6.47	5.79	6.89
2006	7.97	7.43	6.29	6.3	5.9	6.74	6.02	5.88	7.94	7.09	6.94	5.99	6.46	5.87	7.02
2007	8.04	7.41	6.44	6.52	6.11	6.89	6.25	5.89	8.08	7.31	7.13	6.08	6.59	6.07	7.13

续表

年份	北京	天津	河北	山西	内蒙古	辽宁	吉林	黑龙江	上海	江苏	浙江	安徽	福建	江西	山东
2008	7.9	7.47	6.54	6.39	6.08	6.99	6.32	5.88	7.74	7.24	7.06	6.12	6.54	6.25	7.05
2009	7.52	7.15	6.34	6.01	5.97	6.82	6.19	5.67	7.54	7.05	6.88	5.93	6.39	6.1	6.95
2010	7.73	7.24	6.48	6.33	6.04	6.99	6.28	5.79	7.78	7.14	7.05	6.22	6.61	6.35	7.06
2011	7.68	7.33	6.75	6.45	6.12	7.12	6.57	5.89	7.7	7.16	7.04	6.29	6.73	6.49	7.15
2012	7.64	7.41	6.8	6.44	6.08	7.15	6.6	6.01	7.79	7.28	7.1	6.25	6.76	6.52	7.19
2013	7.47	7.57	6.74	6.37	6.01	7.06	6.45	5.98	7.93	7.39	7.29	6.29	6.95	6.61	7.18
2014	7.44	7.57	6.73	6.39	5.99	6.99	6.49	5.93	7.98	7.28	7.29	6.3	6.98	6.6	7.26
2015	7.45	7.52	6.6	6.31	5.94	6.8	6.36	5.68	7.86	7.29	7.21	6.36	6.87	6.68	7.25
2016	7.58	7.83	6.65	6.44	5.83	6.82	6.47	5.69	7.6	7.42	7.27	6.36	6.98	6.67	7.25

年份	河南	湖北	湖南	广东	广西	海南	重庆	四川	贵州	云南	陕西	甘肃	青海	宁夏	新疆
1995	5.19	5.3	5.11	6.34	5.26	5.85	5.17	4.85	4.84	4.95	4.94	4.61	4.4	4.74	4.93
1996	5.25	5.27	5.12	6.32	5.23	5.89	5.53	4.9	4.84	5.1	5.08	4.73	4.47	4.86	4.88
1997	5.18	5.3	5.05	6.23	5.23	5.7	5.15	5.12	4.97	4.96	5.13	4.67	4.43	4.93	4.94
1998	5.04	5.19	4.98	6.23	5.28	5.66	4.92	5.11	4.94	4.88	5.2	4.67	4.55	4.98	4.94
1999	4.97	5.1	4.93	6.32	5.17	5.63	4.96	5.1	4.86	4.81	5.11	4.61	4.46	5.01	4.99
2000	5.08	5.23	5.04	6.45	5.18	5.71	5.06	5.14	4.92	4.81	5.08	4.52	4.59	5.02	5.19
2001	5.09	5.19	5.1	6.52	5.09	5.71	5.07	5.14	4.8	4.74	5.14	4.62	4.51	4.86	5.24
2002	5.12	5.31	5.11	6.6	5.17	5.7	5.19	5.28	4.82	4.9	5.22	4.63	4.47	4.69	5.27
2003	5.41	5.56	5.4	6.76	5.39	5.84	5.36	5.59	5.15	5.13	5.53	4.86	4.66	5.23	5.57
2004	5.65	5.78	5.51	6.79	5.55	5.92	5.53	5.65	5.21	5.34	5.67	5.03	4.83	5.53	5.68
2005	5.87	6.04	5.71	6.97	5.72	5.84	5.49	5.8	5.26	5.49	5.79	5.17	4.86	5.54	5.84
2006	5.97	6.03	5.75	7.04	5.91	6.03	5.71	5.84	5.38	5.6	6	5.48	5	5.8	5.82
2007	6.19	6.13	5.92	7.2	5.97	6.34	5.96	6.04	5.65	5.75	6.27	5.53	5.08	6.02	6.16
2008	6.26	6.13	5.9	7.07	6	6.34	5.9	5.8	5.6	5.75	6.22	5.41	5.09	6.04	6.14
2009	6.12	6.01	5.75	6.87	5.86	6.21	5.7	5.76	5.41	5.59	5.95	5.21	4.9	5.97	5.8
2010	6.33	6.23	5.89	6.98	6	6.73	5.92	5.91	5.62	5.72	6.11	5.42	5.01	6.2	6.03
2011	6.5	6.43	6.05	7.13	6.14	6.62	6.15	6.19	5.8	5.87	6.35	5.58	4.86	6.18	6.29
2012	6.63	6.51	6.05	7.26	6.29	6.62	6.19	6.25	5.93	5.85	6.38	5.65	4.94	6.29	6.23
2013	6.65	6.5	6	7.43	6.25	6.79	6.21	6.23	5.89	5.89	6.34	5.57	5.2	6.03	6.33
2014	6.75	6.59	6.03	7.44	6.28	6.87	6.34	6.19	5.79	5.74	6.42	5.46	5.24	6.05	6.32
2015	6.78	6.54	5.99	7.36	6.29	6.82	6.28	6.15	5.85	5.72	6.36	5.3	4.99	5.91	6.12
2016	6.73	6.44	5.95	7.54	6.33	6.84	7.06	6.17	6.01	5.65	6.24	5.41	4.58	6.14	5.79

二、政府分权对腐败治理水平的影响

根据前面分析，检验腐败治理在政府分权影响隐性经济过程中的中介效应首先需要检验政府分权对腐败治理水平的影响。本书结合前面对地方政府清廉程度决定因素的分析以及德雷尔等（Dreher et al.，2009）、董和托格勒（Dong & Torgler，2013）、魏旭和魏姝（2019）等人的做法，构建如式（6.7）所示的计量模型：

$$Clean_{i,t} = \gamma_0 + \gamma_1 ZFFQ_{i,t} + \gamma_2 ZFGM_{i,t} + \gamma_3 JJZZ_{i,t} + \gamma_4 FZSP_{i,t} + \gamma_5 JYSP_{i,t} + \gamma_6 GWYGZ_{i,t} + \gamma_7 GGTZ_{i,t} + \gamma_8 Ln(DWKF)_{i,t} + \gamma_9 Ln(NXGWY)_{i,t} + \varepsilon_{i,t} \quad (6.7)$$

式（6.7）中，i 为省份，t 为年份，被解释变量 Clean 为前面由 MIMIC 模型法测算获得的地方政府清廉指数；政府分权（ZFFQ）为核心解释变量，由一系列分权指标构成。控制变量包括：ZFGM 为政府规模，用政府消费占 GDP 的比重表示；JJZZ 为地区实际 GDP 增长率；FZSP 为执法力度，用公检法部门支出占 GDP 的比重表示；JYSP 为居民平均受教育年限；GWYGZ 为公务员相对工资水平，用公共部门平均工资与地区全行业平均工资的比值表示；Ln(NXGWY) 为女性在公务员中所占百分比的自然对数，Ln(DWKF) 为贸易依存度的自然对数，GGTZ 为固定资产投资中国有资本所占百分比。由于以上变量与数据在前面都已介绍和分析，此处不再赘述。表 6－6 为实证回归结果。

表 6－6　　政府分权对政府清廉程度的影响

	M6－2－6	M6－2－7	M6－2－8	M6－2－9	M6－2－10	M6－2－11
Ln(Fa) 财政自由度	0.7007*** (59.4)					
Fed 财政支出分权		－0.1019*** (－6.98)				
Frd 财政收入分权			0.4565*** (31.4)			
Taxde 税收分权				0.0108* (1.61)		
GWY 行政分权					－0.0533** (－2.4)	

续表

	M6－2－6	M6－2－7	M6－2－8	M6－2－9	M6－2－10	M6－2－11
Shenpi 审批分权						0.0673 (1.44)
控制变量	YES	YES	YES	YES	YES	YES
时间效应	YES	YES	YES	YES	YES	YES
省份效应	YES	YES	YES	YES	YES	YES
N	660	660	660	660	660	480
模型	FGLS	FGLS	FGLS	FGLS	FGLS	FGLS

注：括号中的数值为z统计量，***、**和*分别表示在1%、5%和10%显著性水平。

对模型进行Hausman检验，检验结果强烈建议使用固定效应模型进行回归分析，利用固定效用模型就政府分权的六个度量指标对腐败的影响进行检验，进一步检验发现，该模型存在组间自相关、组内自相关和组内异方差，因此，应该使用FGLS模型来进行估计。在表6－6中，模型M6－2－6、模型M6－2－8和模型M6－2－9表明，地方政府财政自由度、财政收入分权和税收分权都能显著提高地方政府清廉程度，但模型M6－2－7、模型M6－2－10表明，财政支出分权和行政分权都会降低地方政府清廉程度，模型M6－2－11则表明，行政审批分权对政府清廉程度未产生显著影响。这是因为，提高财政自由度、财政收入分权和税收分权都有利于扩大地区财权，降低地区财政压力和预算约束，也可以增加政府官员的可支配资金，从而降低政府官员的“寻租”动机。但是，财政支出分权程度越大，一方面，地方政府承担的财政压力更大，地方政府官员通过“寻租”手段来“增收”的动机越强；另一方面，地方政府财政支出规模越大，官员“寻租”空间也越大。与此同时，行政分权的提高也意味着地方政府自由裁量权越大，而我国对政府官员的监督以党和政府的内部监督为主，行政分权程度越大，对政府官员的监督难度也越大。

三、腐败治理水平的中介效应分析

政府质量是影响隐性经济的重要因素，而已有研究表明，政府分权对我国的政府质量产生了重要影响（牛富荣，2016；李敬涛，2016；魏旭和魏姝，2019）。为进一步检验腐败治理的中介效应，本书将使用MIMIC模型法测度的地方政府清廉指数作为地方政府腐败治理水平和政府质量的度量指标，将其作为自变量加入政府分权影响隐性经济的计量模型式（6.4）中，并比较政府分权的影响系数与显著程度的变化。

表 6－7 为在式（6.4）中加入政府清廉指数（Clean）之后，政府分权各度量指标的变化情况。由于前面已经对财政自由度、财政收入分权和行政分权对隐性经济的影响进行了实证检验，因此，此处仅呈现加入政府清廉指数之后这三个变量的回归系数和显著性程度变化情况。模型 M6－2－12 表明，提高政府清廉程度可显著降低地区隐性经济规模，同时，财政自由度对隐性经济的影响系数相比于模型 M6－1－7 明显减小，这说明，提高地方政府财政自由度通过提高地方政府清廉程度抑制隐性经济；模型 M6－2－15 的结果表明，提高政府清廉程度可显著降低地区隐性经济规模，同时，财政收入分权对隐性经济的影响变得不显著，这说明提高政府清廉程度是财政收入分区影响隐性经济的重要中介变量；模型 M6－2－18 中，提高政府清廉程度同样可以显著降低隐性经济规模，且行政分权对隐性经济的影响系数相较于模型 M6－1－11 有明显降低，这说明行政分权通过降低政府清廉程度提高了隐性经济规模。模型 M6－2－13 表明，财政支出分权显著扩大了地区隐性经济规模，同时，模型 M6－2－14 表明提高地方政府清廉程度可以显著抑制地区隐性经济规模，加入政府清廉程度这一变量之后，财政支出分权对隐性经济的影响变得不显著了，这说明政府清廉程度是政府分权影响隐性经济的中介变量。模型 M6－2－16 表明提高税收分权程度可显著降低地区隐性经济规模；M6－2－17 则表明，加入政府清廉程度后，税收分权对隐性经济的影响变得不显著，这也说明，政府清廉程度是税收分权影响隐性经济的重要中介变量。

表 6－7　　公共治理总体水平的中介效应检验

	M6－2－12	M6－2－13	M6－2－14	M6－2－15	M6－2－16	M6－2－17	M6－2－18
Clean 公共治理	－0.0015*** （－2.74）		－0.0043*** （－8.0）	－0.0044*** （－7.6）		－0.0041*** （－7.59）	－0.0043*** （－8.8）
Fa 财政自由度	－0.0369*** （－16.7）						
Fed 支出分权		0.0013* （1.68）	0.0005 （0.37）				

续表

	M6-2-12	M6-2-13	M6-2-14	M6-2-15	M6-2-16	M6-2-17	M6-2-18
Frd 收入分权				-0.0004 (-0.33)			
Taxde 税收分权					-0.0006* (-1.69)	-0.0006 (-1.19)	
GWY 行政分权							0.0065*** (5.82)
控制变量	YES	YES	YES	YES	YES	YES	YES
时间效应	YES	YES	YES	YES	YES	YES	YES
省份效应	YES	YES	YES	YES	YES	YES	YES
N	660	660	660	660	660	660	660

注：括号中的数值为 z 统计量，***、*分别表示在 1%、10% 显著性水平。

第三节

政府分权、市场治理与隐性经济

市场治理水平是地区公共治理水平的重要体现，集中反映了市场主体的活跃程度、市场制度的完善程度以及经济发展的共享程度，同时这些因素也是影响地区公共治理水平的重要因素。由隐性经济成因的相关理论可知，正规经济的发展情况以及制度环境对地区隐性经济规模也有重要影响，因此，为了全面分析政府分权对隐性经济的影响，本节将继续验证地区市场治理水平是否是政府分权影响隐性经济的中介效应。为了更好地测度地区市场治理水平，本节将构建测算地区市场治理水平的 MIMIC 模型，构建地区市场治理水平指数，并在此基础上对政府分权、市场治理与隐性经济之间的关系进行实证检验。

一、市场治理指数构建

（一）市场治理水平度量方法的选择

目前已有研究中尚缺乏对市场治理评价的直接研究，但关于“营商环境”“投资环境”之类的研究不少。目前关于市场治理水平的度量方法中，一种是以结果为导向，即民营经济所占比例，如司政和龚六堂（2011）；另一种是以原因为导向，即影响民营经济发展的政治、经济和社会因素，如樊纲和王小鲁（2014）发布的中国市场化指数。但这两种度量方法都存在一定缺点，单纯以结果为导向的指标难以反映市场化程度，例如，民营经济的经营发展受外部冲击的影响较大，因而民营经济所占比例的变化并不一定就是地区市场化发展的结果，而樊纲和王小鲁发布的市场化指数统计口径和测算方法发生了多次变动，且只有1997～2014年的数据。本书认为地区市场治理水平的评价应该以民营经济营商环境为标准，即影响民营经济发展的政治、经济和社会环境是否得到改善。本书将地区市场治理水平视为潜变量，利用前面所述的MIMIC模型法，将影响民营经济发展的政治、经济和社会环境作为原因变量，并选择将提高市场治理水平可能带来的结果作为结果变量，对1995～2016年我国各省区市的市场化程度进行测算。

（二）市场治理水平的决定因素与影响效应

1. 营商环境的决定因素（原因变量）。

本书借鉴娄成武和张国勇（2018）的研究，将营商环境定义为影响市场主体经营发展的政治、经济、文化和社会因素的总和，是政府、市场和社会共同作用的结果。我们通过深入分析国内外大量关于营商环境的相关文献，并结合中国的实际，经反复筛选甄别，最后确定将政府管制、税收负担、法治水平、政府分权、腐败水平、劳动力素质、劳动力成本、技术环境、融资水平、社会稳定、对外开放水平和基础设施等变量作为地区营商环境可能的原因变量；将FDI水平、新增就业、GDP增长率、收入差距作为地区营商环境可能的指标变量。

（1）政府规模：政府规模越大，政府维持市场秩序、提供公共产品的能力就越强，因而，有利于优化营商环境；但是政府对经济的直接干预会挤占私营部门的市场份额，不利于优化营商环境。

（2）税收负担：税收负担增加企业投资成本，降低企业投资意愿，同时，税收负担压缩企业的利润空间和研发成本，降低企业的创新意愿和研发能力，降低地区全要素生产率水平，不利于优化营商环境。

（3）执法力度：法治水平体现了地区对产权保护、契约维护以及司法公正性的重视程度，对于私营部门的投资意愿和交易成本都有重要影响（Alexander，2014）。中国历来重视法治水平建设，社会主义市场经济本质上是法治经济（周彬彬，2018），政府执法力度越强，地区法治水平越高，越有利于优化地区营商环境。

（4）政府分权：政府分权有利于提高地方政府的政策灵活性和公共服务效率，从而有利于优化营商环境。

（5）腐败水平：腐败可能从多个方面影响市场主体的投资意愿和投资绩效，例如，增加企业经营的不确定性风险、官员“寻租”增加企业生产经营的非制度成本、侵蚀财政资金进而降低公共产品供给效率等。因此，地方政府腐败水平越高，地区营商环境越差。

（6）劳动力素质：劳动力素质越高，越有利于促进企业技术创新和管理创新，提高企业投资效率，从而优化地区营商环境。

（7）劳动力成本：劳动力成本是企业营业成本的重要组成部分，劳动力成本上升会直接增加企业成本，降低投资收益率预期，影响市场主体的投资意愿，因此，劳动力成本越高，地区营商环境越差。

（8）创新活力：技术创新具有正外部性，不仅体现了地区企业内部的创新能力，也反映了企业之间知识学习、技术交流与研发合作的环境，对现代企业的经营和发展有重要影响。地区创新水平越高，技术环境越好，越有利于企业应用和发展新技术，有利于优化营商环境。

（9）融资环境：地区金融活动越活跃，融资环境改善程度越快，越有利于减少企业融资约束，从而优化地区营商环境。

（10）社会稳定：企业开展经营活动需要稳定的社会环境，犯罪活动被视为度量地区社会稳定的重要指标。犯罪活动会影响企业的正常生产经营，增加不确定性风险以及成本，同时，犯罪活动影响社会稳定和经济发展，降低投资者对地区经济发展预期，从而影响投资决定。因此，社会稳定程度越低，营商环境越差。

（11）对外开放水平：在经济高度全球化的背景下，地区对外开放水平对于企业的投资意愿和经营绩效都可能产生重要影响。对外开放水平越高，对投资和贸易的管制就越少，与国际经济体系的融入程度就越深，降低企业的管制成本、融资成本以及销售成本，同时，有利于企业和劳动者学习新技术。因此，地区对外开放水平越高，营商环境越好。

（12）基础设施：交通、能源以及通讯等基础设施是企业生产经营必不可少的前提条件，已有研究表明，基础设施具有外溢效应，有助于降低企业经营成本、优化生产要素配置、促进技术传播并提高企业生产效率，有助于优化营商环境。

2. 营商环境的公共治理效应（指标变量）。

营商环境对企业投资经营和地区经济社会发展都有重要影响。本书结合已有文献，并考虑数据可得性，选取 FDI 水平、新增就业、GDP 增长率以及收入差距作为营商环境可能的指标变量。

（1）FDI 水平：投资是企业经营的起点，地区营商环境水平直接影响市场主体的投资意愿和投资回报率。由于内资企业的投资除了受营商环境的影响外，还受到政治关联、历史传统以及文化观念等非经济因素的影响，FDI 对于营商环境的变化更加敏感（邢春玉等，2016）。因此，本书将 FDI 流入水平作为地区营商环境的指标变量，并假设营商环境越好，FDI 流入规模越大。

（2）新增就业：营商环境对就业的影响主要通过直接效应和间接效应实现，一方面，良好的营商环境有利于企业稳定和扩大投资，创造更多的就业机会，直接增加就业；另一方面，良好的营商环境下，企业为了拓展新业务，有更强的意愿为劳动力提供更多的相关培训，提高劳动力的就业能力，间接促进就业。因此，营商环境越好，越有利于增加就业机会。

（3）经济增长：营商环境是地区经济增长的重要影响因素，一方面，优化营商环境有利于吸引更多的投资，增加市场主体数量，扩大生产规模，直接促进地区经济增长；另一方面，优化营商环境有利于提高企业劳动生产率，间接促进地区经济增长。

（4）收入差距：收入差距一方面由劳动力可获得的就业机会决定，另一方面由生产要素回报率之间的差距决定。已有研究表明，营商环境可以通过减少市场进入成本和吸引投资来增加就业、促进技术扩散和人力资本积累，进而有利于缩小收入差距。

（三）模型、变量与数据

根据前面分析，本书为营商环境选择了 12 个原因标量和 4 个结果变量来构建 MIMIC 分析模型。图 6－3 为地区营商环境评价的 MIMIC 模型路径，且在图中标注了各变量与营商环境之间的假设关系。

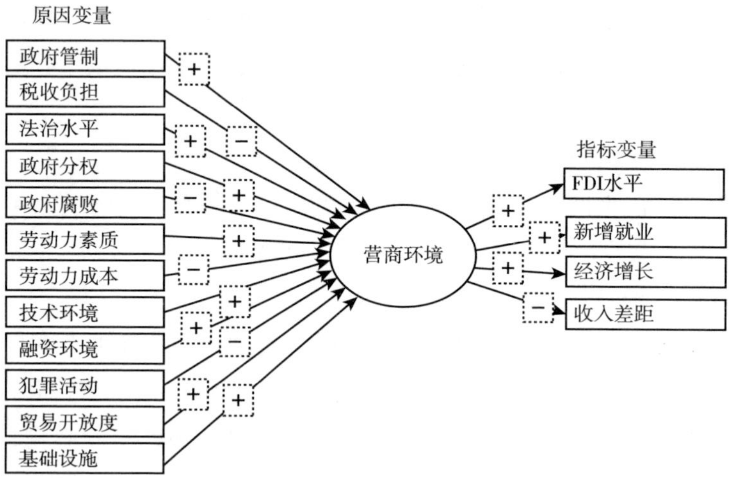

图 6－3　地区营商环境治理水平的 MIMIC 模型分析路径

上述变量所对应的数据均来自《中国统计年鉴》（1996～2017 年）、《中国劳动与就业统计年鉴》（1996～2017 年）、《中国检察年鉴》（1996～2017 年）、《中国金融年鉴》（1996～2017 年）和《中国环境统计年鉴》（1996～2017 年），为了让数据更适应于估计，我们还对部分变量数据采用其自然对数值，用 Ln(x) 表示，并对城乡收入差距进行了一阶差分处理。表 6－8 为本节中所使用变量的名称、定义和度量方式。

表 6－8　　市场化指数测算的变量名称及度量方式

序号	变量名称	定义	度量方式
1	ZFGM	政府规模	财政总支出占 GDP 的百分比
2	SSFD	税收负担	税收总收入占 GDP 的百分比
3	FZSP	法治水平	司法部门（公、检、法）支出占 GDP 的百分比
4	Ln(FA)	财政自由度	财政总收入占财政总支出的百分比（取自然对数）
5	JYSP	劳动力质量	平均受教育年限
6	LDCB	劳动力成本	人均收入占人均 GDP 的百分比
7	Ln(CXHL)	创新活力	人均专利授予量（取自然对数）
8	RZHJ	融资环境	金融机构年底实际存贷款余额增长率（%）
9	FZL	社会稳定（犯罪率）	平均每万人中被逮捕人数量
10	DWKF	经济开放度	进出口总和占 GDP 百分比
11	JCSS	基础设施水平	公路与铁路总里程之和除以地区总面积

续表

序号	变量名称	定义	度量方式
12	FBSP	腐败水平	平均每万人公务员中因为贪污、渎职被逮捕数量（取自然对数）
13	Ln(FDI)	人均 FDI	实际流入 FDI 除以总人口（取自然对数，单位元）
14	XZJY	新增就业	就业总人数占劳动总人口百分比的一阶差分值
15	JJZZ	GDP 增长率	GDP 实际增长率
16	GGTZ	非公有制经济占比	固定资产投资中非公有制经济占比
17	SRCJ	城乡收入差距一阶差分	城镇人均收入与农村人均收入比值的一阶差分

最后，采用 MIMIC 模型进行面板数据的分析，还需要对各可观测变量的原始值进行转换，使各可观测变量成为 0 期望（均值）的序列，即 E(BE) = E(x) = E(y) = 0，其中，“BE（Business Environment）”表示政府廉洁程度。考虑了对各变量均值的偏离之后再来计算协方差矩阵，可以更好地适应 MIMIC 模型对面板数据的分析要求。具体转换公式如式（6.8）所示：

$$x_{jit}^{*} = (x_{jit} - \bar{x}_{ji});\ y_{jit}^{*} = (y_{jit} - \bar{y}_{ji}) \tag{6.8}$$

其中，j 表示变量个数，j = 1，2，…，6；i 表示省份，i = 1，2，…，30；t 表示年份，t = 1995，1999，…，2016。

（四）分析市场治理指数的 MIMIC 模型实证回归结果分析

本书利用 Stata 15.0 软件来进行相关的 MIMIC 模型分析，并根据相关拟合指标来对原因变量和结果变量进行调整，选择出最佳估计模型。

表 6-9 是利用 Stata 15.0 估计的标准化系数的 MIMIC 模型结果。模型 M6-3-1 为评价地区营商环境的基准模型，从 MIMIC 估计结果可以看出，所有变量与营商环境之间的关系都与本书假设一致，且除受教育程度和法治水平外，其他变量都至少在 10% 的置信水平上显著。从模型 M6-3-1 ~ 模型 M6-3-5 的结果可以看出，政府规模与地区营商环境之间存在显著且稳健的正相关，这是因为，一方面，从政府管制的视角来看，我国建设社会主义市场经济体系的时间还很短，各项制度体系还处于建设初期，因而，适当的政府管制有利于维护地区市场秩序，优化营商环境；另一方面，从财政支出的视角看，自从 1994 年确立建设社会主义市场经济体系的目标后，中国财政支出已逐渐从竞争性行业转向基础设施建设和民生领域，不仅可以为私营企业发展提

供便利，还能扩大市场需求（张中华等，2010）。通过对变量进行进一步调整，我们发现模型 M6－3－5 的各项拟合指标都符合要求，而且所有变量都非常显著，这说明该模型较为准确地刻画了我国地区营商环境。在模型 M6－3－6 中，我们将 Ln(GGTZ)（固定投资中国有资本所占比例的对数）作为地区经济管制的指标替代政府规模（ZFGM），结果显示，该变量与营商环境之间存在显著的负相关，这一结果与政府规模相反，这是因为变量 Ln(GGTZ) 刻画了政府对经济领域的直接干预，而政府规模代表了政府对经济社会的总体规制，这也说明，当前我国政府管制总体上有利于优化地区营商环境，但是对经济领域的直接干预会对地区营商环境带来不利影响。此外，模型 M6－3－5 的拟合优度和变量显著性都优于模型 M6－3－6，这也说明政府规模更好地度量了我国政府管制的总体力度。

表 6－9　1995～2016 年地区市场治理水平的 MIMIC 模型估计结果（样本数＝660）

	M6－3－1	M6－3－2	M6－3－3	M6－3－4	M6－3－5	M6－3－6
原因变量						
ZFGM 政府规模	0.0207 (2.19)**	0.0164 (1.73)*	0.0226 (2.44)**	0.0171 (1.83)*	0.0161 (1.72)*	
Ln(GGTZ) 公共投资						－0.4828 (－4.05)***
SSFD 税收负担	－0.0158 (－2.27)**	－0.0166 (－2.35)**	－0.0153 (－2.22)**	－0.0157 (－2.25)**	－0.0146 (－2.09)**	－0.0147 (－2.15)**
FZSP 执法力度	0.1592 (1.5)	0.1918 (1.8)*	0.1123 (1.09)	0.1572 (1.51)	0.1778 (1.72)*	0.3036 (4.08)***
Ln(Fa) 财政自由度	0.6532 (3.35)***	0.5638 (2.88)***	0.6909 (3.6)***	0.5824 (3.01)***	0.5756 (2.97)***	0.6341 (3.36)***
JYSP 教育水平	0.0928 (1.33)	0.1321 (1.91)**	0.0905 (1.32)	0.1438 (2.10)**	0.1378 (2.01)**	0.0694 (0.99)
LDCB 劳动力成本	－0.0234 (－3.88)***	－0.0225 (－3.68)***	－0.0226 (－3.81)***	－0.0216 (－3.58)***	－0.0211 (－3.50)***	－0.0164 (－2.72)***
Ln(CXHL) 创新活力	0.1086 (1.77)*	0.0925 (1.48)	0.1276 (2.12)**	0.1020 (1.67)*	0.1228 (2.07)**	0.1657 (3.27)***
RZHJ 融资环境	0.0060 (1.96)**	0.0068 (2.22)**	0.0054 (1.79)*	0.0063 (2.05)**	0.0062 (2.04)**	0.0079 (2.60)***

续表

	M6－3－1	M6－3－2	M6－3－3	M6－3－4	M6－3－5	M6－3－6
FZL 犯罪率	－0.0393 (－2.02)**	－0.0398 (－2.01)**	－0.0377 (－1.97)**	－0.0366 (－1.87)*	－0.0391 (－2.00)**	－0.0331 (－1.71)*
DWKF 对外开放	0.0067 (3.18)***	0.0065 (3.02)***	0.0063 (3.04)***	0.0063 (2.98)***	0.0065 (3.08)***	0.0064 (3.11)***
JCSS 基础设施	0.5230 (3.76)***	0.5627 (4.03)***	0.4909 (3.58)***	0.5293 (3.83)***	0.5630 (4.12)***	0.3162 (2.34)**
Ln(FBSP) 腐败水平	－0.2241 (－1.83)*	－0.1654 (－1.34)	－0.2374 (－1.97)**	－0.1778 (－1.47)		
指标变量						
Ln(FDI)	1	1	1	1	1	1
XZJY 新增就业	1.0109 (5.34)***	0.8894 (3.78)***	1.0504 (5.62)***	1.0314 (5.46)***	1.0098 (5.36)***	1.0418 (5.57)***
JJZZ 经济增长	0.3836 (1.83)*	0.4587 (2.62)***				
SRCJ 收入差距	－0.0599 (－5.12)***		－0.0645 (－5.52)***			
拟合指标						
Chi^2 P[1]	515.679 (0.000)	387.057 (0.000)	107.45 (0.000)	21.255 (0.031)	17.467 (0.065)	18.571 (0.029)
RMSEA[2]	0.138	0.151	0.073	0.038	0.034	0.040
CFI[3]	0.511	0.565	0.857	0.979	0.984	0.980
TLI[4]	0.306	0.292	0.767	0.951	0.964	0.953
SRMR[5]	0.056	0.054	0.029	0.016	0.016	0.017

注：括号中的数据是 z 统计值，*、**、*** 分别表示 z 统计值满足 10%、5%、1% 的显著性水平。

①卡方值越小，p 值越大，模型的拟合程度越高。当 $p>0.05$ 时，模型具有较好拟合度。

②RMSEA 为近似误差均方根，其取值在 0～1，RMSEA 在 0.05～0.08，模型拟较好，RMSEA 小于 0.05 则表示拟合度非常好。

③CFI 为比较拟合指数，当 $CFI>0.9$ 时，表示模型的拟合程度较好。

④TLI 为塔克尔—勒威斯指数，当 $TLI>0.95$ 时，表示模型的拟合程度较好。

⑤SRMR 为标准化残差均方根，其取值在 0～1 之间，一般认为，当 $SRMR<0.05$ 时，模型拟合程度较好。

对模型 M6－3－5 进一步分析可知，政府规制、法治水平、政府分权、劳动力素质（受教育程度）、技术环境、融资环境、贸易开放度和基础设施都是优化地区营商环境的重要决定因素，税收负担、劳动力成本和犯罪率等因素则会恶化地区营商环境。FDI 和新增就业是评价地区营商环境的重要指标，优化地区营商环境会显著地增加地区 FDI 和新增就业岗位。此外，由于法治水平在一定程度上也能反映出政府质量，经济增长与 FDI 以及新增就业之间密切相关，因而，为了减少变量之间的共线性，提高模型拟合优度，模型 M6－3－5 剔除了政府腐败和经济增长这两个变量。地区收入不平等未能进入度量模型是因为：收入不平等的成因是多方面的，我们难以通过收入差距的变化中直接度量地区营商环境的变化。虽然这三个变量未能进入营商环境的度量模型，但 MIMIC 分析结果显示，腐败会恶化地区营商环境，同时，优化营商环境有利于促进地区经济增长以及缩小地区收入差距。

（五）我国地方政府清廉指数构建与分析

根据模型 M6－3－5 的估计结果，我们可以得到如式（6.9）所示的地区市场治理水平（BE）的计算方程：

$$\begin{aligned}BE = &0.0161 \times ZFGM - 0.0146 \times SSFD + 0.1778 \times FZSP + 0.5756 \times Ln(FA) \\ &+ 0.1378 \times JYSP - 0.0211 \times LDCB + 0.1228 \times Ln(CXHL) + 0.0062 \\ &\times RZHJ - 0.0391 \times FZL + 0.0065 \times DWKF + 0.5630 \times JCSS \end{aligned} \quad (6.9)$$

图 6－4 显示了 1995～2016 年我国东、中、西部地区以及全国的市场治理指数平均得分的变化趋势。

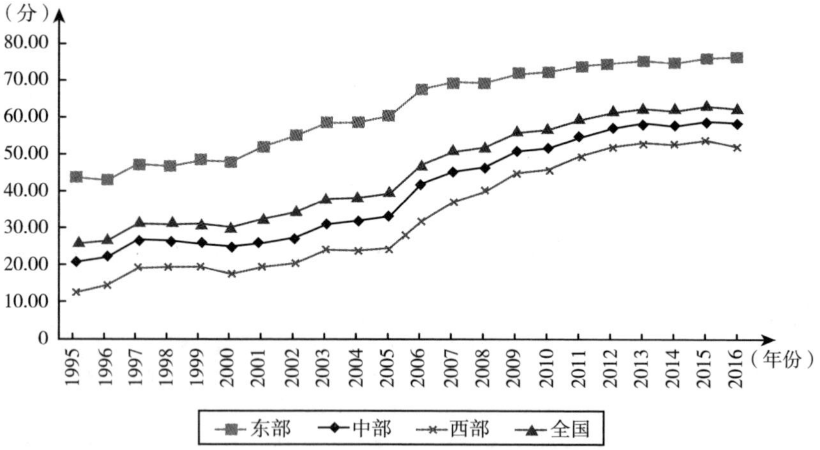

图 6－4　1995～2016 年全国及各地区市场治理指数的平均得分

从图 6 - 4 可以看出，全国市场治理指数的平均得分从 1995 年的 26.48 上升到 2016 年的 62.86，这说明随着我国社会主义市场经济体系的逐步完善，我国市场治理水平也得到了很大的改善。此外，1995 ~ 2016 年我国东、中、西部地区的市场治理水平均呈现出不断上升的趋势，但是各地区市场治理水平存在一定的差异，东部地区市场治理水平最好，中部地区次之，西部地区的市场治理水平得分最低。具体说来，东部地区市场治理水平平均得分在 43.67 ~ 76.27，中部地区市场治理水平平均得分在 21.15 ~ 58.87，西部地区市场治理水平平均得分在 13.18 ~ 52.35。

为进一步分析我国市场治理水平分布的地区差异，本书根据 1995 ~ 2016 年各省区市市场治理水平评价指数的平均值绘制了各省区市营商环境排名情况图，具体如图 6 - 5 所示。

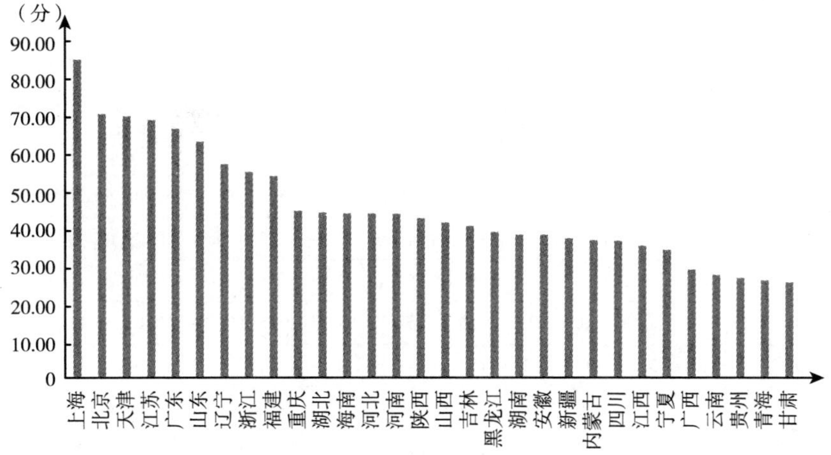

图 6 - 5 1995 ~ 2016 年各省区市市场治理指数平均得分的空间分布

此外，我们根据 1995 ~ 2016 年各省区市市场治理水平平均得分绘制了如图 6 - 5 所示的空间分布图。从图中可以看出，我国东部地区的营商环境普遍优于中、西部地区，其中，上海、北京、天津和江苏为营商环境评价指数平均值最高的地区，而甘肃、青海、贵州和云南则是营商环境评价指数平均值最低的地区。表 6 - 10 则是我国各省区市 1995 ~ 2016 年历年市场治理水平指数的具体得分。

表 6-10　　基于 MIMIC 模型计算的我国各省区市市场治理指数

年份	北京	天津	河北	山西	内蒙古	辽宁	吉林	黑龙江	上海	江苏	浙江	安徽	福建	江西	山东
1995	66.56	55.39	27.82	19.63	18.54	40.58	25.65	28.12	57.65	34.98	27.34	14.53	44.59	18.76	36.49
1996	59.72	49.29	28.87	19.77	20.5	41.93	25.75	28.34	60.76	37.71	34.17	15.64	44.61	22.16	38.04
1997	65.46	50.27	33.17	24.7	25.47	48.13	30.03	35.1	64.17	40.56	31.3	21.89	49.93	25.97	42.17
1998	66.36	48.39	36.13	24.11	25.05	47.47	30.18	32.57	62.89	40.75	36.54	22.5	42.72	20.82	43.71
1999	65.88	57.98	33.3	25.74	22.12	46.75	39.59	29.65	64.08	42.01	37.64	19.68	42.74	18.54	45.21
2000	66.04	58.44	33.44	24.78	22.77	45.96	28.85	29.67	65.25	45.32	39.24	21.51	41.3	20.6	47.66
2001	67.41	59.97	34.55	25.55	24.28	48.68	27.68	30.68	75.9	52.58	42.7	23.36	45.81	19.64	49.73
2002	71.97	69.06	34.98	29.7	25.42	48.67	29.59	31.1	84.65	55.48	46.65	24.35	45.01	21.54	53.97
2003	68.46	71.29	38.6	34.22	27.9	51.35	32.57	34.45	90.46	63.37	52.01	28.83	50.1	28.49	55.42
2004	69.23	72.95	38.66	37.55	32.29	51.71	32.08	32.04	92.22	66.61	50.53	29.03	48.35	27.73	55.51
2005	68.72	76.22	39.41	38.13	35.79	53.85	33.03	33.31	93.27	70.75	52.05	29.05	51.65	26.87	56.88
2006	74.29	77.3	46.11	48.55	37.84	60.72	39.33	39.5	98.46	80.61	64.32	39.39	57.84	34.94	72.6
2007	73.77	77.53	46.89	52.12	43	64.03	45.18	40.87	99.21	84.27	65.88	40.93	58	37.52	73.96
2008	75.64	74.95	46.45	51.24	43	65.47	49.52	43.16	95.79	85.26	66.81	44.04	56.91	39.92	76.76
2009	73.53	78.7	51.91	53.17	48.83	67.82	49.87	46.7	97.11	87.34	68.48	50.19	59.51	45.13	77.11
2010	75.51	74	51.85	54.7	48.7	67.63	49.73	46.57	100	88.97	68.95	52.49	61.5	45.51	76.96
2011	76.69	75.23	54.46	55.16	50.22	70.65	51.88	49.36	99.3	90.2	70.14	56.26	63.36	50.3	79.18
2012	76.73	77.85	56.84	59.86	51	71.29	55.09	52.63	97.48	90.8	71.8	59.74	63.18	52.74	81.3
2013	72.24	81.23	57.9	61.33	50.68	71.45	56.3	52.73	94.24	91.55	72.45	62.12	65.18	55.81	81.44
2014	71.99	81.47	57.57	59.81	50.52	68.12	54.47	49.51	93.59	90.99	70.47	61.19	66.16	55	82.39
2015	77.21	83	59.2	59.72	52.78	64.43	54.99	48.49	97.48	91.98	71.51	63.37	67.32	56.67	83.13
2016	74.44	84.68	60.73	56.32	55.53	63.59	54.32	46.16	95.42	90.34	72.86	64.16	63.56	55.47	83.59

年份	河南	湖北	湖南	广东	广西	海南	重庆	四川	贵州	云南	陕西	甘肃	青海	宁夏	新疆
1995	23.79	21.91	16.81	46.56	11.68	42.38	14.5	20.31	0.59	7.64	22.52	7.51	5.45	15.55	20.66
1996	25.71	21.4	19.99	43.48	13.47	33.12	22.41	19.62	0	13.29	24.97	11.44	2.71	16.51	21.88
1997	31.09	24.48	23.18	55.23	16.28	39.51	22.54	23.09	9.49	15.38	30.24	14.92	11.7	20.06	27.98
1998	32.24	27.65	24.48	53.33	14.71	35.2	23.83	25.64	8.86	16.5	31.09	13.63	11.49	20.41	27.9
1999	26.7	25.37	23.83	53.93	20.7	40.47	21.91	22.91	7.77	15.66	29.41	13.05	13.77	20.39	29.23
2000	26.22	27.54	23.36	54.59	18.4	30.25	21.42	22.73	6.17	14.93	27.26	9.94	13.08	17.7	24.53
2001	27.77	31.57	22.86	57.14	18.99	37.91	20.63	21.94	6.4	17.96	29.84	13.38	13.78	26.73	25.08
2002	29.3	29	27.18	60.12	19.1	32.85	27.85	23.86	9.58	16.29	28.25	12.19	12.12	27.37	28.57

续表

年份	河南	湖北	湖南	广东	广西	海南	重庆	四川	贵州	云南	陕西	甘肃	青海	宁夏	新疆
2003	30.31	32.74	29.49	63.65	23.42	37.25	30.43	28.15	13.92	20.05	34.06	15.63	15.51	27.97	32.29
2004	33.12	34.74	29.08	60.88	24.15	36.58	26.47	28.28	14.97	20.79	34.51	16.78	15.54	25.81	31.94
2005	35.2	36.48	30.63	65.25	24.99	35.46	29.89	28.46	16.59	21.89	35.39	16.46	16.97	23.61	32.01
2006	49.89	47.78	40.34	73.36	32.19	36.42	44.46	35.81	26.47	27.51	41.64	21.4	22.27	30.81	35.24
2007	52.03	53.11	42.58	76.82	32.58	43.14	50.86	40.92	31.34	31.53	46.88	28.81	32.01	34.83	40.5
2008	52.19	51.58	43.82	73.78	33.41	43.37	52.34	42.22	34.59	35.5	49.51	34.06	34.23	39.27	43.68
2009	57.1	57.4	48.44	73.84	39.45	50.92	59.24	48.22	39.61	38.97	54.73	35.57	40.96	45.78	46.12
2010	56.26	58.36	52.17	75.16	37.26	53.18	61.93	49.73	41.34	37.93	54.9	38.21	41.96	47.76	47.81
2011	59.17	61.86	56.02	77.65	40.67	54.34	70.81	50.77	47.5	39.81	58.3	42.26	45.41	48.18	51.09
2012	61.57	62.68	56.98	77.46	41.39	54.89	73.03	56.72	52.04	41.13	59.29	44.42	46.89	50.92	53.56
2013	63.12	66	57.79	82.58	42.71	58.25	72	56.37	56.77	43.39	60.52	45.02	46.09	53.22	54.9
2014	64.38	65.68	57.65	80.09	43.64	57.8	77.55	54.37	55.35	41.76	60.48	42	46.07	52.5	52.52
2015	65.13	69.4	59.14	80.15	44.69	60.74	80.63	54.9	57.64	44.57	65.05	42.91	44.18	54.3	48.74
2016	66.21	69.26	59.02	83.87	43.64	55.95	80.76	53.28	51.7	43.04	62.5	42.03	41.32	55.29	46.81

二、政府分权对市场治理水平的影响

检验市场治理水平在政府分权影响隐性经济过程中的中介效应首先需要检验政府分权对腐败治理水平的影响。本书结合前面对地区市场治理水平决定因素的分析，构建如式（6.10）所示的计量模型：

$$BE_{i,t} = \gamma_0 + \gamma_1 ZFFQ_{i,t} + \gamma_2 ZFGM_{i,t} + \gamma_3 JJZZ_{i,t} + \gamma_4 SSFD_{i,t} + \gamma_5 FZSP_{i,t} + \gamma_6 JYSP_{i,t} + \gamma_7 LDCB_{i,t} + \gamma_8 CXHL_{i,t} + \gamma_9 RZHJ_{i,t} + \gamma_{10} FZL_{i,t} + \gamma_{11} DWKF_{i,t} + \gamma_{12} JCSS_{i,t} + \varepsilon_{i,t} \quad (6.10)$$

式（6.10）中，i 为省份，t 为年份，BE 为由营商环境体现的地区市场治理水平。ZFFQ 为核心解释变量，表示政府分权的一系列度量指标，分别是 FA（财政自由度）、支出分权（FED）、收入分权（FRD）、税收分权（TAXD）、行政分权（GWY）和审批分权（Shenpi）。

控制变量包括：ZFGM 为政府规模，用政府消费占 GDP 的比重表示；JJZZ 为地区实际 GDP 增长率；SSFD 为税收负担，用地区税收总额占 GDP 比重表示；FZSP 为法治水平，由执法力度体现，具体用公检法部门支出占 GDP 的比重表示；JYSP 为居民平均受教育年限；LDCB 为劳动成本，用人均可支配收入占人均 GDP 比重表示；CXHL 为创新活力，用地区人均专利授予量表示；RZHJ 为融资环境，用地区存贷款余额占 GDP 比重增长率表示；FZL 为犯罪率，用平均每万人中被逮捕人数量表示；DWKF 为对外开放水平，用地区贸易依存度表示；JCSS 为基础设施建设水平，用地区铁路和公路密度表示。由于以上变量与数据在前面都已介绍和分析，此处不再赘述。表 6-11 为实证回归结果。

表 6-11　　政府分权对地区市场化的影响

	M6-3-7	M6-3-8	M6-3-9	M6-3-10	M6-3-11	M6-3-12
			Market			
Fa 财政自由度	25.0060*** (61.02)					
Fed 支出分权		1.1189*** (5.4)				
Frd 收入分权			5.2580*** (12.4)			
Taxde 税收分权				4.4701*** (4.04)		
GWY 行政分权					-2.0130*** (-3.53)	
Shenpi 审批分权						-2.7429*** (-3.78)
控制变量	YES	YES	YES	YES	YES	YES
时间效应	YES	YES	YES	YES	YES	YES
省份效应	YES	YES	YES	YES	YES	YES
N	660	660	660	660	480	480
模型	FGLS	FGLS	FGLS	FGLS	FGLS	FGLS

注：括号中的数值为 z 统计量，*** 表示在 1% 显著性水平。

Hausman 检验结果显示应该用固定效应模型，经过进一步检验模型自相关、异方差和截面相关后，选择用 FGLS 模型来进行估计，表 6－11 即为相关估计结果。结果显示，财政自由度、财政支出分权、财政收入分权、税收分权都显著提高了地区市场化水平，行政分权和行政审批分权显著降低了地区的市场化水平。财政自由度、财政收入分权和税收分权都意味着地方政府在财政收入分成体系中可以分享更大的财权，因而有更大的动力促进辖区民营经济发展，从而有利于提高地区市场化水平；财政支出分权程度越大，地方政府在完善地区基础设施、提供公共产品和服务方面的自主权越大，有利于地方政府发挥信息优势，为地区发展提供更多符合当地需求的公共产品和服务，提高财政支出效率；行政分权扩大意味着地方政府需要承担更多的政府职能和责任，在预算约束和避责倾向的影响下，地方政府会尽可能地避免履行过多职能，同时，我国政府监督以自上而下的内部监督为主，行政分权程度越大，对政府行为的监督难度也越大。

三、市场治理水平的中介效应分析

表 6－12 为在式（6.4）所示的模型中加入市场治理水平（BE）作为政府分权影响隐性经济的中介变量后的回归结果。由于前面已经就政府分权的六个指标对隐性经济的影响进行了实证检验，此处不再重复，而是将加入市场治理水平指数之后，政府分权回归系数和显著程度的变化与已有的回归结果进行直接比较。结果显示，在所有模型中，提高地区市场治理水平都可以显著降低隐性经济规模，进一步比较政府分权各指标系数和显著性程度的变化。模型 M6－3－13 显示，加入市场治理水平作为自变量后，地方政府财政自由度对隐性经济的影响系数明显变小，这说明优化市场治理水平是财政自由度抑制隐性经济的中介变量；模型 M6－3－14 显示，财政支出分权对隐性经济的影响变得不显著，而财政支出分权显著提升了地区市场治理水平，这说明财政支出分权通过提高地区市场治理水平，降低了对隐性经济的扩张效应；模型 M6－3－15 和模型 M6－3－16 显示，加入市场治理水平后，财政收入分权和税收分权对隐性经济的影响系数也出现了一定程度的下降，同时，税收分权对隐性经济的影响变得不显著，这说明，财政收入分权和税收分权都通过优化地区市场治理水平抑制隐性经济规模；模型 M6－3－17 和模型 M6－3－18 则显示，加入市

场治理之后，行政分权和行政审批分权对隐性经济的影响都变小了，其中，行政审批对隐性经济的影响变得不显著，这说明，行政分权和行政审批分权通过降低地区营商环境水平扩大了地区隐性经济规模。

表 6－12　　　　市场化的中介效应分析

	M6－3－13	M6－3－14	M6－3－15	M6－3－16	M6－3－17	M6－3－18
	SE_{mimic}					
Fa 财政自由度	－0.0381*** (－19.6)					
Fed 支出分权		0.0005 (0.37)				
Frd 收入分权			－0.0009*** (－3.1)			
Taxde 税收分权				0.0011 (－0.77)		
GWY 行政分权					0.0028*** (4.82)	
Shenpi 审批分权						0.0010 (0.59)
BE 市场治理	－0.0001*** (－4.1)	－0.0004*** (－12.27)	－0.0018*** (－9.5)	－0.0015*** (－7.3)	－0.0067*** (－13.89)	－0.0029*** (－6.51)
控制变量	YES	YES	YES	YES	YES	YES
时间效应	YES	YES	YES	YES	YES	YES
省份效应	YES	YES	YES	YES	YES	YES
N	660	660	660	660	480	480
模型	FGLS	FGLS	FGLS	FGLS	FGLS	FGLS

注：括号中的数值为 z 统计量，*** 表示在 1% 显著性水平。

第四节

政府分权、社会治理与隐性经济

社会治理水平是体现地区公共治理水平的三大维度之一，社会治理水平的高低与社会稳定发展及居民生产生活都有直接联系。地区社会治理水平一方面应该从企业和居民开展生产活动的便利程度来进行评价；另一方面，则应该关注居民生活水平以及生活幸福感的提升程度。在公共治理实践中，政府作为社会管理和公共服务的主要承担者，一方面通过提供各种经济性的公共产品，如交通设施为地区经济发展提供便利；另一方面，则通过提供教育、医疗卫生和社会保障等民生性公共产品保障居民生活，提高居民生活水平。因此，利用地区不同种类公共产品供给水平可以较好地反映地区社会治理水平。已有研究表明，政府分权对公共产品的供给效率和供给结构都产生一定的影响，而地区公共产品供给效率对于企业和劳动者的税收遵从意识有重要影响，基于此，本节将对政府分权影响隐性经济的“公共产品供给效应”进行验证。借鉴左翔和殷醒民（2014）的做法，将公共产品分为经济性公共产品和非经济性公共产品，其中，经济性公共产品用每平方公里的公路里程数表示（Road），非经济性公共产品用每千人拥有的卫生技术人员来表示（WSRY）。

一、经济性公共产品供给的中介效应

（一）政府分权对经济性公共产品供给的影响

为检验政府分权对地区经济性公共产品供给的影响，本书借鉴左翔和殷醒民（2014）的做法，构建如式（6.11）所示的计量模型，来估计政府分权对地区经济性公共产品的供给水平的影响：

$$Road_{i,t} = \gamma_0 + \gamma_1 ZFFQ_{i,t} + \gamma_2 CZH_{i,t} + \gamma_3 \ln(GDPPC)_{i,t} + \gamma_4 \ln(FDI)_{i,t} + \gamma_5 \ln(ZFFB) + \gamma_6 \ln(RKMD)_{i,t} + \varepsilon_{i,t} \quad (6.11)$$

在式（6.11）中，被解释变量Road用每平方公里公路里程数表示，核心解释解释变量为政府分权（ZFFQ），分别用财政自由度（FA）、支出分权（FED）、收入分权（FRD）、税收分权（TAXD）、行政分权（GWY）和审批分权（Shenpi）来度量。

控制变量包括：CZH为城镇化水平，ln(GDPPC)为人均GDP的自然对数值，ln(FDI)为人均外商直接投资水平的自然对数，ln(ZFFB)为每万公务员平均涉及贪污渎职案件数的自然对数，ln(RKMD)表示人口密度的自然对数值，其中，人口密度用每平方公里人口数表示。

表6-13为利用FGLS模型对式（6.11）进行估计的结果，结果表明，

财政自由度、财政收入分权和税收分权对于地区经济性公共产品供给都有显著的促进作用，而财政支出分权、行政分权和行政审批分权都显著降低了地区经济性公共产品的供给水平，这主要是因为：财政自由度、财政收入分权和税收分权程度越高，地方政府拥有的财权就越大，从而有更多的财政资源用于提供地方公共产品，而财政支出分权程度越大，地方政府要承担的支出责任也越大，在预算约束限制下，地方政府会在公共产品供给方面会更加谨慎，此外，行政分权和行政审批分权程度越大，地方政府官员拥有的自由裁量权也越大，在缺乏有力监管的情况下，可能会导致腐败，从而降低地区公共产品供给效率。

表 6－13　　分权对经济性公共产品供给的影响

	M6－4－1	M6－4－2	M6－4－3	M6－4－4	M6－4－5	M6－4－6
Fa 财政自由度	0.0727*** (7.73)					
Fed 支出分权		－0.0257*** (－4.81)				
Frd 收入分权			0.0123* (1.73)			
Taxde 税收分权				0.0145*** (4.11)		
GWY 行政分权					－0.0814*** (－5.72)	
Shenpi 审批分权						－0.0415** (－2.55)
控制变量	YES	YES	YES	YES	YES	YES
时间效应	YES	YES	YES	YES	YES	YES
省份效应	YES	YES	YES	YES	YES	YES
N	660	660	660	660	480	480
模型	FGLS	FGLS	FGLS	FGLS	FGLS	FGLS

注：括号中的数值为 z 统计量，***、** 和 * 分别表示在 1%、5% 和 10% 显著性水平。

（二）经济性公共产品的中介效应

首先对经济性公共产品供给的中介效应进行检验，在式（6.4）中加入变量 Road，检验该变量对隐性经济的影响，并对政府分权各变量影响隐性经济的系数及显著性程度进行比较，表6－14即为经济性公共产品供给的中介效应估计结果。结果显示，扩大经济型产品供给也可以显著降低地区隐性经济规模，对政府分权各指标的系数和显著性进行比较发现，除行政审批（Shenpi）分权外，其他5个指标的回归系数和t值都发生了明显的下降，这说明经济性公共产品供给可能是这5种分权形式影响地区隐性经济的作用机制。

表6－14　　　　经济性公共产品供给的中介效应分析

	M6－4－7	M6－4－8	M6－4－9	M6－4－10	M6－4－11	M6－4－12
Fa 财政自由度	－0.0374*** （－18.6）					
Fed 支出分权		0.0012* （1.72）				
Frd 收入分权			－0.0041*** （－5.7）			
Taxde 税收分权				－0.0006 （－0.31）		
GWY 行政分权					0.0040** （2.04）	
Shenpi 审批分权						0.0028* （1.8）
Road 经济性公共产品	0.0005 （－2.04）**	0.0036 （－5.2）***	－0.0026 （－4.6）***	－0.0040 （－6.01）**	－0.0057 （－4.54）**	－0.0047 （－5.41）***
控制变量	YES	YES	YES	YES	YES	YES
时间效应	YES	YES	YES	YES	YES	YES
省份效应	YES	YES	YES	YES	YES	YES
N	660	660	660	660	480	480
模型	FGLS	FGLS	FGLS	FGLS	FGLS	FGLS

注：括号中的数值为z统计量，***、**和*分别表示在1%、5%和10%显著性水平。

由以上分析可知，经济性公共产品供给可以显著降低地区隐性经济规模，同时，财政自由度、财政收入分权和税收分权可以通过提高地区经济性公共产品供给而降低地区隐性经济规模，但是财政支出分权和行政分权都会降低地区经济性公共产品供给水平，从而增加地区隐性经济规模，此外，行政审批分权虽然显著降低了地区经济性公共产品供给水平，但经济性公共产品供给并非行政审批分权影响地区隐性经济规模的中介变量。

二、非经济性公共产品供给的中介效应

（一）政府分权对非经济性公共产品供给的影响

本书用每千人拥有的卫生技术人员数量（WSRY）来度量地区非经济性公共产品供给水平，我们将 WSRY 作为因变量替代式（6.11）中的 Road，并进行实证回归检验，分析政府分权对非经济性公共产品供给的影响。表 6－15 报告了政府分权对非经济性公共产品供给影响的实证结果，结果显示，在财政分权指标中，地方政府财政自由度、财政收入分权和税收分权都显著增加了地区非经济性公共产品供给水平，财政支出分权水平则显著降低了地区非经济性公共产品，其原因在于，财政支出分权程度越大，地方政府所要承担的支出责任越大，在预算约束和晋升激励影响下，非经济性公共产品供给并非地方政府财政支出的首选，通过对模型 M6－4－2 和模型 M6－4－14 中变量 FED 的标准化回归系数[①]进行比较可以发现，财政支出分权对非经济性公共产品的负面影响（标准化系数为－0.3316）要明显大于对经济性公共产品的负面影响（标准化系数为－0.0378），而地方政府财政自由度、财政收入分权和税收分权水平越高意味着地方政府拥有更大的财权，用于非经济性公共产品供给的资金也越多；用公务员指标度量的行政分权对非经济性公共产品供给有显著的促进作用，这是因为地方政府工作人员越多，直接履行公共管理和社会服务职能的人员也越多，有利于提供更多的非经济性公共产品和服务；行政审批分权则对地区非经济性公共产品供给带来了显著的负向作用，这主要是因为行政审批分权程度越高，地方政府自由裁量权越大，在对权力缺乏有效监督的情况下，可能会带来更多的腐败行为，从而降低地区非经济性公共产品供给效率。

---

① 标准化回归系数＝自变量的系数×（自变量的标准差/因变量的标准差）。

表 6 - 15　　分权对非经济性公共产品供给的影响

	M6 - 4 - 13	M6 - 4 - 14	M6 - 4 - 15	M6 - 4 - 16	M6 - 4 - 17	M6 - 4 - 18
Fa 财政自由度	0.1709 (4.6)***					
Fed 支出分权		-0.1733 (-4.85)***				
Frd 收入分权			0.0914 (12.3)***			
Taxde 税收分权				1.6384 (32.9)***		
GWY 行政分权					1.2824 (12.66)***	
Shenpi 审批分权						-0.2129 (-5.79)**
控制变量	YES	YES	YES	YES	YES	YES
时间效应	YES	YES	YES	YES	YES	YES
省份效应	YES	YES	YES	YES	YES	YES
N	660	660	660	660	480	480
模型	FGLS	FGLS	FGLS	FGLS	FGLS	FGLS

注：括号中的数值为 z 统计量，***、** 分别表示在 1%、5% 显著性水平。

（二）非经济性公共产品供给的中介效应

表 6 - 16 为非经济性公共产品供给的中介效应检验结果，从结果可以看出，除模型 M6 - 4 - 24 外，非经济性公共产品供应能显著降低地区隐性经济规模，但其显著性水平要低于经济性公共产品供给水平，这是因为，经济性公共产品供给水平可以对企业和劳动者的经济活动造成直接影响，而非经济性公共产品供给水平主要通过影响企业和劳动者的税收遵从意识来间接影响地区隐性经济规模，因而，经济性公共产品供给水平对地区隐性经济规模的影响更直接。此外，进一步比较政府分权各变量的系数和显著性水平可以发现，所有变量的系数都有不同程度的下降，这说明政府分权也有可能通过影响地区非经济性公共产品供给水平，进而影响地区隐性经济规模，但由于模型 M6 - 4 - 24 中非经济性公共产品供给对隐性经济的影响不显著，因而，不能将其视为行政审批分权影响隐性经济的中介变量。

表 6－16　　非经济性公共产品供给的中介效应

	M6－4－19	M6－4－20	M6－4－21	M6－4－22	M6－4－23	M6－4－24
Fa 财政自由度	－0.0367 （－40.73）***					
Fed 支出分权		0.0006 （0.53）				
Frd 收入分权			－0.0013 （－1.25）			
Taxde 税收分权				－0.0004 （0.2）		
GWY 行政分权					0.0097 （4.52）***	
Shenpi 审批分权						0.0029 （1.97）**
WSRY 非经济性 公共产品	－0.0003 （－1.73）*	－0.0005 （－2.58）**	－0.0001 （－2.03）**	－0.0001 （－1.93）**	－0.0003 （－1.68）*	－0.0001 （－1.46）
控制变量	YES	YES	YES	YES	YES	YES
时间效应	YES	YES	YES	YES	YES	YES
省份效应	YES	YES	YES	YES	YES	YES
N	660	660	660	660	480	480
模型	FGLS	FGLS	FGLS	FGLS	FGLS	FGLS

注：括号中的数值为 z 统计量，***、** 和 * 分别表示在 1%、5% 和 10% 显著性水平。

综上所述，地方政府财政自由度、财政收入分权、税收分权和行政分权（公务员占比指标）显著提高了地区非经济性公共产品供给水平，财政支出分权和行政审批分权则降低了地区非经济性公共产品供给水平。此外，研究还表明，非经济性公共产品供给是地方政府财政自由度、财政支出分权、财政收入分权、税收分权和行政分权影响隐性经济的中介变量，但不是行政审批分权影响隐性经济的中介变量。

第七章

结论与政策启示

第一节 研究结论

本书试图从政府分权体制和公共治理体系两个维度出发，对影响我国地区隐性经济规模的体制性因素进行分析，并试图从抑制地区隐性经济的视角，为完善我国政府间的分权体制和优化公共治理体系提出政策建议。全书运用多种方法对以下问题进行了研究：一是利用多种方法对全国及地区隐性经济规模进行测算，从而准确分析我国隐性经济的规模、发展趋势和空间分布状况；二是就我国政府分权对地区隐性经济的影响及其异质性进行分析；三是对我国地区公共治理总体水平及各分项指标水平进行度量，并检验其对隐性经济的影响；四是将公共治理作为中介变量，检验政府分权影响隐性经济的作用机制，从而检验政府分权的“威慑效应”和“效率效应”。在全面检视上述问题的基础上，从治理隐性经济的视角出发，对完善我国政府分权体制、优化公共治理体系以及提升公共治理能力提出政策建议。

一、我国隐性经济规模、分布状况与发展趋势

本书利用多种方法对全国及各地区历年隐性经济规模进行测算。现有的隐性经济测算方法主要有直接法、间接法和模型法，本书对各种方法的原理及测算方式进行了详细介绍，并对各种方法的优、劣势进行比较，最终选择利用货币需求法和 DGE 模型法对我国 1978 ~ 2017 年的隐性经济规模进行了测算，并利用微观收支差异法、MIMIC 模型法和 DGE 模型法三种方法对我国 30 个省区市 1995 ~ 2016 年的隐性经济规模进行测算。其中，货币需求法的测算结果表

明，我国隐性经济规模从1978年的26%下降到2017年的10.2%；DGE模型法的测算结果则显示，我国隐性经济规模从1978年的18.19%下降到2017年的12.52%；微观收支差异法测算结果显示，我国隐性经济各省区市平均规模从1995年的20.1%下降到2016年的10.83%；MIMIC模型法的测算结果显示，我国各省区市隐性经济平均规模由1995年的13.42%缓慢上升到2009年的14.18%后，再下降至2016年的12.24%；而用DGE模型法对各地区隐性经济的测算方法则显示，我国隐性经济规模从1995年的14.54%下降到2016年的11.33%。各类方法的测算结果虽然不同，但都展现出了相似的趋势，且差异不大，其中，从时间发展趋势上看，我国隐性经济规模总体上呈现出缓慢下降趋势；从空间分布特点来看，东部地区隐性经济规模最低，西部隐性经济规模最高。此外，MIMIC测算结果还显示，税收负担、税制复杂程度、政府管制力度、失业率、农业部门就业人数、腐败以及经济开放水平都是隐性经济规模扩大的原因，而税制结构（直接税占比）、财政自由度和收入水平提高都可以抑制隐性经济规模。此外，隐性经济规模扩大还会显著增加地区能源消耗、GDP增长率和收入不平等，并降低地区劳动参与率。

二、政府分权对隐性经济的影响

本书从财政分权和行政分权两个维度出发，就我国政府分权对隐性经济的影响及其异质性进行分析和验证。本书先对我国财政分权和行政分权的制度背景进行了梳理，并通过构建数理模型分析了财政分权对隐性经济的影响。数理分析结果显示，财政分权可以有效降低隐性经济规模，并提高地区公共产品供给水平，但是财政分权对腐败的影响并不确定。本书从财政收入分权、财政支出分权、财政自由度和税收分权四个维度出发，利用全国30个省级行政区1995~2016年的面板数据，采用固定效应模型、FGLS模型以及IV-2SLS模型等多种计量模型估计了我国财政分权对隐性经济的影响，结果显示，财政支出分权扩大了地区隐性经济规模，财政收入分权、税收分权和财政自由度则显著降低了地区隐性经济规模。此外，从公务员规模和行政审批事项划分两个维度构建了总体行政分权和行政审批分权两个指标对我国行政分权进行度量，并发现，总体行政分权和行政审批分权都显著扩大了地区隐性经济规模。

本书还对政府分权对隐性经济影响的异质性进行了检验。在基于时间和地区的异质性检验中，将2008年作为分界点，对1995～2007年和2008～2016年两个时间段结果表明，政府分权各指标对隐性经济的影响并不具有时间异质性；在地区异质性检验中，财政分权总体水平在东部、中部和西部地区都对隐性经济产生了显著的抑制效应，但中部地区财政分权对隐性经济的抑制效应最强，西部次之，东部最低，而行政分权总体水平则在东、中、西三个地区都显著扩大了隐性经济规模，而且这一影响在西部地区最强，中部次之，东部最小。在基于政府质量差异的异质性检验中，财政分权各指标都显著抑制了隐性经济规模，同时在腐败水平越高、政府质量越低的地区，财政分权对隐性经济的抑制效应越弱，而行政分权总体水平越高，隐性经济规模越大，且在腐败水平越高，即政府质量越差的地区，行政分权对隐性经济的扩张效应就越强。基于经济发展水平差异的异质性检验结果表明，在人均GDP水平更高的地区，财政自由度、财政收入分权和税收分权对隐性经济的抑制效应更加明显，同时，也可以减弱财政支出分权、行政分权以及审批分权对隐性经济的扩张效应。

三、公共治理对隐性经济的影响

将公共治理视为一种制度性因素，检验地区公共治理总体水平及各分项指标对隐性经济的影响。本书将地区公共治理水平视为一种不可直接度量的潜变量，利用MIMIC模型对地区公共治理水平的决定因素和影响效应进行分析，并构建了地区公共治理水平评价指数。研究表明，政府规模、政府分权、经济增长、市场化水平、对外开放水平、媒体监督、社会组织数量以及教育发展水平的提高都有利于提高地区公共治理水平，而腐败程度提高则会降低公共治理水平；外商直接投资、公共产品供给情况以及收入不平等是反映地区公共治理水平的重要指标变量，公共治理水平的提高可显著增加地区外商直接投资和公共产品供给，同时降低收入不平等程度；1995～2016年，全国公共治理指数的平均值从27.57上升到66.58，东部地区公共治理指数的平均值从41.50上升到81.43，中部地区公共治理指数的平均值从23.25上升到58.73，西部地区公共治理指数的平均值从16.77上升到57.44。

利用由MIMIC模型测算获得的公共治理指数对公共治理与隐性经济之间的关系进行实证检验。研究发现，无论是利用固定效应模型还是FGLS模型，提高地区公共治理水平都可以显著降低隐性经济规模；时间异质性检验结果显示，在这两个时间段内，公共治理对隐性经济都具有显著的抑制效应，但与2008~2016年这一时间段相比，1995~2007年的公共治理对隐性经济的影响在显著性和影响力度方面都要略小；地区异质性检验结果显示，在东、中、西部地区，地区公共治理水平对隐性经济规模都呈现出显著的抑制效应，而且无论是从显著性程度还是抑制效果来看，东部地区最强、中部次之，西部地区最小。

为全面剖析公共治理对隐性经济的影响，本书还从政府治理、市场治理和社会治理这三个维度选取多种指标来进一步探讨。将腐败水平、法治水平与政府透明度作为政府治理水平的度量指标，对此三项指标与隐性经济之间的关系进行检验。结果显示，政府腐败程度加深会显著增加隐性经济规模，而提高地区法治水平和政府透明度有利于显著降低地区隐性经济规模。利用经济开放度、市场化水平和市场化指数三种指标度量地区市场治理水平，并发现，提高地区经济开放水平，增加与其他国家和地区的经济贸易往来，会显著增加地区隐性经济规模，但提高地区市场化水平可以显著降低地区隐性经济规模。从社会稳定和公共产品供给两个维度度量地区社会治理水平，并发现，加快地区公共产品供给的改进速度、提高地区公共产品供给水平有利于显著降低地区隐性经济规模，但地区犯罪活动并未对隐性经济产生显著的影响。

四、政府分权的公共治理效应对隐性经济的影响

检验政府分权的"威慑效应"和"效率效应"，本书除了从整体上检验公共治理的中介效应之外，还将通过验证腐败治理的中介效应来检验政府分权的"威慑效应"，通过验证市场治理和社会治理的中介效应来检验政府分权的"效率效应"。将地区公共治理总体水平作为中介变量进行检验，结果表明，提高地方财政分权总体水平（财政自由度）和财政收入分权，可以显著提高地区公共治理水平，并由此降低地区隐性经济规模，但提高地区行政分权总体水平，则会显著降低地区公共治理水平，并扩大地区隐性经济规模，财政支出分权、税收分权和行政审批分权则对地区公共治理水平产生显著的影响。

将政府腐败治理水平作为政府内部治理水平的度量指标，用MIMIC模型构建地方政府清廉指数用以度量政府腐败治理水平，并借此检验政府分权影响隐性经济的"威慑效应"。结果显示，教育发展水平、公务员相对工资水平、执法力度、财政分权、经济开放程度以及公务员中女性占比显著提高了政府清

廉程度，而政府规模与公共投资规模是诱发腐败、降低政府廉洁度的重要原因；FDI 流入规模和贪污腐败案件数是反映地方政府清廉程度的指标变量，同时，地方政府清廉程度越高，收入不平等程度和环境污染程度也越低；1995～2016 年全国平均清廉指数介于 5.39～6.53 之间，且呈现出逐年缓慢上升的趋势，但地区之间政府清廉程度差异明显，东部地区的清廉指数平均得分最高、中部地区次之、西部地区最低。提高地方政府财政自由度、财政收入分权和税收分权都能显著提高地方政府清廉程度，提高财政支出分权、行政分权和行政审批分权都会降低地方政府清廉程度，但行政审批分权对政府清廉程度未产生显著影响。进一步研究发现，除行政审批分权之外，其他五种政府分权指标都在一定程度上通过影响政府清廉程度而影响了地区隐性经济规模。

将营商环境作为地区市场治理水平的度量指标，并利用 MIMIC 模型对地区营商环境水平进行测度。结果显示，政府规制、法治水平、政府分权、劳动力素质（受教育程度）、技术环境、融资环境、贸易开放度和基础设施都是优化地区营商环境的重要决定因素，税收负担、劳动力成本和犯罪率等因素则会恶化地区营商环境，FDI 和新增就业是评价地区营商环境的重要指标，优化地区营商环境会显著地增加地区 FDI 和新增就业岗位；全国市场治理指数的平均得分从 1995 年的 26.48 上升到 2016 年的 62.86，但东、中、西部之间存在明显的差异。进一步检验发现，财政自由度、财政收入分权、财政支出分权、税收分权都通过显著提高地区市场化水平影响地区隐性经济规模，行政分权和行政审批分权则通过显著降低地区的市场化水平影响隐性经济规模。

将公共产品供给水平作为度量地区社会治理水平的重要指标，并从经济性公共产品和非经济性公共产品两个维度衡量地区公共产品供给水平。实证结果表明，财政自由度、财政收入分权和税收分权对于地区经济性公共产品供给都有显著的促进作用，而财政支出分权、行政分权和行政审批分权都显著降低了地区经济性公共产品的供给水平，同时，除行政审批分权外，经济性公共产品供给在其他政府分权形式影响隐性经济过程中都具有中介效应；地方政府财政自由度、财政收入分权、税收分权和行政分权（公务员占比指标）显著提高了地区非经济性公共产品供给水平，财政支出分权和行政审批分权则降低了地区非经济性公共产品供给水平。此外，研究还表明，非经济性公共产品供给是地方政府财政自由度、财政支出分权、财政收入分权、税收分权和行政分权影响隐性经济的中介变量，但不是行政审批分权影响隐性经济的中介变量。

第二节 政策建议

前面就我国政府分权和公共治理对隐性经济的影响与作用机制进行了深入的理论和实证分析，而理论分析和实证检验的目的是为构建有利于抑制地区隐性经济规模的政府分权和公共治理体系提供政策建议。因此，本书将结合前面研究结论和中国具体国情，重点分析有利于控制地区隐性经济规模的财政收支权责分配体系、公共治理体系、财政管理制度以及其他相关公共政策措施。

一、优化财税体制，构建收支责任更加匹配的分权格局

（一）优化政府间事权与支出责任划分体系

当前我国财政分权体制中的财政收入与支出责任之间不匹配的问题非常突出，这一方面增加了地方政府的财政压力，迫使地方政府不得不通过增加实际税负、扩大非税收入规模以及“寻租”等方法来缓解财政压力，加重了地区企业和劳动力的税费负担；另一方面，财权与事权不匹配也制约了地方政府的公共产品供给效率，不利于抑制地区隐性经济规模。因此，构建有利于抑制地区隐性经济规模的财税体制需要进一步优化政府间财权与事权划分。事权划分应该坚持总体分权的基本格局，让地方政府在履行政府职能和提供公共服务的过程中拥有更大的自主权，但财政支出责任应该适度上移，减轻地方政府，尤其是基层政府的财政压力。具体来说，一是由中央政府制订基本公共服务水平的全国标准和指导性政策，但赋予地方政府在公共产品供给过程中的自主权，最大限度地发挥地方政府的积极性和信息优势，减少对地方政府财政支出具体用途的过多限定，坚持政府间事权划分总体分权的基本原则。二是将基础性教育和公共医疗卫生支出等社会性支出责任适度上移，提高社会保障统筹层次，逐步实现由省级与中央政府统筹，减少基层政府繁重的社会性支出事务，同时，这也可以缓解因为地方政府财政支出偏向而导致的基本公共服务供给不足的问题，通过提高公共产品供给水平来提升企业和居民的税收遵从意愿。三是要优化央地之间投资权限划分问题，一方面要限制地方政府的投资权限，规范地方政府在竞争性和生产经营性领域的投资权；另一方面，要将民间资本投资

权限审批事项下放给地方政府，这样一来既可以减少因为地方政府投资对民间资本的挤压，又可以减少民间资本投资的制度成本，有利于降低民间资本和劳动力向隐性经济部门转移的动力，从而抑制隐性经济规模。

（二）完善政府间财权划分体系，加快构建地方税体系

在我国目前的财政收入划分体系中，地方政府财权偏低，财政收入集权特征明显，这一方面是由于我国自分税制以来不断上调中央税收比例；另一方面是因为我国地方财政收入还未形成稳定的收入来源，尤其是地方税体系构建还不完善。地方政府缺乏稳定的财政收入来源不仅会影响地区公共产品供给，而且会迫使地方政府通过提高税收负担和“寻租”行为来获取财政收入，这将驱使更多的资本和劳动力向隐性经济部门流动，扩大地区隐性经济规模。完善政府间财权划分体系、扩大地方政府的财政自主度一方面要调整和优化财政收入划分体系，适当提高地方政府的财政收入分享比例，尤其是提高地方政府的税收分享比例。“营改增”改革后，财权上移的趋势更加明显，财政收入集权的特征也更加突出，因此，应当适度提高地方政府在增值税和所得税中的分成比例，这既可以提高地方政府发展地方经济的经济性和主动性，也能为地方政府履行职能提供必要的财政保障。另一方面，要加快构建我国地方税体系，使地方政府形成稳定的财政收入来源，具体措施有：加快房产税和赠予税征收试点，规范遗产税征收，加快建立以财产税为主体的地方税收体系；探索和完善资源税征收，并试点征收碳排放税收，这既可以为地方政府提供一个稳定的税收来源，也有利于利用税收手段促进资源节约型和环境友好型社会建设；规范地方政府举债行为，利用行政手段和市场行为相结合的复合管理制度对地方政府的政府债务进行管理和约束，避免地方政府出现过大的债务风险，减轻地方政府的偿债压力，使地方政府有更大的财力空间用于保障地区公共产品和服务供给。

（三）优化政府间转移支付的规模、结构与分配方法

政府间转移支付是实现公共支出地方化，调节地区财政收支不平衡，促进地区之间公共服务均等化的主要手段。完善政府间转移支付系统有利于优化当前我国财税体制，缓解地方政府财政压力过大的问题，从源头上降低地区的税费负担、提高公共产品供给效率，从而构建有利于抑制地区隐性经济规模的财

税体系。优化政府间转移支付系统应该从转移支付的规模、结构和资金分配方法三个维度来进行。一是要在优化政府间财政收支责任划分的基础上，进一步提高地方政府的财力水平，减少政府间财政转移支付的总体规模，遏制地方政府对中央政府转移支付的过度依赖。这既可以提高财政资金的分配效率，也有利于减少地方政府通过“跑部钱进”的方式争取更多财政转移支付资金的行为，减少“寻租”。二是优化政府间转移支付的结构，控制专项转移支付的规模，整合转移支付项目，加大对中西部地区和民生性领域的倾斜力度，提高财政资金分配的透明性和科学性，有效发挥转向转移支付的政策导向作用及其对地方政府的规范和约束作用。三是逐步取消税收返还制度，扩大均衡性财政转移支付，政府间转移支付主要用于促进地区均衡发展，在财政转移支付体制机制设计中应该要将“公平性原则”作为主要的价值导向。四是在推进财税体制改革过程中，应该要尽量减少财政转移支付的政府层级，例如，在进一步完善财政省直管县的基础上，尝试建立健全中央对县级政府的直接转移支付制度，这有利于建立健全县级政府的财力保障机制，切实解决县级政府的财政压力，有助于提高基层政府的公共产品供给效率。

二、完善绩效考核与激励机制，优化行政管理体制

政府官员的绩效考核和激励机制与财政收支行为密切相关，政府行政管理体制与财政体制中的事权划分也有重要联系，而且，前面分析表明，政府之间的行政分权也对政府质量、公共产品供给以及地区市场化水平有重要影响，进而对地区隐性经济规模产生一定的影响，因此，构建有利于抑制地区隐性经济规模的财税体制研究还有必要对地方政府官员的政治激励机制以及行政管理体制进行分析。

（一）完善政府官员绩效考核和政治晋升机制

官员绩效考核体系和政治晋升竞争是我国地方政府之间出现财政支出竞争以及税收竞争的重要原因。长期以来，我国对官员的绩效考核和晋升考核都是以 GDP 增长为核心指标，在这一考核机制的驱动下，我国地方政府之间为了争夺相对稀缺的资本要素而展开激烈的竞争，其中，通过扩大财政支出来完善基础设施建设是我国地方政府的常用手段，而财政支出竞争带来的财政压力又

迫使地方政府提高实际税收负担水平，因而，也间接导致地方政府之间出现正向税收竞争。在当前我国的科层制组织体系下，地方政府之间以及政府官员之间展开竞争不可避免，但上级政府可以完善政府官员绩效考核和政治晋升机制来对下级政府之间以及政府官员之间的竞争行为进行调整、优化。具体说来，一是在考核指标体系中要体现出对人民群众追求美好生活愿望的要求，即，将科教文卫以及社会保障等民生性公共服务供给水平纳入政府官员的绩效考核指标体系中。在从以追求 GDP 增长速度的考核指标体系下，政府财政支出行为具有明显的“生产性偏向”，即，大量财政支出都集中在基础设施建设中，而民生性公共产品的供给水平则普遍偏低，但当前我国社会的主要矛盾已经转化为人民群众对美好生活的需要与当前经济社会发展不充分不均衡之间的矛盾，因此，地方政府财政支出也应该要更多地关注与民生生活息息相关的非经济类公共产品和服务。二是要在考核指标中重视城乡均衡发展水平。在我国经济高速发展过程中，城市的中心聚集作用非常明显，这一方面是因为城市地区经济基础较好，更容易吸引资本和劳动力；另一方面也是因为我国财政支出长期以来都有明显的“城市偏向”，而这又进一步扩大了我国的城乡差距，导致我国产生了严重的城乡发展不平衡问题，农村就业不足，农村的剩余劳动力和自我就业率也大大提高，这在一定程度上增加了我国农村地区的隐性经济规模，因此，应该要通过调整绩效考核指标引导地方政府官员更多地向农村地区发展。三是要加强社会的绩效评价和反馈机制，提高政府透明度，扩大民众的知情权和监督权，切实提高地方政府及其官员的公共服务水平，减少政府官员的“寻租”行为，从而增强民众对政府的信任感，这将有利于提高民众的税收道德和税收遵从程度，减少企业和劳动力逃税的动机。

（二）优化政府职能划分，强化对行政权力行使的监督力度

行政管理体制改革对于完善地方政府的政治激励和约束、提高地方政府行政效率有重要影响，其中，行政分权作为政府分权的重要组成部分，也对政府间事权划分、公共产品供给和政府质量有重要影响，进而影响地区隐性经济规模。由前面分析可知，减少政府管制有利于抑制地区隐性经济规模，但扩大行政分权却扩大了地区隐性经济规模，因此，构建有利于抑制地区隐性经济规模的行政管理体制一方面要合理划分政府间的行政职权，积极推行简政放权改革；另一方面，在扩大行政分权的同时，也应该要加强对地方政府及官员的监

督，确保各项行政职权依法履行，减少官员“寻租”行为。从组织结构上来看，目前我国地方政府层级过多，加大了公共政策传达与执行成本，削弱了中央政策的效力，同时也给政府财政转移支付带来了一定的影响，在一定程度上限制了基层政府的行政自主权和财政自主权。虽然我国通过省直管县和撤县设市等方式减少政府层级，扩大地方政府的自主权，但还应该继续探索建立最优政府层级，加强行政体制与财政体制的协调程度，使财政体系和行政体系形成合力。此外，近年来我国通过“简政放权”，将大量的审批事项和行政职权下放给地方政府，地方政府官员的行政裁量权大大增加，这在一定程度上有利于发挥地方政府的信息优势和效率优势，但我国国土面积大，国情复杂，如果未能对地方政府及其官员行为进行有效监督，难免会出现权力滥用和“寻租”行为。因此，行政分权改革不能仅限于政府之间分权，还要探索向社会分权和向市场分权，在简政放权过程中，尽量减少政府对市场的直接干预，切实做好“放、管、服”，减少政府对市场的管制力度，对地方政府官员行政权力的行使进行有效监管，提高公共服务水平。

三、健全公共治理体系，提升公共治理水平

公共治理作为一项制度性因素，对地区隐性经济有重要影响，良好的政府治理水平和市场治理水平可以减少正规经济市场的制度成本，增强企业和劳动力留在正规经济部门的信心，降低地区隐性经济规模，而良好的社会治理水平意味着高水平的公共产品和服务供给水平，有利于提升市场主体的税收遵从意识，降低资本和劳动力转向隐性经济部门的动力，从而抑制隐性经济发展。在国家治理体系和治理能力现代化背景下，构建良好的公共治理体系有赖于发挥政府、市场和社会多元主体的共同作用。由分析地区公共治理水平的 MIMIC 模型可知，优化地区公共治理体系和治理能力需要科学界定政府职能范围，提高政府质量，优化政府结构，提升政府治理能力和水平；提高地区市场化水平和对外开放水平，促进地区经济增长，提高市场治理能力和治理水平；培育和发展社会组织，提高居民受教育程度，培育社会和民众的公共意识，在党的领导下提高社会组织和人民群众在公共治理中的参与度和贡献度。具体来说，在实现国家治理体系和治理能力现代化的背景下，可以从以下几个方面来完善公共治理体系，提高公共治理能力和治理水平。

（一）加强腐败治理，提升政府治理能力和治理水平

腐败治理水平集中反映了政府质量、法治水平以及政府对公共利益的维护程度，是政府治理能力和治理水平的集中体现，根据前面利用 MIMIC 模型对地方政府清廉程度决定因素的分析结果可知，提高地方政府清廉程度需要做好：（1）切实减少对经济活动的行政干预，充分发挥市场机制资源配置的基础性作用，继续推进简政放权改革，压缩“寻租”空间，降低企业经营的制度成本。（2）大力发展教育，开展诚信教育、廉洁教育，培养廉洁文化，使廉洁成为社会的普遍共识。（3）健全公务员激励与惩罚机制，向公务员提供具有行业竞争力的薪酬福利，吸引优秀人才加入公务员队伍；通过提高公务员工资水平，建立廉政保证金等制度，提高腐败成本，降低腐败动机。（4）进一步完善法律制度，提高执法水平，通过设立强大的包括司法监督、审计监督和行政监督在内的监督机构，或增加现有机构的反腐资源，赋予监督机构更大的独立性和自主性，严格监督公共权力的行使，提高反腐调查的效率。（5）完善立法，明确事权，深化财政分权体制改革，明确中央政府和地方政府的财权与事权，做到财政事权与支出责任相一致，不断规范和完善财政分权制度。同时，通过完善地区之间的竞争机制，改革决定地方官员职务晋升、激励的考核评价指标体系，提高地方政府官员的政治责任感和努力程度。（6）不断完善重大公共工程的招投标制度，建设更加开放、透明的公平竞争公共投资招投标体系。对于政府重大公共工程项目的招标，要做到从采购预算、招标、合同签订、执行、验收评估等各个环节的监督管理和审计，约束参与公共投资项目的各方串谋行为，有效防止大规模腐败。（7）坚定不移地坚持对外开放，中西部地区更应该进一步提高经济、社会的开放程度，减少地方保护主义行为，消除地区之间生产要素流动的行政壁垒，压缩腐败空间。同时，积极吸收发达国家和地区的先进经验，吸引优秀人才，为提高政府廉洁程度和公共治理水平提供智力支持。

（二）优化营商环境建设，提高市场治理能力和治理水平

提高市场治理水平的关键在于构建完善的市场经济体制和机制，激发市场主体的活力，为企业和劳动力在正规经济部门开展经济活动营造良好的制度环境。结合我国市场治理实践，进一步健全社会主义市场经济体制，构建良好的营商环境是近年来我国市场治理的核心。根据利用 MIMIC 模型对地区营商环

境决定因素的分析结果可知，优化地区营商环境应该要：（1）加强社会主义市场经济制度体系建设，降低企业在投资、经营过程中的制度成本，具体包括：履行必要的政府职能，维持市场秩序，但要减少政府对经济的直接干预；实施结构性降税减费，优化税制结构，提高税务服务效率；加强执法力度，重视产权保护、合约执行和司法公正；推进简政放权，扩大地方政府在经济管理中的权限，提高政策质量和公共服务效率；加强对公共权力行使的监督，减少腐败。（2）重视人力资本积累，进一步提高居民的受教育程度，提高劳动力素质；减少制约劳动力自由流动的制度障碍，实现劳动力资源在全国的优化资源配置，同时提高生产效率，优化产业结构，降低劳动力相对成本。（3）为企业突破投资经营中的"瓶颈"与障碍创造有利条件，例如，减少金融市场中的行政干预和制度障碍，积极构建企业融资平台，助力企业突破融资"瓶颈"；加强政策引导和资金支持，夯实创新基础，助力企业突破创新"瓶颈"；完善地区基础设施建设，尤其是道路交通、能源设施以及网络通讯等与现代企业发展密切相关的基础设施，补齐基础设施短板。（4）打击违法犯罪，促进社会公平，营造稳定和谐的社会环境；减少进出口贸易中的行政壁垒和行政成本，以"一带一路"倡议为契机，进一步扩大开放，鼓励企业积极融入世界经济体系，营造开放的经济环境。

（三）提高公共产品供给效率和水平，增强社会治理能力和治理水平

公共产品和服务供给水平集中体现了地区社会治理水平，在国家治理体系和治理能力现代化的背景下，提升地区社会治理能力和治理水平的核心是提高地区公共产品和公共服务的供给水平，满足人民群众对各类公共产品和服务的需求。在新时期，提升社会治理能力和治理水平要发挥政府、市场和社会多元主体的共同作用，具体来说，一是要创新公共产品供给机制，探索政府与社会资本的合作模式，进一步完善 PPP（Public - Private - Partnership）、BOT（Built - Operate - Transfer）、BT（Built Transfer）、TOT（Transfer - Operate - Transfer）以及 TBT（Transfer - Built - Transfer）等政社合作模式，逐步放开对社会资本投资公共领域的限制，既能增加社会资本的投资机会，增强社会资本活力，又能为公共产品供给拓宽资金来源，将民间资本和社会资本引入公共工程，建立起政府与私人组织多元化供给格局。二是构建自下而上的公共产品需求偏好表达机制和公共产品供给监督机制，一方面完要有效发挥人民代表大会制度和政

治协商制度在反映公共需求中的作用，通过拓宽民意反映机制，丰富民意反映渠道，提高公共产品供给的精准性；另一方面，发挥数字技术和数字工具在社会治理中的功能，建立健全社会监督机制，加强对公共产品供给过程和质量的监督，提升公共产品供给效率和水平。三是培育和规范社会组织发展，提升全民受教育水平，培育民众的公共意识和公共精神，提高社会组织和广大民众在社会治理中的参与度，提供社会自我服务和自我管理能力，弥补政府和市场在社会治理中的不足。

四、拓展隐性经济治理模式

虽然我国隐性经济的相对规模并不算高，但其绝对规模仍然不可忽视。当前，我国已经进入全面建设小康社会的新时期，实现共同富裕成为党和国家的首要目标，实现共同富裕的目标不仅需要进一步扩大国民收入的整体规模，更要重视国民收入的分配格局，因此实现对隐性收入的有效治理显得尤为重要。结合前面研究，为多方位拓展隐性经济的治理模式，本书对有效治理隐性经济提出以下建议：（1）进一步深化供给侧结构性改革，优化经济结构，促进正规经济部门的发展，减少劳动力向隐性经济部门的流动。一方面要通过优化经济结构，在不断扩大经济总量的同时，促进资本要素在不同经济领域的合理分配，创造更多的就业岗位；另一方面，要注重人力资本投资，通过建立多层次、广覆盖的高等教育、职业教育体系，提高劳动力的整体素质和技能水平，使劳动力能够满足正规经济部门的能力需求，减少失业。（2）提高我国经济的市场化程度和法制化水平，进一步完善社会主义市场经济制度体系，提高市场竞争的公平程度，促进生产要素的自由流动，将更多的隐性资本与隐性劳动力向正规经济部门引导。（3）强化税收稽查力度，加强对逃税行为的处罚力度，发挥税务稽查的“威慑效应”，提高企业和居民的逃税成本。（4）进一步优化税收结构、减轻税收负担。一方面，要进一步深化“结构性减税”改革，对直接税和间接税的规模与结构进行优化调整，继续推进落实“增值税”改革，减轻经济主体的税收负担；另一方面，进一步提高财政透明度和税收透明度，优化公共服务供给，增强企业和居民的税收遵从意愿，降低资本和劳动力向隐性经济部门流动的动力。

参考文献

[1] 白重恩，唐燕华，张琼．基于微观方法估计隐性收入的研究进展［J］．经济学动态，2015（1）：137－147.

[2] 白重恩，唐燕华，张琼．中国隐性收入规模估计——基于扩展消费支出模型及数据的解读［J］．经济研究，2015，50（6）：4－18.

[3] 包国宪，赵晓军．新公共治理理论及对中国公共服务绩效评估的影响［J］．上海行政学院学报，2018，19（2）：29－42.

[4] 包国宪，周云飞．中国公共治理评价的几个问题［J］．新华文摘，2009（9）：4－7.

[5] 曹春方，马连福，沈小秀．财政压力、晋升压力、官员任期与地方国企过度投资［J］．经济学（季刊），2014（4）：1415－1436.

[6] 曹书军，刘星，张婉君．财政分权、地方政府竞争与上市公司实际税负［J］．世界经济，2009（4）：69－83.

[7] 陈安平．财政分权、城乡收入差距与经济增长［J］．财经科学，2009（10）：93－101.

[8] 陈静，马小勇．新经济地理视角下产业集聚对税收竞争的影响——基于GMM估计的省级动态面板数据分析［J］．生产力研究，2014（6）：58－64.

[9] 陈强．高级计量经济学及Stata应用［M］．北京：高等教育出版社，2014：576－597.

[10] 陈硕、高琳，央地关系：财政分权度量及作用机制再评估［J］．管理世界，2012（6）：38－49.

[11] 陈思霞，许文立，张领祎．财政压力与地方经济增长——来自中国所得税分享改革的政策实验［J］．财贸经济，2017（4）：37－53.

[12] 成力为，孙玮，孙雁泽．地方政府财政支出竞争与区域资本配置效

率——区域制造业产业资本配置效率视角［J］．公共管理学报，2009，6（2）：29－36.

［13］程龙．政府审计、公众参与和腐败治理［D］．大连：东北财经大学，2017.

［14］储德银，迟淑娴，纪凡．中国式分权、转移支付与居民收入不平等［J］．财经论丛，2017（6）：29－40.

［15］崔志坤，张燕．财政分权与医疗卫生支出效率——以江苏省为例［J］．财贸研究，2018，29（9）：76－84.

［16］邓国胜，李怀瑞．情景建构、制度内生与自主治理：公益组织参与乡村治理的创新路径［J］．学海，2019（6）：44－49.

［17］杜金向，董乃全．农村正规金融、非正规金融与农户收入增长效应的地区性差异实证研究——基于农村固定点调查1986－2009年微观面板数据的分析［J］．管理评论，2013，25（3）：18－26.

［18］杜妍冬，刘一伟．政府间社会保障财政支出的空间竞争行为［J］．党政视野，2016（10）：63－73.

［19］范允奇，王文举．中国式财政分权下的地方财政支出偏好分析［J］．经济与管理研究，2010（7）：40－47.

［20］范子英，张军．财政分权与中国经济增长的效率——基于非期望产出模型的分析［J］．管理世界，2009（7）：15－25.

［21］方乐．司法参与公共治理的方式、风险与规避——以公共政策司法为例［J］．浙江社会科学，2018（1）：35－48.

［22］冯严超，王晓红．中国式财政分权、地方政府竞争与循环经济绩效——基于动态广义空间模型的分析［J］．上海对外经贸大学学报，2019，26（2）：39－48.

［23］付文林．财政分权、财政竞争与经济绩效［M］．北京：高等教育出版社，2011.

［24］傅勇，张晏．中国式分权与财政支出结构偏向：为增长而竞争的代价［J］．管理世界，2007（3）：4－12.

［25］傅勇．中国的分权为何不同：一个考虑政治激励与财政激励的分析框架［J］．世界经济，2008（11）：16－25.

［26］龚锋，卢洪友．公共支出结构、偏好匹配与财政分权［J］．管理世

界，2009（1）：10－21.

［27］顾平安．加快推进行政审批制度改革的二次设计［J］．中国行政管理，2015（6）：21－24.

［28］韩兆柱，翟文康．西方公共治理前沿理论述评［J］．甘肃行政学院学报，2016（4）：23－39.

［29］韩兆柱，翟文康．西方公共治理前沿理论的比较研究［J］．教学与研究，2018（2）：86－96.

［30］合作治理：国家治理体系现代化与国家责任研究［J］．复旦学报（社会科学版），2019，61（3）：2，189.

［31］何惠敏．对美国税务稽查制度的分析及其启示——基于纳税遵从理论［J］．当代经济，2014（12）：35－37.

［32］何增科．治理评价体系的国内文献述评［J］．经济社会体制比较，2008（6）：10－22.

［33］贺达，顾江．地方政府文化财政支出竞争与空间溢出效应——基于空间计量模型的实证研究［J］．财经论丛，2018（6）：12－23.

［34］贺俊，吴照龑．财政分权、经济增长与城乡收入差距——基于省际面板数据的分析［J］．当代财经，2013（5）：27－38.

［35］洪涛，孙煜泽，梅萍．公共治理、激励结构与开发区可持续发展——基于结构方程模型的个案研究［J］．管理评论，2019，31（2）：252－263.

［36］胡玉杰，彭徽．财政分权、晋升激励与农村医疗卫生公共服务供给——基于我国省际面板数据的实证研究［J］．当代财经，2019（4）：39－48.

［37］胡志勇，周俊琪，傅俏．地市级政府税收竞争与资本流动——基于福建省九个地市经济数据的研究［J］．税务研究，2013（12）：77－80.

［38］黄凯南，程臻宇．制度经济学的理论发展与前沿理论展望［J］．南方经济，2018（11）：15－26.

［39］黄思明．税收分成、地方财政自给与经济增长——基于地级城市的经验证据［J］．统计与决策，2019，35（13）：158－161.

［40］贾俊雪，宁静．纵向财政治理结构与地方政府职能优化——基于省直管县财政体制改革的拟自然实验分析［J］．管理世界，2015（1）：7－17.

［41］贾俊雪．中国财政分权、地方政府行为与经济增长［M］．北京：中

国人民大学出版社，2015.

[42] 解梁秋，孙皓．税率对地下经济规模的影响：基于可变参数模型和VAR模型的分析 [J]．税务与经济，2009 (6)：88 - 91.

[43] 金戈．中国基础设施与非基础设施资本存量及其产出弹性估算 [J]．经济研究，2016，51 (5)：41 - 56.

[44] 雷根强，何惠敏．产业集聚对我国区域税收竞争的影响——对我国省际面板数据的检验 [J]．税务研究，2009 (9)：26 - 30.

[45] 李国璋，刘津汝．财政分权、市场分割与经济增长——基于1996～2007年分省面板数据的研究 [J]．经济评论，2010 (5)：95 - 102.

[46] 李建军，谢欣．地方财政健康与财政分权——基于湖北省县级数据的实证研究 [J]．当代财经，2011 (7)：33 - 42.

[47] 李建军，薛莹．中国影子银行部门系统性风险的形成、影响与应对 [J]．数量经济技术经济研究，2014，31 (8)：117 - 130.

[48] 李建军．基于国民账户均衡模型的未观测经济规模测算 [J]．中央财经大学学报，2008 (6)：24 - 28.

[49] 李敬涛．财政分权、信息公开与官员腐败——基于宏微观制度环境的双重考察 [J]．会计与经济研究，2016，30 (3)：25 - 44.

[50] 李丽珍，刘金林．地方政府隐性债务的形成机理及治理机制——基于财政分权与土地财政视角 [J]．社会科学，2019 (5)：59 - 71.

[51] 李朴·班·维克尔，地下黑经济 [M]．成都：四川人民出版社，1990年.

[52] 李清娥．我国转型期腐败影响的经济学分析 [J]．西南科技大学学报·哲学社会科学版，2004 (3)：57 - 60.

[53] 李涛，黄纯纯．分权、地方公共支出和中国经济增长 [J]．中国人民大学学报，2008 (3)：54 - 60.

[54] 李祥云．中国高等教育对收入分配不平等程度的影响——基于省级面板数据的实证分析 [J]．高等教育研究，2014，35 (6)：52 - 58.

[55] 李雪松．中国式分权、标尺竞争与财政农业支出——基于动态面板数据模型的系统GMM实证 [J]．重庆大学学报（社会科学版），2013，19 (4)：38 - 43.

[56] 李一花，刘蓓蓓，高焕洪．基层财政分权测度与增长效应重估

[J]. 财贸济，2014 (6): 25-35.

[57] 李永海，孙群力. 税收负担、税制结构对地区隐性经济的影响效应研究 [J]. 当代财经，2016a (5): 22-32.

[58] 李永海，孙群力. 税收负担、政府管制对地区隐性经济的影响研究 [J]. 广东财经大学学报，2016c (2): 88-100.

[59] 李永海，孙群力. 提高财政透明度抑制隐性经济规模了吗？——基于省级面板数据的实证分析 [J]. 经济问题探索，2016b (3): 8-16.

[60] 李永友. 转移支付与地方政府间财政竞争 [J]. 中国社会科学，2015 (10): 114-133.

[61] 李郁芳，王宇. 城镇化背景下公共品供给结构偏向与城乡收入分配 [J]. 广东社会科学，2014 (6): 33-39.

[62] 梁城城，张淑娟. 社会保障支出效率、腐败与经济增长——基于中国省级数据的实证研究 [J]. 湖北社会科学，2019，385 (1): 80-88.

[63] 梁海祥. 城镇化进程中公共治理的健康风险研究——基于空间视角 [J]. 上海对外经贸大学学报，2020，27 (3): 102-111.

[64] 刘波，李金昌. 非正规经济对城镇居民收入的影响效应与路径研究 [J]. 经济学家，2017 (11): 81-87.

[65] 刘寒波. 要素流动下的地方公共服务供给空间分析 [D]. 长沙：湖南农业大学，2007.

[66] 刘家义. 论国家治理与国家审计 [J]. 中国社会科学，2012 (6): 61-73，207.

[67] 刘清杰，任德孝，刘倩. 公共产品外溢、地理区位与税收竞争——来自空间多层次模型的经验证据 [J]. 财贸研究，2017，28 (10): 75-85.

[68] 刘小勇，何静. 分权体制下省级市场化进程影响因素探析——基于空间面板模型的实证研究 [J]. 经济问题，2011 (10): 37-40.

[69] 刘勇政，冯海波. 腐败、公共支出效率与长期经济增长 [J]. 经济研究，2011，46 (9): 17-28.

[70] 龙小宁，朱艳丽，蔡伟贤，李少民. 基于空间计量模型的中国县级政府间税收竞争的实证分析 [J]. 经济研究，2014，49 (8): 41-53.

[71] 卢洪友，卢盛峰，陈思霞. "中国式财政分权"促进了基本公共服务发展吗？[J]. 财贸研究，2012，23 (6): 1-7.

[72] 鲁元平，张克中，欧阳洁．土地财政阻碍了区域技术创新吗？——基于267个地级市面板数据的实证检验［J］．金融研究，2018（5）：101-119.

[73] 路江林．基于MIMIC模型的湖南省隐性经济时空演变研究［J］．财经理论研究，2017（5）：43-53.

[74] 吕冰洋，郭庆旺．中国税收高速增长的源泉：税收能力和税收努力框架下的解释［J］．中国社会科学，2011（2）：76-90.

[75] 吕冰洋，贺颖．分权、分税与市场分割［J］．北京大学学报（哲学社会科学版），2019，56（3）：54-66.

[76] 罗美娟，黄丽君．宏观税负与我国地下经济的关系研究［J］．财政研究，2014（1）：37-40.

[77] 罗能生，彭郁．交通基础设施建设有助于改善城乡收入公平吗？——基于省级空间面板数据的实证检验［J］．产业经济研究，2016（4）：100-110.

[78] 罗守运，郑宗友，杨春胜．对安陆市"地下经济"占用现金情况的调查［J］．银行与企业，1992（10）：51-52.

[79] 罗也骁，段龙龙，胡春．财政分权、政府规模扩张与官员腐败——基于中国省际动态面板数据的研究［J］．上海经济研究，2015（1）：59-68.

[80] 骆永民．财政分权、空间溢出与经济增长［J］．财贸研究，2008（3）：66-72.

[81] 毛寿龙，李梅，陈幽泓．西方政府的治道变革［M］．北京：中国人民大学出版社，1998：7.

[82] 缪小林，伏润民，王婷．地方财政分权对县域经济增长的影响及其传导机制研究——来自南106个县域面板数据的证据［J］．财经研究，2014（9）：4-15.

[83] 倪斌，吴言林．公共治理模式与经济发展：与西方近代商业社会之比较［J］．学海，2012（2）：95.

[84] 牛富荣．基于指数分析的财政促进社会公平绩效测度［J］．统计与决策，2016（6）：41-44.

[85] 牛奎馥．财政透明度、财政分权与腐败［J］．现代商贸工业，2019，40（1）：126-127.

[86] 欧纯智，贾康．公共利益视角下关于行政审批存废的认知框架[J]．河北经贸大学学报，2017，38（4）：25－32.

[87] 潘春阳，何立新，袁从帅．财政分权与官员腐败——基于1999－2007年中国省级面板数据的实证研究[J]．当代财经，2011（3）：38－46.

[88] 庞伟，孙玉栋．财政分权、地方政府竞争对财政支出效率的空间效应[J]．现代经济探讨，2018（10）：42－49.

[89] 彭澎，梁显佳．整体性治理视角下中国跨域公共治理转型：问题讨论、动力机制与推进策略[J]．广西社会科学，2020（1）：47－54.

[90] 皮建才，殷军，周愚．新形势下中国地方官员的治理效应研究[J]．经济研究，2014，49（10）：89－101.

[91] 戚磊．隐性经济产业关联的生产率效应[J]．中国工业经济，2013（11）：70－82.

[92] 邵传林．中国式分权、市场化进程与经济增长[J]．统计研究，2016，33（3）：63－71.

[93] 司政，龚六堂．财政分权与非国有制经济部门的发展[J]．金融研究，2010（5）：1－12.

[94] 宋辰熙，刘铮．从"治理技术"到"技术治理"：社会治理的范式转换与路径选择[J]．宁夏社会科学，2019（6）：125－130.

[95] 苏飞，胡艳．1979－2009年中国地下经济规模测算及影响分析[J]．统计与信息论坛，2012，27（4）：60－66.

[96] 孙刚，陆铭，张吉鹏．反腐败、市场建设与经济增长[J]．经济学（季刊），2005（1）.

[97] 孙刚．税务稽查、公司避税与债务融资成本[J]．山西财经大学学报，2013，35（3）：78－89.

[98] 孙群力，陈海林．中国隐性收入的规模及治理研究[J]．中南财经政法大学学报，2019（2）：65－75.

[99] 孙群力，李永海．我国地区财政幻觉指数测算及影响因素研究——基于MIMIC模型方法[J]．财政研究，2016（10）：36－48.

[100] 孙群力．隐性收入与腐败研究[M]．北京：经济科学出版社，2017，90－91.

[101] 孙勇．中国式财政分权、金融发展与经济增长[J]．经济问题探

索，2017（9）：135－143.

［102］孙正．地方政府财政支出结构与规模对收入分配及经济增长的影响［J］．财经科学，2014（7）：122－130.

［103］汤玉刚．“中国式”分权的一个理论探索——横向与纵向政府间财政互动及其经济后果［M］．北京：经济管理出版社，2012.

［104］田彬彬，谷雨．反腐败与收入分配差距——基于1998－2012年中国省级面板数据的经验分析［J］．财政监督，2018，No.417（3）：22－27.

［105］田光宁，李建军．农村非正规金融规模及对农村经济影响的调查［J］．调研世界，2005（4）：23－25.

［106］田光宁，李建军．中国未观测经济总量与指数的测算：1982－2006［J］．数量经济技术经济研究，2008（7）：138－146.

［107］田侃，亓寿伟．转移支付、财政分权对公共服务供给的影响——基于公共服务分布和区域差异的视角［J］．财贸经济，2013（4）：29－38.

［108］王乔，汪柱旺．政府非税收入对经济增长影响的实证分析［J］．当代财经，2009（12）：28－33.

［109］王伟，孙平军，杨青山．新制度经济学下城市群形成与演进机理分析框架研究［J］．地理科学，2018，38（4）：539－547.

［110］王伟域．税收遵从：从理性到现实的研究［D］．武汉：华中科技大学，2009.

［111］王贤彬，张莉，徐现祥．什么决定了地方财政的支出偏向——基于地方官员的视角［J］．经济社会体制比较，2013（6）：157－167.

［112］王小鲁，灰色收入与国民收入分配［J］．比较，2016（3）：1－29.

［113］王晓洁，王丽．财政分权、城镇化与城乡居民养老保险全覆盖——基于中国2009－2012年省级面板数据的分析［J］．财贸经济，2015（11）：75－87.

［114］王永兴，景维民．中国地下经济的区域发展分化：基于多指标面板数据的聚类分析检验［J］．南开经济研究，2014（6）：44－57.

［115］王永兴．地下经济问题研究新进展［J］．经济学动态，2008（10）：101－106.

［116］王永兴．中国的经济规模被高估了吗？——基于地下经济的反证［J］．南开经济研究，2018（6）：74－92.

[117] 王永兴．中国地下经济的区域分布特征研究 [J]．江苏社会科学，2010 (3)：56-61.

[118] 王勇，王鹏飞，张佐敏．金融发展抑制腐败关系网的路径和机制 [J]．政治学研究，2019 (6)．

[119] 危素玉．税收遵从研究述评 [J]．福建商学院学报，2017 (5)：48-56.

[120] 魏涛．公共治理理论研究综述 [J]．资料通讯，2006 (7)：56-61.

[121] 魏旭，魏姝．分权对腐败的影响——基于45国2000~2010年的数据分析 [J]．经济社会体制比较，2019 (2)：92-105.

[122] 吴敬琏．市场规范是治理腐败的硬道理 [J]．决策探索，2006 (1)．

[123] 夏南新．从全社会货运量估测我国地下经济规模 [J]．统计研究，2002 (2)：23-25.

[124] 夏兴园，廖涵．地下经济及其治理对策 [J]．经济研究，1992 (6)：77-79.

[125] 谢贞发，张玮．中国财政分权与经济增长——一个荟萃回归分析 [J]．经济学（季刊），2015，14 (2)：435-452.

[126] 谢贞发．中国式分税制的税收增长之谜 [J]．中国工业经济，2016 (5)：92-108.

[127] 邢春玉，张立民，李琰．政治关联、内部控制与过度投资——来自中国民营上市公司的经验证据 [J]．科学决策，2016 (9)：23-42.

[128] 徐蔼婷，李金昌．中国未被观测经济规模——基于 MIMIC 模型和经济普查数据的新发现 [J]．统计研究，2007 (9)：30-36.

[129] 徐现祥，王贤彬．任命制下的官员经济增长行为 [J]．经济学（季刊），2010 (4)：1447-1466.

[130] 徐永胜，乔宝云．财政分权度的衡量：理论及中国1985-2007年的经验分析 [J]．经济研究，2012，47 (10)：4-13.

[131] 徐勇．论中国农村“乡政村治”治理格局的稳定与完善 [J]．社会科学研究，1997 (5)：33-37.

[132] 许宝君，陈伟东．自主治理与政府嵌入统合：公共事务治理之道

[J]. 河南社会科学, 2017, 25 (5): 104 - 111.

[133] 薛钢, 潘孝珍. 财政分权对中国环境污染影响程度的实证分析 [J]. 中国人口·资源与环境, 2012, 22 (1): 77 - 83.

[134] 薛钢. 优化我国间接税收入分配功能的政策探析 [J]. 税务研究, 2012 (2): 82 - 85.

[135] 阎川, 雷婕. 财政分权对产业集聚影响的实证分析 [J]. 经济评论, 2019 (3): 104 - 122.

[136] 颜佳华, 王张华. 数字治理、数据治理、智能治理与智慧治理概念及其关系辨析 [J]. 湘潭大学学报 (哲学社会科学版), 2019, 43 (5): 25 - 30, 88.

[137] 杨灿明, 郭慧芳, 赵颖. 论经济发展方式与收入分配秩序 [J]. 财贸经济, 2010 (5): 37 - 46.

[138] 杨灿明, 孙群力. 中国的隐性经济规模与收入不平等 [J]. 管理世界, 2010a (7): 1 - 7.

[139] 杨灿明, 孙群力. 中国各地区隐性经济的规模、原因和影响 [J]. 经济研究, 2010b (4): 93 - 106.

[140] 杨贵军, 王航, 刘燕. 基于 MIMIC 模型的我国未观测经济规模分析 [J]. 统计与决策, 2014 (2): 112 - 116.

[141] 杨开忠, 陶然, 刘明兴. 解除管制、分权与中国经济转轨 [J]. 中国社会科学, 2003 (3): 4 - 17.

[142] 杨志安, 邱国庆. 地方财政分权与新型城镇化: 线性抑或倒 "U" [J]. 云南财经大学学报, 2019, 35 (2): 3 - 11.

[143] 叶满城, 刘爽. 地方政府财政透明、信息发送与公共治理成本控制 [J]. 当代经济研究, 2020 (3): 97 - 104.

[144] 殷强, 冯辉. 中国式财政分权、辖区竞争与地方政府投资——基于省级面板数据的分析 [J]. 经济研究, 2019 (6): 1 - 14.

[145] 殷小丽. 农村非正规金融的现状、问题及解决思路——以泰州地区为例 [J]. 江苏科技大学学报 (社会科学版), 2017, 17 (3): 83 - 88.

[146] 于长革. 中国式财政分权激励下的经济社会非均衡发展 [J]. 当代财经, 2009 (6): 36 - 40.

[147] 于李胜, 李成. 税制分权改革与上市公司的税收规避行为 [J].

厦门大学学报（哲学社会科学版），2010（4）：123－130.

［148］余长林，高宏建．环境管制对中国环境污染的影响——基于隐性经济的视角［J］．中国工业经济，2015（7）：21－35.

［149］余绪鹏．官员晋升锦标赛：经济增长的政治逻辑——基于相关文献的梳理与分析［J］．华东经济管理，2016，30（6）：88－95.

［150］俞可平．全球治理引论［J］．马克思主义与现实，2002，（1）：22.

［151］郁俊莉，姚清晨．内容指向与结果导向：县域治理评估框架构建研究［J］．北京工业大学学报（社会科学版），2020，20（1）：71－79.

［152］曾正滋．公共行政中的治理——公共治理的概念厘析［J］．重庆社会科学，2006（8）：81－86.

［153］詹姆斯·N. 罗西瑙．没有政府的治理：世界政治中的秩序与变革［M］//没有政府的治理：世界政治中的秩序与变革［M］．南昌：江西人民出版社，2001.

［154］张博，韩复龄．环境规制、隐性经济与环境污染［J］．财经问题研究，2017（6）：22－29.

［155］张抗私，丁述磊，刘翠花．非正规就业对居民社会融入的影响——来自中国劳动力动态调查的经验分析［J］．经济学家，2016（12）：20－29.

［156］张曙霄，戴永安．异质性、财政分权与城市经济增长——基于面板分位数回归模型的研究［J］．金融研究，2012（1）：103－115.

［157］张为杰．分权治理、地方政府偏好与公共政策执行机制研究［M］．北京：中国社会科学出版社，2016.

［158］张璇，杨灿明．行政腐败与城乡居民收入差距——来自中国120个地级市的证据［J］．财贸经济，2015，36（1）：77－89.

［159］张晏，龚六堂．分税制改革、财政分权与中国经济增长［J］．经济学（季刊），2005，（4）：75－108.

［160］张曾莲，盖亚洁．财政透明度、税收负担与隐性经济规模——基于2006－2014年省级面板数据的实证分析［J］．山西财经大学学报，2018，40（7）：16－31.

［161］赵黎．中国地下经济研究与估计（1990～2004）［J］．统计研究，

2006 (9): 42 -46.

[162] 郑新业，王晗，赵益卓．“省直管县”能促进经济增长吗？——双重差分方法 [J]. 管理世界，2011 (8): 34 -44.

[163] 周海波，胡汉辉，谢呈阳．交通基础设施、产业布局与地区收入——基于中国省级面板数据的空间计量分析 [J]. 经济问题探索，2017 (2): 1 -11.

[164] 周黎安．晋升博弈中政府官员的激励与合作——兼论我国地方保护主义和重复建设问题长期存在的原因 [J]. 经济研究，2004 (6): 33 -40.

[165] 周黎安．中国地方官员的晋升锦标赛模式研究 [J]. 经济研究，2007 (7): 36 -50.

[166] 周庆智．大数据与公共治理：需要重新定义的问题（专题讨论）[J]. 哈尔滨工业大学学报（社会科学版），2019，21 (4): 1.

[167] 周亚虹，宗庆庆，陈曦明．财政分权体制下地市级政府教育支出的标尺竞争 [J]. 经济研究，2013，48 (11): 127 -139.

[168] 周业安，章泉．财政分权、经济增长和波动 [J]. 管理世界，2008a (3): 6 -15.

[169] 周业安，章泉．市场化、财政分权和中国经济增长 [J]. 中国人民大学学报，2008b，(1): 34 -42.

[170] 朱长存，胡家勇．分税制后我国财政分权度的衡量及其对经济增长的影响 [J]. 当代经济管理，2017，39 (4): 72 -76.

[171] 朱军，许志伟．财政分权、地区间竞争与中国经济波动 [J]. 经济研究，2018，53 (1): 21 -34.

[172] 竺乾威．公共行政的改革、创新与现代化 [M]. 上海：复旦大学出版社.

[173] 左翔，殷醒民．“土地财政”模式与地方公共品供给 [J]. 世界经济文汇，2014 (4): 88 -102.

[174] Ahmad, Ehtisham. Managing fiscal decentralization [M]. Routledge, 2002.

[175] Ahmed, E., Rosser, M. V., Income Inequality, Corruption, and the Non - Observed Economy: A Global Perspective [M]. Complexity Hints for Economic Policy. Springer Milan, 2007: 233 -252.

[176] Ahumada, H., Alvaredo, F., Canavese A., The Monetary Method and the Size of the Shadow Economy: A Critical Assessment [J]. Review of Income and Wealth, 53 (2): 363 - 371.

[177] Alexeev, M., Habodaszova, L., Decentralization, Corruption, and the Unofficial Economy [C]. Caepr Working Papers, 2007 (2007 - 008).

[178] Allers, M. A., Elhorst, J. P., Tax Mimicking and Yardstick Competition Among Local Governments in the Netherlands [J]. International Tax & Public Finance, 2005, 12 (4): 493 - 513.

[179] Allingham, M. G., Sandmo A., Income tax evasion: a theoretical analysis [J]. Journal of public economics, 1972, 1 (3): 323 - 338.

[180] Alm, J., Embaye, A., Using dynamic panel methods to estimate shadow economies around the world: 1984 - 2006 [C]. *Working Papers*, 2013, 41 (5): 510 - 543.

[181] Appel, H., Tax politics in eastern Europe: globalization, regional integration, and the democratic compromise [M]. University of Michigan Press, 2011.

[182] Ardizzi, G., Petraglia, C., Piacenza, M., Measuring the Underground Economy with the Currency Demand Approach: A Reinterpretation of the Methodology, With an Application to Italy [J]. Review of Income & Wealth, 2011, 60 (4): 747 - 772.

[183] Arikan, G., Fiscal Decentralization: A Remedy for Corruption? [J]. International Tax and Public Finance, 2004, 11 (2): 175 - 195.

[184] Azémar, C., Delios, A., Tax competition and FDI: The special case of developing countries [J]. Journal of the Japanese & International Economies, 2008, 22 (1): 0 - 108.

[185] Bajada, C., Schneider, F., The Shadow Economics of the Asia - Pacific [J]. Pacific Economic Review, 2010, 10 (3): 379 - 401.

[186] Bandyopadhyay, S, Pinto, S. M., Unauthorized Immigration and Fiscal Competition [J]. European Economic Review, 2017 (92): 283 - 305.

[187] Bardhan, P., Mookherjee, D., Capture and Governance at Local and National Levels [J]. American Economic Review, 2000, 90 (90): 135 - 139.

[188] Baskaran, T., Blesse, S., Brender A., Revenue Decentralization, Central Oversight and the Political Budget Cycle: Evidence from Israel [J]. European Journal of Political Economy, 2016 (42): 1-16.

[189] Baskaran, T., Intergovernmental Transfers, Local Fiscal Policy, and the Flypaper Effect: evidence from a German State [J]. Finanzarchiv Public Finance Analysis, 2016, 72 (1): 166-185.

[190] Bayar, Y., Public governance and shadow economy in Central and Eastern European countries [J]. Revista Administratie Si Management Public, 2016 (27), 62-73.

[191] Becker, D., Rauscher, M., Fiscal Competition and Growth When Capital Is Imperfectly Mobile [J]. Scandinavian Journal of Economics, 2013, 115 (1): 211-233.

[192] Berdiev, A. N., Saunoris J. W., Does globalisation affect the shadow economy? [J]. World Economy, 2018, 41 (1): 223-242.

[193] Besley, T., Coate, S., Understanding Welfare Stigma: Taxpayer Resentment and Statistical Discrimination [J]. Papers, 1990, 48 (2): 165-183.

[194] Besley, T., Persson T., Why Do Developing Countries Tax So Little? [J]. Journal of Economic Perspectives, 2014, 28 (4): 99-120.

[195] Blanton, R. G., Early, B., Peksen, D., Out of the shadows or into the dark? Economic openness, IMF programs, and the growth of shadow economies [J]. Review of International Organizations, 2018, 13 (2): 309-333.

[196] Bloomquist, K. M., Tax Evasion, Income Inequality and Opportunity Cost of Compliance Proceedings [C]. Annual Conference on Taxation and Minutes of the Annual Meeting of the National Tax Association, 2003 (96): 91-104.

[197] Borck, R., Caliendo, M, Steiner, V., Fiscal Competition and the Composition of Public Spending: Theory and Evidence [J]. Finanzarchiv Public Finance Analysis, 2007, 63 (2): 123-148.

[198] Bordignon, M., Cerniglia, F., Revelli, F., In search of yardstick competition: a spatial analysis of Italian municipality property tax setting [J]. Journal of Urban Economics, 2003, 54 (2): 199-217.

[199] Bouev, M., Official Regulations and the Shadow Economy: A Labour Market Approach [J]. Ssrn Electronic Journal, 2002.

[200] Brennan, G., Buchanan, M., The power to tax [M]. Cambridge University Press, 1980.

[201] Breton, A., Competitive governments: an economic theory of politics and public finance [M]. Cambridge University Press, 1996.

[202] Brito, P., Dixon, H., Fiscal policy, entry and capital accumulation: Hump - shaped responses [J]. Journal of Economic Dynamics & Control, 2013, 37 (10): 2123 -2155.

[203] Buehn, A., Corruption and the shadow economy: like oil and vinegar, like water and fire? [J]. International Tax & Public Finance, 2012, 19 (1): 172 -194.

[204] Buehn, A., Lessmann, C., Markwardt G., Decentralization and the shadow economy: Oates meets Allingham - Sandmo [J]. Applied Economics, 2013, 45 (18): 2567 -2578.

[205] Buehn, A., Schneider, F., Shadow economies around the world: novel insights, accepted knowledge, and new estimates [J]. International Tax & Public Finance, 2012, 19 (1): 139 -171.

[206] Buehn, A., Shadow economies around the world: novel insights, accepted knowledge, and new estimates [J]. International Tax & Public Finance, 2012, 19 (1): 139 -171.

[207] Buehn, A., The Shadow Economy in German Regions: An Empirical Assessment [J]. German Economic Review, 2012, 13 (3): 23 -46.

[208] Busato, F., Chiarini, B., Market and underground activities in a two - sector dynamic equilibrium model. Economic Theory, 2004, 23 (4): 831 - 861.

[209] Busato, F., Chiarini, B., Steady State Laffer Curve with the Underground Economy. Public Finance Review, 2011, 41 (5): 608 -632.

[210] Cagan, P., The Demand for Currency Relative to the Total Money Supply. Journal of Political Economy, 1958, 66 (4): 303 -328.

[211] Cai, H., Treisman, D., Political decentralization and policy experi-

mentation [J]. Quarterly Journal of Political Science, 2013 (4): 35 -58.

[212] Carniti, E., Cerniglia, F., Longaretti, R., Decentralization and economic growth in Europe: for whom the bell tolls [C]. 18th annual Meeting of the Association for Public Economic Theory, 10 -13 July 2017. 2017.

[213] Caulfield, J. L., Local Government Reform in China: A Rational Actor Perspective [J]. International Review of Administrative Sciences, 2006, 72 (2): 253 -267.

[214] Chaudhuri, K., Schneider, F, Chattopadhyay, S., The size and development of the shadow economy: An empirical investigation from states of India [J]. Journal of Development Economics, 2006, 80 (2): 428 -443.

[215] Chirinko, R. S., Wilson, D. J., Can lower tax rates be bought? business rent - seeking and tax competition among the US states. National Tax Journal, 2010, 63 (4), 967 -993.

[216] Choi, J. P., Thum, M., Corruption and the shadow economy [J]. International Economic Review, 2015, 46 (3): 817 -836.

[217] Christensen, J., Murphy, R., The Social Irresponsibility of Corporate Tax Avoidance: Taking CSR to the bottom line [J]. Development, 2004, 47 (3): 37 -44.

[218] Coase, R. H., The Nature of the Firm [J]. Economica, 1937, 4 (16): 386 -405.

[219] Culter, D. M., Lleras - Muney A., Understanding Differences in Health Behaviors by Education [J]. Journal of Health Economics, 2010, 29 (1): 1 -28.

[220] Davidescu, A., Dobre, I., The Impact of Unemployment Rate on the Size of Romanian Shadow Economy [J]. Public Finance Review, 2013.

[221] Davidescu, A., Estimating the Size of Romanian Shadow Economy: A Labor Approach [J]. Journal of Social and Economic Statistics, 2014, 3 (1): 25 -37.

[222] Dell'Anno, R., The Shadow Economy in Portugal: An Analysis with the Mimic Approach [J]. Social Science Electronic Publishing, 2007, 10 (2): 253 -277.

[223] Dell'Anno, R., Davidescu, A. M., Balele, N. P., Estimating shadow economy in Tanzania: an analysis with the MIMIC approach [J]. Journal of Economic Studies, 2017, 45 (2): 26 - 44.

[224] Dell'Anno, R., Góme z - Antonio, M., Alañon - Pardo, A., The shadow economy in three Mediterranean countries: France, Spain and Greece. A MIMIC approach [J]. Empirical Economics, 2007, 33 (1): 197 - 197.

[225] Dell'Anno, R., Institutions and human development in the Latin American informal economy [J]. Constitutional Political Economy, 2010, 21 (3): 207 - 230.

[226] Dell'Anno, R., Solomon O. H., Shadow economy and unemployment rate in USA: is there a structural relationship? An empirical analysis [J]. Applied Economics, 2008, 40 (19): 2537 - 2555.

[227] Dell'Anno, R., Teobaldelli, D. , Keeping both corruption and the shadow economy in check: the role of decentralization [J]. International Tax & Public Finance, 2015, 22 (1): 1 - 40.

[228] Dhami, S., Nowaihi A., Why do people pay taxes? Prospect theory versus expected utility theory [J]. Journal of Economic Behavior & Organization, 2007, 64 (1): 171 - 192.

[229] Dong, B., Torgler B., Causes of corruption: Evidence from China [J]. China Economic Review, 2013, 26 (26): 152 - 169.

[230] Dreher, A., Kotsogiannis, C., Mccorriston, S., How do institutions affect corruption and the shadow economy? [J]. International Tax & Public Finance, 2009, 16 (6): 773 - 796.

[231] Dreher, A., Schneider, F., Corruption and the shadow economy: an empirical analysis [J]. Social Science Electronic Publishing, 2010, 144 (1 - 2): 215 - 238.

[232] Duncan, D., Peter, K. S., Unequal inequalities: Do progressive taxes reduce income inequality? [J]. International Tax & Public Finance, 2016, 23 (4): 762 - 783.

[233] Egger, H., Falkinger, J., Grossmann V. Brain Drain, Fiscal Competition, and Public Education Expenditure [J]. Review of International Econom-

ics, 2012, 20 (1): 81 – 94.

[234] Eilat, Y., Zinnes, C., The Shadow Economy in Transition Countries: Friend or Foe? A Policy Perspective [J]. World Development, 2002, 30 (7): 1233 – 1254.

[235] Elgin, C., Oyvat, C., Lurking in the cities: Urbanization and the informal economy [J]. Structural Change & Economic Dynamics, 2013, 27 (14): 36 – 47.

[236] Elgin, C., Oztunali, O., Shadow Economies around the World: Model Based Estimates [C]. Working Papers, 2012.

[237] Engström, P., Holmlund, B., Tax evasion and self – employment in a high – tax country: evidence from Sweden [J]. Cesifo Working Paper, 2009, 41 (19): 2419 – 2430.

[238] Ewetan, O. O., Ige, C. S., Ike, D. N., Fiscal Decentralization and Economic Growth in Nigeria: A Multivariate Co – Integration Approach [J]. Journal of Sustainable Development Studies, 2016, 9 (2): 243 – 266.

[239] Fan, C. S., Lin, C., Treisman D., Political decentralization and corruption: Evidence from around the world [J]. Journal of Public Economics, 2009, 93 (1 – 2): 14 – 34.

[240] Feige, E. L., How Big Is the Irregular Economy? [J]. Challenge, 1979, 22 (5): 5 – 13.

[241] Feld, L. P., Schneider F., Survey on the Shadow Economy and Undeclared Earnings in OECD Countries [J]. German Economic Review, 2010, 11 (2): 109 – 149.

[242] Fethi, M. D., Fethi, S., Katircioglu S. T., Estimating the size of the Cypriot underground economy [J]. International Journal of Manpower, 2006, 27 (6): 515 – 534.

[243] Filippetti, A., Sacchi, A., Fiscal Decentralization and Economic Growth Reconsidered: The Role of the Institutional Setting [J]. Ssrn Electronic Journal, 2014.

[244] Fiorino, N., Galli E., Padovano F., How long does it take for government decentralization to affect corruption? [J]. Economics of Governance, 2015, 16

(3): 273 – 305.

[245] Fischer, G. B., Wigger, B. U., Fiscal Competition and Higher Education Spending in Germany [J]. German Economic Review, 2016, 17 (2): 234 – 252.

[246] Frey, B. S., Weck, H., Bureaucracy and the Shadow Economy: A Macro – Approach [J]. Anatomy of Government Deficiencies. 1983.

[247] Garcia, G., The Currency Ratio and the Subterranean Economy [J]. Financial Analysts Journal, 1978, 34 (6): 64 – 69.

[248] Gaspareniene, L., Remeikiene, R., The Methodologies of Shadow Economy Estimation in the World and in Lithuania: Whether the Criterions Fixing Digital Shadow are Included? [J]. Procedia Economics and Finance, 2016 (39): 753 – 760.

[249] Gemmell, N., Kneller, R., Sanz, I., Decentralization and Economic Growth: Spending Versus Revenue Decentralization [J]. Economic Inquiry, 2013, 51 (4): 1915 – 1931.

[250] Genschel, P., Globalization, Tax Competition, and the Welfare State [J]. Politics & Society, 2017, 30 (2): 245 – 275.

[251] Goel, R. K., Saunoris, J. W., Virtual Versus Physical Government Decentralization: Effects on Corruption and the Shadow Economy [J]. Public Budgeting & Finance, 2016, 36 (4): 68 – 93.

[252] Gordon, R. H., Metcalf G. E., Do Tax – Exempt Bonds Really Subsidize Municipal Capital? [J]. National Tax Journal, 1991, 44 (4): 71 – 79.

[253] Gulzar, A., Junaid N., Haider A., What is Hidden, in the Hidden Economy of Pakistan? Size, Causes, Issues, and Implications [J]. Pakistan Development Review, 2010, 49 (4): 665 – 704.

[254] Gutmann, P. M., The Subterranean Economy [J]. Financial Analysts Journal, 1977, 33 (6): 26 – 27.

[255] Hamilton, W. H., The Institutional Approach to Economic Theory [J]. American Economic Review, 1919, 9 (1): 309 – 318.

[256] Han, L., Lu, M., Housing Prices and Investment: an Assessment of China's Inland – Favoring Land Supply Policies [J]. Journal of the Asia Pacific

Economy, 2017, 22 (1): 106 – 121.

[257] Hanousek, J., Palda, F., Problems measuring the underground economy in transition [J]. Economics of Transition, 2010, 14 (4): 707 – 718.

[258] Hassan, M., Schneider F., Modelling the Egyptian Shadow Economy: A Currency Demand and A MIMIC Model Approach [J]. Social Science Electronic Publishing, 2016.

[259] Hauptmeier, S., Mittermaier, F., Rincke, J., Fiscal competition over taxes and public inputs [J]. Regional Science & Urban Economics, 2012, 42 (3): 407 – 419.

[260] Hayek, F. A. V., Individualism and Economic Order [M]. Individualism and economic order. Routledge & K. Paul, 1949: 33 – 54.

[261] Herwartz, H., Sardà, J., Theilen, B., Money demand and the shadow economy: empirical evidence from OECD countries [J]. Empirical Economics, 2015: 1 – 19.

[262] Igudia, E., Ackrill, R., Determinants of the informal economy of an emerging economy: a multiple indicator, multiple causes approach [J]. International Journal of Entrepreneurship and Small Business, 2016, 28 (2): 154 – 178.

[263] Isen, A., Do local government fiscal spillovers exist? Evidence from counties, municipalities, and school districts [J]. Journal of Public Economics, 2014, 110 (1): 57 – 73.

[264] Ivanyna, M., Shah, A., Citizen – Centric Governance Indicators: Measuring and Monitoring Governance by Listening to the People and Not the Interest Groups [J]. Social Science Electronic Publishing, 2010, 12 (1): 59 – 71.

[265] Janeba, E., Osterloh, S., Tax and the city – A theory of local tax competition [J]. Journal of Public Economics, 2013, 106 (2): 89 – 100.

[266] Kar, S., Saha, S., Corruption, Shadow Economy and Income Inequality: Evidence from Asia [C]. Iza Discussion Papers, 2012.

[267] Keen, M., Marchand, M., Fiscal competition and the pattern of public spending [C]. Core Discussion Papers, 1997, 66 (1): 33 – 53.

[268] Koethenbuerger, M., Lockwood, B., Does tax competition really promote growth? [J]. Journal of Economic Dynamics & Control, 2010, 34 (2):

191 - 206.

[269] Kunce, M., Shogren, J. F., On interjurisdictional competition and environmental federalism [J]. Journal of Environmental Economics & Management, 2005, 50 (1): 212 - 224.

[270] Kus, B., Regulatory governance and the informal economy: cross - national comparisons [J]. Socio - Economic Review, 2011, 8 (3): 487 - 510 (24).

[271] Lackó, M., Hidden Economy - an Unknown Quantity? Comparative Analysis of Hidden Economies in Transition Countries, 1989 ~ 1995 [J]. Economics of Transition, 2010, 8 (1): 117 - 149.

[272] Lessmann, C., Markwardt, G., One Size Fits All? Decentralization, Corruption, and the Monitoring of Bureaucrats [J]. World Development, 2010, 38 (4): 631 - 646.

[273] Lyytikainen, T., Extreme localism: local taxes and tax competition [J]. Spatial Economics Research Centre Blog. Blog. 2012.

[274] Lyytikäinen, T., Tax competition among local governments: Evidence from a property tax reform in Finland [J]. Journal of Public Economics, 2012, 96 (7 - 8): 584 - 595.

[275] Maniloff, P., Manning, D. T., Jurisdictional Tax Competition and the Division of Nonrenewable Resource Rents [J]. Environmental & Resource Economics, 2017 (11): 1 - 26.

[276] Mauleon, I., Sarda, J., On the Empirical Specification of the European Demand for Money [J]. International Advances in Economic Research, 1999, 5 (1): 1 - 15.

[277] Mazhar, U., Does regulatory discretion increase the unofficial economy? Evidence from panel data [J]. Acta Oeconomica, 2015, 65 (1): 129 - 141.

[278] Medina, L., Schneider, F., Shadow Economies Around the World: New Results for 158 Countries over 1991 ~ 2015 [C]. IMF Working Papers. 2017. https: //www. research gate. net/publication/323189178. Download, 08 - 05 - 2018.

[279] Mintz, J. , Tulkens, H. , Commodity Tax Competition Between Member States of a Federation: Equilibrium and Efficiency [J]. Journal of Public Economics, 1986, 29 (2): 133 - 172.

[280] Mohamad, A. , Zakaria, M. H. , Hamid Z. , Cash economy: tax evasion amongst SMEs in Malaysia [J]. Journal of Financial Crime, 2017, 23 (4): 974 - 986.

[281] Mughal, K. , Schneider, F. , Shadow Economy in Pakistan: Its Size and Interaction with Official Economy [C]. Mpra Paper, 2018.

[282] Musgrave, R. A. , The theory of public finance: a study in public economy [J]. Journal of Political Economy, 1959, 99 (1): 213 - 2.

[283] Nadirov, O. , Informality, Tax Evasion and the Quality of Business Environment: Evidence from South Caucasian Countries [J]. Social Science Electronic Publishing, 2017, 1 (2): 114 - 127.

[284] Nagac, K. , Tax system and informal economy: a cross - country analysis [J]. Applied Economics, 2015, 47 (17): 1775 - 1787.

[285] Nastav, B. , Štefan, B. , The Shadow Economy in Bosnia and Herzegovina, Croatia, and Slovenia: The Labor Approach [J]. Eastern European Economics, 2007, 45 (1): 29 - 58.

[286] Nchor, D. , Adamec, V. , Unofficial Economy Estimation by the MIMIC Model: the Case of Kenya, Namibia, Ghana and Nigeria [J]. Acta Universitatis Agriculturae Et Silviculturae Mendelianae Brunensis, 2015, 63 (6): 2043 - 2049.

[287] Neudorfer, B. , Decentralization and Political Corruption: Disaggregating Regional Authority [J]. Publius the Journal of Federalism, 2015, 45 (1).

[288] Oates, W. , Fiscal Federalism [J]. Wallace Oates, 1972, 31 (11): 20 - 33.

[289] Orsi, R. , Raggi, D. , Turino, F. , Size, trend, and policy implications of the underground economy [J]. Review of Economic Dynamics, 2014, 17 (3): 417 - 436.

[290] Orviska, M. A. , Caplanova, J. M. , and Hudson, J. , 2006. A cross - section approach to measuring the shadow economy [J]. Journal of policy

modeling 28 (7): 713 –724.

[291] Popescu, G. H., Labor market regulation and the shadow economy [J]. Economics, Management and Financial Markets, 2014, 9 (3): 110 –115.

[292] Qian, Y., Roland, G., Fiscal Federalism and Soft Budget Constraint [J]. American Economic Review, 1998 (88): 1143 –1162.

[293] Qian, Y., Weingast, B. R., Federalism as a Commitment to Perserving Market Incentives [J]. Journal of Economic Perspectives, 1997, 11 (4): 83 –92.

[294] Qian, Y., Xu, C., Why China's economic reforms differ: the M – form hierarchy and entry expan – sion of the non – state sector [J]. Economics of Transition, 1993, 1 (2): 135 –170.

[295] Quintano, C., Mazzocchi, P., The Shadow Economy Beyond European Public Governance [J]. Economic Systems, 2013, 37 (4): 650 –670.

[296] Radu, C. F., About Tax Compliance: Some Reasons why People Pay Their Taxes [J]. Scientific Journal of Humanistic Studies, 2014 (10): 107 – 114.

[297] Revelli, F., Local taxes, national politics and spatial interactions in English district election results [J]. European Journal of Political Economy, 2002, 18 (2): 281 –299.

[298] Rodriguez – Pose, A., & R. Ezcurra. Is Fiscal Decentralization Harmful for Economic Growth? Evidence from the OECD Countries [J]. Journal of Economic Geography, 2010, 11 (4): 619 –643.

[299] Rodríguezpose, A., Ezcurra R., Is fiscal decentralization harmful for economic growth? Evidence from the OECD countries [J]. Journal of Economic Geography, 2011, 11 (4): 619 –643.

[300] Schaltegger, C. A., Torgler, B., Direct Democracy, Decentralization and Earmarked Taxation An Institutional Framework to Foster Tax Compliance [J]. Intertax, 2008.

[301] Schneider, F., Buehn, A., Montenegro C. E. New Estimates for the Shadow Economies all over the World [J]. International Economic Journal, 2010, 24 (4): 443 –461.

[302] Schneider, F., Buehn, A., Shadow Economy: Estimation Methods, Problems, Results and Open questions [J]. Open Economics, 2017, 1 (1): 1 -29.

[303] Schneider, F., Enste D. H., Shadow Economies: Size, Causes, and Consequences [J]. Journal of Economic Literature, 2000, 38 (1): 77 - 114.

[304] Schneider, F., Outside the State: The Shadow Economy and Shadow Economy Labour Force [C]. Cesifo Working Paper, 2014.

[305] Schneider, F., Shadow Economies and Corruption all Over the World: What Do We Really Know? [J]. Economics - The Open - Access, Open - Assessment E - Journal, 2007, 1 (273): 178 - 184.

[306] Skolka, J., The Parallel Economy in Austria [M]. The Economics of the Shadow Economy. 1985.

[307] Takala, K., Viren, M., Why does a Large Shadow Economy not show up in Administrative Inspections? [J]. Economic Analysis and Policy, 2012, 42 (2): 171 - 188.

[308] Tambulasi, C., Kayuni, H. M., Decentralization Opening a New Window for Corruption: An Accountability Assessment of Malawi's Four Years of Democratic Local Governance [J]. Journal of Asian and African Studies. 2007 (4): 238 - 256.

[309] Tanzi, V., The Underground Economies in the United States: Annual Estimates, 1930 - 1980 [C], Staff Papers (International Monetary Fund), 1983, 30 (2): 283 - 305.

[310] Teobaldelli, D., Federalism and the shadow economy [J]. Public Choice, 2011, 146 (3 - 4): 269 - 289.

[311] Thornton, J., Adedeji, O. S., Fiscal decentralization and fiscal consolidations in emerging market economies [J]. Applied Economics Letters, 2010, 17 (11): 1043 - 1047.

[312] Tiebout, C. M., A Pure Theory of Local Expenditures [J]. Journal of Political Economy, 1956, 64 (5): 416 - 424

[313] Torgier, B., Schneider F, Schaltegger C A. Local autonomy, tax moral, and the shadow economy [J]. Public Choice, 2010, 144 (2): 293 -

321.

[314] Torgler, B., Schaltegger, C. A., Trust and Fiscal Performance: A Panel Analysis with Swiss Data [J]. Social Science Electronic Publishing, 2005.

[315] Torgler, B., Schneider, F., Schaltegger, C. A., Local autonomy, tax morale, and the shadow economy [J]. Public Choice, 2010, 144 (1-2): 293-321.

[316] Treisman, D., Decentralization, Tax Evasion and the Underground Economy [C]. Working Paper, 2000.

[317] Tālis, J., Putniņš, Sauka, A., Measuring the shadow economy using company managers [J]. Journal of Comparative Economics, 2015, 43 (2): 471-490.

[318] Valentini, E., Underground Economy, Evasion and Inequality [J]. International Economic Journal, 2009, 23 (2): 281-290.

[319] Wang, J., The economic impact of Special Economic Zones: Evidence from Chinese munici-palities [J]. Journal of Development Economics, 2013, 101 (1): 133-147.

[320] Wang, Y., Whether there is a competition between the interprovincial governments on fiscal expenditure - From the detection on spatial correlation [J]. Open Journal of Business and Management, 2018 (8): 454-461.

[321] Weingast, B. R., Second Generation Fiscal Federalism: Political Aspects of Decentralization and Economic Development [J]. World Development, 2014, 53 (32): 14-25.

[322] Weingast, B. R., Second generation fiscal federalism: The implications of fiscal incentives [J]. Journal of Urban Economics, 2009, 65 (3): 279-293.

[323] Williams, C., C., Evaluating the magnitude of the shadow economy: a direct survey approach [J]. Journal of Economic Studies, 2006, 33 (5): 369-385.

[324] Williams, C. C., Designing Survey Methods to Evaluate the Undeclared Economy: A Review of the Options [J]. Social Science Electronic Publishing, 2015.

[325] Williams, C. C., Horodnic, I. A., Self – employment, the informal economy and the marginalisation thesis: Some evidence from the European Union [J]. International Journal of Entrepreneurial Behaviour & Research, 2015, 21 (2): 224 – 242.

[326] Williamson, O. E., Markets and Hierarchies: Analysis and Antitrust Implications, a Study in the Economics of Internal Organization [M]. New York, NY: Free Press, 1975.

[327] Wilson, J. D., Theories of tax competition [J]. National Tax Journal, 1999, 52 (2): 269 – 304.

[328] Wiseman, T., US shadow economies: a state – level study [J]. Constitutional Political Economy, 2013, 24 (4): 310 – 335.

[329] Witte, A. D., Woodbury, D. F., The Effect of Tax Laws and Tax Administration on Tax Compliance: the Case of the U. S. Individual Income Tax [J]. National Tax Journal, 1985, 38 (1): 1 – 13.

[330] Yitzhaki, S., Income tax evasion: A theoretical analysis [J]. Journal of Public Economics, 1974, 3 (3): 323 – 338.

[331] Yushkov, A., Fiscal decentralization and regional economic growth: Theory, empirics, and the Russian experience [J]. Russian Journal of Economics, 2015, 1 (4): 404 – 418.

[332] Zhang, X., Fiscal decentralization and political centralization in China: Implications for growth and inequality [J]. Journal of Comparative Economics, 2006, 34 (4): 713 – 726.

[333] Zodrow, G. R., Mieszkowski, P., Pigou, Tiebout, property taxation, and the underprovision of local public goods [J]. Journal of Urban Economics, 1986, 19 (3): 356 – 370.